ANTIKE UND GEGENWART

Grundtexte Europas

Epochale Ereignisse
und Existenzprobleme
der Menschheit

Projekte zum
fächerübergreifenden Unterricht

Lehrerkommentar von
Friedrich Maier

C.C. BUCHNERS VERLAG

ANTIKE UND GEGENWART

Lateinische Texte
zur Erschließung europäischer Kultur

Herausgegeben von Prof. Dr. Friedrich Maier,
Humboldt-Universität zu Berlin

Für Luise und Laura

1. Auflage 1 3 2 1 1999 98 97 96 95
Die letzte Zahl bedeutet das Jahr dieses Druckes.

ISBN 3 7661 **5953** 4

Gesamtherstellung: Fränkischer Tag GmbH u. Co. KG, Bamberg

Vieles ist gewaltig.
Nichts aber ist gewaltiger
als der Mensch.
Sophokles, 5. Jh. v. Chr.

Vorwort

Texte, die man als „Grundtexte Europas“ bezeichnet, erheben einen hohen Anspruch; sie wollen als grundlegend gelten für das, was man das geistige und kulturelle Gebäude Europas nennt. Was sind das für Texte? Und welchen Bedingungen müssen sie genügen?

Wolfgang Schadewaldt, ein auch in der Öffentlichkeit hochangesehener Philologe in der Mitte dieses Jahrhunderts, verstand unter „Grundtexten Europas“, als er den Begriff gebrauchte, die Texte der griechischen und römischen Klassik, also Werke, die sich als Initialprägungen in verschiedenen Bereichen erwiesen, in denen sich der Geist des Menschen selbst entdeckt und zu Formen der Schriftkultur verfestigt hat: die homerischen Epen „Ilias“ und „Odyssee“, die Tragödien des Sophokles, bes. „Antigone“ und „Ödipus“, das Geschichtswerk des Thukydides, Platons „Apologie“ und „Politeia“, Aristoteles’ „Nikomachische Ethik“ und „Metaphysik“.

Bei den Römern wird man eine solche Rolle zuschreiben etwa Ciceros „Orationes“, Vergils „Aeneis“, Ovids „Metamorphosen“, Horaz’ „Satiren“, Tacitus’ „Annalen“, Senecas „Epistulae Morales“ und „Dialogen“. Solche Texte waren zweifellos konstitutiv für das Wachsen Europas zu einer geistigen Einheit, die man lange als „Abendland“ zu bezeichnen pflegte. Sie aktivieren sich als Triebkräfte einer Entwicklung: In sich wiederholenden Rückgriffen auf diese Texte hat die geistige Auseinandersetzung in Europa jeweils zu neuen Bewegungen geführt (unter Karl dem Großen, in der Italienischen Renaissance, im europäischen Humanismus, etwa bei Erasmus von Rotterdam, im Neuhumanismus unter Wilhelm von Humboldt u. ä.). Die Menschheit ist auf solche Weise vorangebracht worden. Die Tradition half, den Fortschritt zu gebären.

Doch eine solch grundlegende Leistung mit Folgen über die Jahrhunderte hin kommt auch anderen Texten zu, nämlich Texten, die Wirkungen hervorgerufen haben, die zu geistig-kulturellen Umbrüchen — sogar mit Konsequenzen für das praktische Leben — führten, wo man im Bewußtsein des Wandels sozusagen den Atem anhielt und das Neue verspürte, mit Resignation oder Euphorie. Das griechische Wort ἐπέχειν („anhalten“) lieferte für dieses Phänomen die Begriffe: „Epoche“, „epochal“. Solche Texte sind, wie man sagt, „epochal“, weil sie den Aufbruch in eine neue „Epoche“ markieren; sie haben, geschaffen in der ganzen Zeitspanne von der Antike bis zur Neuzeit, oft schon in ihrer Zeit, also unmittelbar nach ihrem Entstehen, Furore gemacht, in besonderem Maße jene, die am Beginn der Neuzeit liegen:

Nikolaus Kopernikus’ Werk *„De revolutionibus orbium caelestium“*, das den Abschied von dem fast zweitausend Jahre verkündeten geozentrischen Weltbild inaugurierte, wurde im echten Sinn des Wortes von den Zeitgenossen als „revolutionär“ empfunden, als eine Umdrehung *(re-volvere)* des Glaubens, der Weltdeutung:

„Die neue Philosophie zieht alles in Zweifel,
Das Element Feuer ist verlöscht,
Die Sonne ist nicht mehr, was sie war,
und auch die Erde.
Und man gesteht, daß diese Welt vorbei ist,
wenn unter den Planeten und am
Firmament sie so viele neue suchen."

John Donne (1611)

Francis Bacons Hinwendung des wissenschaftlichen Denkens auf die Praxis des Lebens, markiert durch die Formel „Wissen ist Macht", setzte den neuen Maßstab des empirisch überprüfbaren Nutzens — eine Geschichtsmarke, die den Aufbruch in das technische Zeitalter signalisierte, in dem sich Wissen zunehmend in reale Macht umsetzte, mit guten und schlechten Folgen. Die Macht des Staates fand in *Thomas Hobbes' „Leviathan"* den bildhaften Ausdruck. Seine messerscharfe Analyse der politischen Existenz des Menschen legte mit anderen den Grund für den europäischen Absolutismus und hat nach Deutung der Forscher im bürokratischen Apparat des modernen Staates den aktuellen Niederschlag gefunden; das Hobbes-Konzept liefert den denkbar schärfsten Kontrapunkt zur modernen Staatsform der Demokratie, so daß diese durch den Kontrast an Verständnis und wohl auch an Akzeptanz gewinnt. In seiner *„Querela Pacis"* setzte *Erasmus von Rotterdam,* wie vor ihm noch niemand, auf eine totale Friedensideologie; hier fand die Bewegung des europäischen Pazifismus seine erste rationale Begründung. Dem imperialen Eroberungsdrang der europäischen Herrscher hielt der spanische Kleriker *Las Casas,* den man heute als „Vater der Indios" zu neuen Ehren erhebt, das Postulat des christlichen Gewissens entgegen, welches das Fremde in Nationalität und Kultur der anderen zu achten gebietet: gewiß ein erster Meilenstein auf dem Weg zur Charta der Menschenrechte und zum neuzeitlichen Völkerrecht. Die geistig-politischen Bewegungen, die in der zweiten Hälfte des 20. Jahrhunderts beherrschend in den Vordergrund getreten sind, der Schutz des Lebens und das sorgende Bemühen um Natur und Umwelt haben, sieht man genauer hin, ihre Wurzeln tief in der Geistes- und Kulturgeschichte Europas, etwa zum einen im „Eid des Hippokrates", der in der beginnenden Neuzeit lange in der Übersetzung des *Ianus Cornarius* geleistet wurde, zum anderen im nicht weniger berühmten „Sonnengesang" des *hl. Franciscus,* der als Hymnus an den verehrungswürdigen Schöpfer Gott eo ipso die Ehrfurcht vor der Schöpfung („Mutter Erde . . .) in die Mitte der christlichen Glaubenshaltung stellt.
In allen diesen Texten also sind bahnbrechende Ideen niedergeschrieben worden, die, von Menschen verschiedener Herkunft gedacht und veröffentlicht, übernationale Gültigkeit beanspruchten und deshalb in Latein geschrieben worden sind. Ursprünglich oft in der Nationalsprache des Autors, etwa im Englischen, Italienischen, Deutschen o. ä. verfaßt, gewannen die Werke universale Bedeutung erst in ihrer lateinischen Fassung: In dieser Sprache erzielten sie die bis heute unbestrittene Wirkung in Europa und darüber hinaus. In ihrer europageschichtlichen Vitalität sind sie als Lateintexte original — und deshalb würdig, im Lateinunterricht behandelt zu werden.

Solche Texte bieten nicht irgendwelche Inhalte früherer Denker, die an sich nicht uninteressant, aber mit dem modernen Denken und Leben nicht oder nur schwer zu verbinden sind. Ihre Aussagen sind ausnahmslos brisant, ja geradezu aufregend, da sich an ihnen häufig die ersten Ansätze zu den aktuellen Problemen der Menschheit fassen lassen, gewissermaßen in der Tiefe ihrer Geschichte, an den Stoffen, durch die sie entstanden sind und von denen aus sich die Entwicklungen in Gang gesetzt haben, deren Folgen sich erst allmählich, vielfach erst zu unserer Zeit, auswirken, zuweilen bis zur existentiellen Bedrängnis der Betroffenen. Dabei gilt, wie neuerdings Albrecht Dihle betont,[1] es festzuhalten, daß es bei fast all diesen Texten und Themen ein Rückgriff auf die Antike war, der diese ungewöhnlichen Innovationsschübe einleitete und originäre Produktivkräfte mit ihren Wirkungen bis heute freisetzte. Diese lateinischen Texte zeigen die aktuellen Probleme an ihrem Sitz in der Geschichte und beweisen unaufdringlich ihren Sitz im Leben. Darin liegt ihr hoher didaktischer Wert: An ihnen lassen sich aus historischer Distanz und zugleich am Ursprung ihres Entstehens die Kernprobleme der Gegenwart so bearbeiten, daß sich die jungen Menschen in sie langsam hineindenken und ein Verständnis dafür gewinnen können. Die Dynamik ihres Anwachsens und ihrer allmählichen Vorherrschaft wird dem Schüler an den einmal formulierten Ideen, Entdeckungen, Forderungen und Bekenntnissen erfahrbar und womöglich begreifbar. Daß auf diese Weise beim Schüler ein Maß an Problembewußtsein erreicht wird wie sonst wohl kaum, liegt neben den Inhalten der Texte auch an deren methodischer Erschließung, dem Übersetzen, Interpretieren und Werten — intellektuellen, auch affektisch bestimmten Prozessen, die zu genauer, tiefgreifender und nachhaltiger Auseinandersetzung zwingen.
Die heutige Diskussion um eine sach- und menschengerechte Bildung, die den Aufgaben der kommenden Zeit genügen soll, stellt zwei Prinzipien ins Zentrum; zum einen die schwerpunktartige Behandlung der Zeitprobleme und die dadurch bedingten Herausforderungen der Zukunft, zum anderen die fächerübergreifende Projektarbeit, welche die Leistungsmöglichkeiten der einzelnen Disziplinen an gemeinsamen Zielen ausrichtet und so nicht nur ein Verständnis für die „Vernetzung“ der ganzheitlichen Probleme anbahnt, sondern auch die Fähigkeit und Bereitschaft entwickelt, bei den Versuchen zu deren Lösung kreativ und verantwortungsvoll zusammenzuarbeiten.
Daß Schule sich jenseits der Jahrtausendgrenze in ganz anderen Dimensionen als bisher — Ziele und Methoden betreffend — gestaltet, hebt das Memorandum des Deutschen Philologenverbandes „2000 Tage vor 2000: Über morgen entscheiden die Köpfe und Herzen der Jungen“ vom 7. 7. 1994 mit allem Nachdruck hervor.[2] Die wirtschaftliche und kulturelle Konkurrenzfähigkeit Deutschlands in Europa und der Welt stellen Kreativität und Innovation in den Vordergrund der Bildungsarbeit. In gleichem Maße wird aber auch die ethische Verantwortlichkeit bei allen zu erbringenden Leistungen als neues und notwendiges Ziel betrachtet, vorrangig in all den Bezügen, die das Verhältnis

[1] Humanismus und Wissenschaft. Hrsg. von der Stiftung „Humanismus heute“ des Landes Baden-Württemberg. — Freiburg/Würzburg 1994, 22.
[2] Entnommen aus Pressedienst: Deutscher Philologenverband. Informationen und Meinungen zur Schulpolitik, Nr. 11, vom 7. Juli 1994.

des Menschen zu Natur und Umwelt betreffen: „Die ganze Menschheit läuft auf einen Kollisionskurs mit der Umwelt und einen Konflikt von bisher unbekannten Dimensionen zu. Es geht nicht mehr um uns, es geht um viele kommende Generationen. Siege von heute gegen die Natur verwandeln sich in Niederlagen von morgen. Der Mensch selbst ist für sich selbst eine ständig drohende und verlockende Überraschung — und leider die größte Katastrophe."[3]

Das Gymnasium habe deshalb eine „Bildung mit ethischer Dimension" zu vermitteln, mit den Schwerpunkten „Überlebensethos und Zukunftsverantwortung". Jedes Gymnasialfach ist hier in die Pflicht genommen;[4] auch Latein. Es unterliegt keinem Zweifel, daß das alte Fach für diese neue Aufgabe einen genuinen Beitrag leisten kann. Die Beschäftigung mit den „Grundtexten Europas" stößt ins Zentrum solcher Bildungserwartungen, die sich an der Zeitenwende an die gymnasialen Fächer richten. Die Auseinandersetzung mit den hier angebotenen Themen und Projekten ist dazu geeignet, ein Bildungsprogramm zu verwirklichen, das KLAUS WESTPHALEN als „humanistische Verantwortungsethik" beschreibt.[5] Die Teilhabe am gemeinsamen Ziel gymnasialer Bildungsarbeit fördert ohne Zweifel auch die Integration des Lateinischen in den Fächerkanon der Schule, so daß seine Leistung als allgemeinbildendes Schulfach als sinnvoll, auch als wertvoll, vielleicht sogar als unentbehrlich erscheint.

Darin liegt eine nicht geringe Chance; man sollte sie nicht kläglich vergeben. Sollte es uns nämlich nicht gelingen, den Schülern und — über sie — einer größeren Öffentlichkeit bewußt zu machen, daß das humanistische, d. h. auf die Bedingungen und Bedürfnisse des Menschen abgestellte Fach Latein mit den aktuellen Existenzproblemen der Menschheit und den sich daraus ableitenden Zukunftsaufgaben in einer elementaren Verbindung steht, dann wäre sein Dasein in der modernen Schule kaum mehr zu rechtfertigen. Wir wären dann gewiß mit unserem Latein am Ende.

---

[3] So HEINZ DURNER, Vorsitzender des Deutschen Philologenverbandes in seinem Artikel: „2000 Tage vor 2000 — Zeitenwende: Bildung und Erziehung für morgen", s. Anm. 2.

[4] Die Kernproblematik der Zeit wird auch zu einer bildungspolitischen Kernaufgabe. Dazu ist neuerdings ein wichtiger Standpunkt von THEO WAIGEL vertreten worden: „Macht Euch die Erde untertan" — Gedanken zur Zukunft der wissenschaftlich-technischen Zivilisation. In: Unitas, Zeitschrift des Verbandes der wissenschaftlichen katholischen Studentenvereine Unitas, 134 (1994), Heft 5, 115 ff. WAIGEL plädiert für eine Verantwortungsethik („verstärkte Verantwortung, Realismus und auch Mut zur Selbstbescheidung"), die nur auf dem Wege der Bildung gewonnen werden könne. Dabei ist die folgende Feststellung von besonderer Bedeutung: „Darüber hinaus bedarf es der Einbeziehung der Geisteswissenschaften, die die Tradierung von Kultur und Geschichte gewährleisten und angesichts der technischen Komplexität unserer Welt eine entlastende Wirkung ausüben. Insoweit ist der Bereich der Geisteswissenschaften keineswegs modernisierungsfeindlich, sondern vielmehr modernisierungsermöglichend."

[5] Neuerdings in: Basissprache Latein. AUXILIA 29. — Bamberg 1992, 32 ff. Für Verantwortung als elementare ethische Forderung, die die Zukunft an den jetzigen Menschen stellt, steht nicht nur HANS JONAS („Das Prinzip Verantwortung", Frankfurt 1980) als Kronzeuge. Karl Popper tritt ebenso entschieden für dieses Prinzip ein: „Für die Zukunft sind wir schon jetzt moralisch verantwortlich." (Alles Leben ist Problemlösen. - München[2] 1994, 284).

Soweit sollte es jedoch nicht kommen. Die Didaktik des Lateinunterricht tut alles, um das Fach attraktiv und in einem tieferen Sinne als nützlich zu erweisen; auch durch das Angebot neuer Texte. Die vorliegende Auswahl stellt bisher unbekannte oder nur schwer zugängliche Texte zu Lektüreeinheiten zusammen, die mit Hilfe des ausführlichen Lehrerkommentars wirkungsvoll an die Schüler vermittelt werden können. Alle Texte sind vielfach im Unterricht erprobt, und zwar in den Klassen der ausgehenden Mittelstufe. Ihre inhaltliche Substanz, die in ihnen zu erfassende Problematik und ihre in den ergänzenden Materialien aufgezeigte Wirkungsgeschichte bis heute (in Text und Bild) ermöglichen es, Schülern, die das Fach abschließen, einen nachhaltigen Eindruck von seiner Bedeutung zu hinterlassen. Es gehen aber davon auch starke Impulse aus, sich noch weiter auf die Literatur dieses Faches einzulassen, also einen Leistungs- oder Grundkurs in der Oberstufe zu wählen. Bei einem später beginnenden Lateinunterricht wird man die schwierigeren Texte dieser Sammlung erst in der Oberstufe lesen können.
Die Lektüreprojekte sind in ihrer Thematik so umfassend angelegt und durch die Zusatztexte (z. T. auch in englischer, französischer oder italienischer Sprache) so aufbereitet, daß sich zwanglos damit eine fachübergreifende Projektarbeit (etwa mit den Fächern Religion, Ethik, Deutsch, Geschichte, Politische Bildung, Französisch, Italienisch) gestalten läßt.
Die Schüler zeigen eine ausgesprochene Vorliebe für Texte bzw. Projekte solchen Zuschnitts; verglichen mit den sonst in den Lehrplänen bzw. Rahmenrichtlinien zur Lektüre vorgeschlagenen Texten und Autoren rangieren sie in den Sympathie-Tabellen in der Regel auf den vorderen Plätzen. Für diese Bevorzugung werden auch plausible Begründungen angegeben. Einige seien in Kürze nachfolgend zitiert.

„Das Projekt ‚Grundtexte Europas‘ gehörte meiner Meinung nach zu den wichtigsten und ausdrucksvollsten Bestandteilen des diesjährigen, überhaupt meines gesamten bisherigen Lateinunterrichts. Das gemeinsame Kulturgut, das die Texte dieses Projekts beinhalten, ist gerade heutzutage mit dem EG-Gedanken und der Annäherung der Völker in Europa besonders aktuell. Dieses Kulturgut sollte man auf jeden Fall kennengelernt haben; die ‚Grundtexte Europas‘ markieren epochale Ereignisse und sind historische Dokumente, die es wert sind, in der Originalsprache gelesen zu werden.“

Birgit Reinisch
(11. Jgst.)

„Die ‚Grundtexte Europas‘ waren mit Abstand die interessanteste Lektüre. Sie regte zu umfassenden Überlegungen an und vermittelte einen guten Einblick in die Gedankenwelt jener Zeit.“

Matthias Eberl
(11. Jgst.)

„An die 1. Stelle setze ich die ‚Grundtexte Europas‘. Warum? Hobbes fand ich gut, vor allem seine pessimistische Grundeinstellung, die zu interessanten Ergebnissen in der Staatstheorie führen. Der ‚Hippokratische Eid‘ war zumindest interessant; Bacon war zwar inhaltlich nicht so bedeutsam, hat es aber fertiggebracht, eine anregende Geschichte zu erzählen. Kopernikus fand ich auch sehr interessant.“

Till-Florian Sauter
(11. Jgst.)

„Mit Abstand am interessantesten fand ich die ‚Grundtexte Europas‘. Sie dokumentieren Ereignisse in der Geschichte, die Veränderungen hervorgerufen haben, die sich bis heute auswirken. Ich bin der Meinung, jeder sollte diese Texte einmal gelesen haben, da sie eben grundlegend sind. Sie veranlassen zur Auseinandersetzung mit aktuellen Fragen, vor allem der Text von Francis Bacon. Ich persönlich kann mit denjenigen Themen am meisten anfangen, die sich in die heutige Zeit übertragen lassen oder selbst bis in die Moderne hineinreichen. Denn das bloße Übersetzen von beliebigen Texten nur um des Übersetzens willen kann man den ersten Lateinjahren überlassen.“

Andrea Dedek
(11. Jgst.)

Das hier vorgelegte Lektüreangebot (Textausgabe und Lehrerkommentar) ist das Ergebnis einer fast zehnjährigen Forschungsarbeit, an der sich mehrere fachdidaktische Seminare der Universität München beteiligten. Aus den Arbeiten von Studentinnen und Studenten sind Teile wörtlich oder verändert bei einigen Projekten übernommen; auf die Autoren wird suo loco namentlich verwiesen. Alle Projekte konnten bereits auf Fortbildungsveranstaltungen vorgestellt werden; einige habe ich ganz oder teilweise bereits an anderen Stellen veröffentlicht. Das hatte zur Folge, daß mir nicht wenige Ergänzungs- und Änderungsvorschläge zugingen; auch auf zusätzliches Bildmaterial wurde ich aufmerksam gemacht. Engagierte Kolleginnen und Kollegen erprobten die Materialien mehrfach in ihren Klassen. Auch von dieser Seite bekam ich wertvolle Hinweise für die Endfassung. Allen, die mitgeholfen haben, das Werk auf den jetzigen Stand zu bringen, sei auch an dieser Stelle herzlich gedankt. Sehr zu danken habe ich für das Korrekturlesen auch meiner studentischen Hilfskraft Ines Najorka, Berlin.
Vielleicht gelingt es, mit diesem Arrangement dem lateinischen Lektüreunterricht eine neue Dimension zu erschließen und seine Bedeutung in einer allgemeinbildenden Schule unmittelbar einsichtig zu machen. Latein sollte sich, dies ist ein weiteres Anliegen des neuen Lektüreangebots, auch durch die äußere Gestaltung der Arbeitsmaterialien gegenüber den anderen Fächern als konkurrenzfähig erweisen können.

Prof. Dr. Friedrich Maier

Nikolaus Kopernikus

„Die Erde dreht sich um die Sonne"

Die Kopernikanische Wende*

1. Vorüberlegungen

1.1 Didaktische Begründung

Die Verbindung „Kopernikanische Wende" ist zu einer häufig verwendeten Metapher geworden; sie bezeichnet eine nicht erwartete Wandlung der Dinge, wenn etwas Neues, etwas zum bisherigen Denken Gegenteiliges oder gar Revolutionierendes geschieht. Als „Kopernikanische Wende" hat man in der Politik etwa die Abkehr vom Feind-Bild-Denken zum Prinzip der friedlichen Koexistenz verstanden. Ebenso fand diese Metapher in der Bildungstheorie Verwendung: Sie markierte z. B. die Entscheidung, in den Lehrplänen erstmals den Lernzielen vor den Stoffen den Vorrang einzuräumen. Als „Kopernikanische Wende in der Medizin" beschreibt neuerdings die Humangenetikerin Uta Francke, USA, die fortschreitende Kartierung des menschlichen Genoms und die dadurch gegebenen revolutionierenden Möglichkeiten der Gentechnik in der medizinischen Forschung und Krankheitstherapie. Solche Fälle ließen sich auf anderen Gebieten ohne weiteres fortführen.

Wie ist diese bildhafte Wendung entstanden?[1] Was meinte sie ursprünglich? Des Nachdenkens werte Fragen. Der Ausdruck geht vermutlich auf Emmanuel Kant zurück, der in der Vorrede zur 2. Auflage der „Kritik der reinen Vernunft" die erkenntnistheoretische Leistung eines Mannes mit dem Ausdruck der „Kopernikanischen Wendung" charakterisierte. Er meinte damit die epochale Tat des Nikolaus Kopernikus, der am Beginn der Neuzeit ein mehr als tausend Jahre gültiges Weltbild um-‚wendete'. Mit seinem Werk *„De revolutionibus orbium caelestium"* lenkte der gelehrte Humanist das Denken seiner Zeit aus den bis dahin gültigen aristotelisch-christlichen Bahnen; er leitete mit dem Buch, das die Revolution schon im Titel trägt, wie einer seiner Biographen schrieb, „die wildeste Revolution ein, die wissenschaftliche". Kopernikus machte das Denken frei, mit ihm begann die Wissenschaft, nämlich die Naturwissenschaft, die nach und nach die Grundlagen auch und gerade für die technischen Leistungen fand. „Durch Kopernikus, Kepler, Galilei und Newton machte die Zivilisation in dreihundert Jahren größere Fortschritte als vorher in 3000 Jahren."[2] Kopernikus zählt wie Caesar, Luther, Einstein, Beethoven, Gutenberg zu den „Menschen, die die Welt veränderten"[3].

---

* Der Behandlung dieses Themas liegen zu einem guten Teil die Ergebnisse von zwei fachdidaktischen Seminararbeiten zugrunde, und zwar von Sabine Edzard, 1989, und Bettina Plecher, 1992.

[1] Dazu: Dienst, K.: Art. „Die kopernikanische Wende". In: Philosophisches Wörterbuch der Philosophie (hrsg. von Ritter, J./Gründer, K.). — Darmstadt 1976, Bd. IV, Sp. 1094–1099. Vgl. auch Walter, G.: Die kopernikanische Wende. — München 1974.

[2] So Kesten, H.: Copernicus und seine Welt. — Wien/München/Basel 1953, 10. Vgl. auch Maier, F.: Technologische Herausforderung und Humanistische Bildung. Die Verantwortung des Menschen. — Bamberg 1986, 3 ff.

[3] S. Göock, R.: Menschen, die die Welt veränderten — Schicksale, Taten, Wirkungen. — Gütersloh o. J., 94–99.

Worin bestand diese revolutionäre Tat? Kopernikus hat, anknüpfend an seit der Antike vorhandene, aber nicht ernst genommene Gedanken der Pythagoreer und bes. des Aristarch von Samos (4./3. Jh. v. Chr.), durch astronomisch-mathematische Berechnungen die „Entdeckung" gemacht, daß nicht die Erde, sondern die Sonne im Zentrum des Kosmos steht (Kernsatz: „Die Erde dreht sich um die Sonne"). Dadurch ist das bis dahin gültige Erklärungskonzept des Ptolemaios, das sog. geozentrische Weltbild, abgelöst worden durch das sog. heliozentrische Weltbild. Fürwahr eine sensationelle Tat, die viel veränderte und vieles zu Neuem hinwendete![4] Die Menschen haben diese Wende offensichtlich sehr bald gespürt; sie reagierten darauf fast wie geschockt, indem sie Kopernikus „den eigentlichen Zerstörer des Mittelalters", den „bedeutendsten Revolutionär", den „stillsten Lärmmacher der Welt" nannten. In den Worten des Engländers John Donne, Schöpfer vor allem von geistlicher Dichtung, von 1611 tritt uns das Bewußtsein eines Wandels, einer Abkehr vom Alten deutlich entgegen; es wirkt fast wie ein melancholischer Abschied von einer vertrauten Welt: „Die neue Philosophie zieht alles in Zweifel, das Element Feuer ist verlöscht, die Sonne ist nicht mehr das, was sie war, und auch die Erde. Und man gesteht, daß diese Welt vorbei ist, wenn unter den Planeten und am Firmament sie so viele neue suchen."[5]

1.2 Textauswahl und Einsatzmöglichkeiten

Die Texte sind so ausgewählt, daß sie von den Schülern sprachlich und gedanklich zu bewältigen sind. Es sollte ja lediglich bei der Lektüre die neue Erkenntnis über das Verhältnis von Erde und Sonne und über die Bewegung dieser Himmelskörper im System der Gestirne zutage treten. Die zitierten Textstellen geben davon einen klaren Eindruck. Auch die erwarteten Befürchtungen des Autors hinsichtlich der Akzeptanz seiner neuen Lehre sind von hohem Aussagewert; sie machen die epochale Tat des Kopernikus bewußt. Im Widmungsbrief an den damaligen Papst sind diese Bedenken, aber auch die Hoffnung des Autors auf Anerkennung deutlich formuliert. Die wichtigste Passage daraus ist zur Lektüre aufbereitet.

Die ausgewählten Texte haben trotz allem ein hohes sprachliches Niveau; es bedarf vor allem der Fähigkeit zur Analyse langer Perioden (die kolometrisch im Textband angelegt sind). Deshalb eignet sich dieses Projekt erst in der Jgst. 11 bei L 1. In L 2 läßt es sich nur von guten Klassen in dieser Jahrgangsstufe bewältigen. In der Oberstufe sollte es aber unbedingt zum Pflichtkanon der Lektüre gehören.

---

[4] Vgl. dazu KUHN, TH. S.: Die kopernikanische Revolution. — Wiesbaden 1981.

[5] Entnommen aus: The Anatomy of the World. In: The complete Poetry of John Donne, ed. by JOHN T. SHAWCROSS. — New York 1968, 277 f.

2. Behandlung der Haupttexte

2.1 Information über Autor und Werk

Nikolaus Kopernikus wurde am 19. 2. 1473 in Thorn an der Weichsel (in Westpreußen) geboren. Nach seinen Studien in Krakau und an italienischen Universitäten lebte er als Domherr in Frauenberg (Ostpreußen). Er stand in vielseitigen Diensten als Diplomat, als Münzfachmann, als Arzt und Administrator des Bischofs. Dort widmete er sich Jahre lang seinen astronomisch-mathematischen Arbeiten, deren Ergebnisse sich in seinem Hauptwerk *„De revolutionibus orbium caelestium"* niederschlugen. Die Grundgedanken dieses „revolutionären" Werkes sind in Abschriften, dem sog. „Commentariolus", bereits 1510 niedergelegt worden. Das Hauptwerk selbst war schon 1530 fertiggestellt; es wurde aber nicht sofort publiziert, jedoch wichtigen Autoritätsträgern zugänglich gemacht. 1533 ließ Papst Clemens VII. im Vatikan einen Vortrag über die Hauptthesen halten; 1536 wurde von Kardinal Schönberg die Bitte an Kopernikus herangetragen, das Werk zu veröffentlichen. Dieser aber scheute sich davor, weil er bezüglich der Wirkung seiner Erkenntnisse Bedenken hatte. Erst der Kulmer Bischof Tiedemann Giese, ein Freund des Autors, erreichte mühsam die Einwilligung zum Druck, der in einer Nürnberger Druckerei erfolgte. Kopernikus hielt noch auf dem Sterbebett die Druckfahnen in den Händen. 1543 ist das Werk erschienen; somit war es zum Gegenstand der wissenschaftlichen Diskussion geworden. Der Widerstand dagegen war erwartungsgemäß groß; Kopernikus wurde zwar nicht der Ketzerei bezichtigt, doch wollten die Mathematiker und Theologen seine Grunderkenntnis, daß sich die Erde um die Sonne dreht, nicht akzeptieren.

Kopernikus fand in seinen Nachfolgern auch bedeutende Verfechter seiner Lehre, etwa in Tycho de Brahe, in Johannes Kepler und in Galileo Galilei; sie entwickelten seine Erkenntnisse weiter; vieles wurde präzisiert und durch empirische Untersuchungen untermauert. Galilei hat erstmals 1610 mit einem Fernrohr den Himmel durchdrungen und die theoretischen Überlegungen im wahrsten Sinn des Wortes durch Anschauung als richtig zu erweisen versucht. So gerieten die alten Denkstrukturen immer mehr ins Wanken; das mittelalterliche Gebäude der Wissenschaften drohte einzustürzen. Das führte 1616, also über 50 Jahre nach der Veröffentlichung dazu, daß das Werk des Kopernikus durch die Inquisition verboten wurde, *„donec corrigatur ..."* Die Begründung dafür war, daß man diese Lehre nicht akzeptieren könne, weil die Annahme einer bewegten Erde dem Menschenverstand und der Bibel widerspreche.

Das kann bedeuten: Man hat die Lehre von Kopernikus schon sehr früh als epochal empfunden, als einen Einschnitt in die Geistes- und Kulturgeschichte. Die Wirkungen, die von Kopernikus' Werk ausgegangen sind, reichen bis in unsere Zeit. Im Grunde ist dadurch, wie noch zu zeigen sein wird, das Zeitalter von Naturwissenschaft und Technik inauguriert worden. Dieses in höchstem Maße bedeutsame Werk, das in lateinischer Sprache abgefaßt worden ist und in dieser Gestalt, da universal von den Wissenschaftlern lesbar, Europa- und Weltgeschichte gemacht hat, sollte deshalb — natürlich nur in bescheidenen Auszügen — einem Lateinschüler, etwa in der Jgst. 11 oder später nahegebracht werden;[6] hier stößt er unmittelbar auf Quellen von Entwicklungen, die heute voll zum Tragen kommen. Dabei kann es nicht darum gehen, die schwierigen astronomisch-mathematischen Berechnungen nachzuvollziehen; es genügt für einen nachhaltigen Eindruck, wenn in ausgewählten Texten die Zielsetzung des Mannes und die Schwierigkeiten, auf die seine Lehre bei den Zeitgenossen stieß, dem Schüler vor Augen treten.[7]

2.2 Interpretationslinien

a) Text 1: Dieser Text ist aus dem dem Werk vorangestellten Widmungsbrief entnommen, mit dem Kopernikus dem seinerzeitigen Papst Paul III. die Ergebnisse seiner Forschung erklären und bei dem er für die Kühnheit seiner Thesen um Verständnis werben wollte.[8] Dieser Text läßt sich in drei Gedankenschritte einteilen. Zunächst wird das Ergebnis seiner Beobachtung formuliert, dann wird der Aufbau seines Werkes angedeutet und schließlich wird gegen die mögliche Kritik von seiten der „Mathematiker“, also vor allem der Astronomen, um die Unterstützung durch die Autorität des Papstes gebeten.
Kopernikus hat durch Beobachten der Himmelskörper herausgefunden, daß, wenn bei einer angenommenen Bewegung der Erde in einer Kreisbahn (um die Sonne) die Bewegungen der anderen Planeten darauf bezogen und jeweils entsprechend ihrer eigenen Umlaufbahn berechnet werden, sich von daher alle ihre sichtbaren Erscheinungsformen erklären lassen; dabei hat sich auch ergeben, daß die Ordnungen und Größen der Gestirne und ihre Bahnen sowie der Himmel selbst so miteinander verbunden sind, daß in keinem Teil von ihm etwas versetzt werden könnte, ohne die Zerrüttung der restlichen Teile und des ganzen Alls. Das bedeutet: Das Weltall wird als ein sinnvoll angelegtes System angesehen, in dem die einzelnen Teile in fester Ordnung zueinander

---

[6] Siehe dazu allerdings GRUBER, J.: Europäische Literatur in lateinischer Sprache. AUXILIA Bd. 16. — Bamberg 1987, 104. Anders DIHLE, A. (Humanismus und Wissenschaft, a. O. 22): „Erst jüngst wurde nachgewiesen, daß Copernicus nicht durch eigene Beobachtungen auf den Weg zum heliozentrischen Entwurf geführt wurde. Vielmehr versuchte er, Probleme und Lösungsvorschläge, die er durch die Lektüre antiker astronomischer Texte kennengelernt hatte, selbständig weiter zu verfolgen. Er hielt nämlich die dort registrierten Beobachtungen für zuverlässiger als die seiner Zeitgenossen. (Übrigens zeigt das Beispiel auch, daß die verbreitete Beschränkung der humanistischen Bestrebungen auf den ästhetischen und moralischen Bereich in die Irre führt.)“

[7] Eine ähnliche Absicht liegt in der schülergemäßen Aufbereitung von Textpartien aus dem Kopernikus-Werk durch FITZEK, A.: Geistige Grundlagen Europas. — München 1986, Textausgabe, S. 82 f. und Kommentar, S. 119 f. zugrunde.

[8] Die Überlieferung der Werke war bis vor 150 Jahren sehr schlecht. Inzwischen sind Gesamtausgaben erstellt, um ein Studium der Kopernikanischen Gedanken zu ermöglichen. Die erste Ausgabe wurde 1854 in Warschau gedruckt, allerdings aber mit stark polnischen Kulturpropagandaabsichten. 1873 zum 400. Geburtstag entstand die Thorner Ausgabe, 1945 ff. die erste deutsche Gesamtausgabe, die von FRANZ und KARL ZELLER ediert wurde. Neuerdings die am besten zugängliche Ausgabe: ZEKL, H. G.: Nicolaus Copernicus. Lateinisch–Deutsch. — Hamburg 1990.

stehen, und daß sich alle Gestirne in einer Kreisbewegung um die Sonne bewegen. Auch die Erde muß sich dabei mitbewegen; denn nur unter der Annahme auch einer bewegten Erde lassen sich die verschiedenen wechselnden Erscheinungsformen der Gestirne von der Erde aus erklären und berechnen. Aus diesem Gesamtverbund der sich um die Sonne bewegenden Gestirne (Planeten) läßt sich kein Teil, auch nicht die Erde, irgendwohin versetzen, ohne daß das ganze System in sich zusammenbräche. Diese Feststellung ergibt sich für Kopernikus aus der Logik seiner Berechnungen.

Im Aufbau seines Werkes versucht Kopernikus die getroffene Feststellung durch Beweise zu bestätigen. Das 1. Buch beschreibt die Stellungen (Positionen), die die Kreisbahnen der Gestirne zu den von Kopernikus der Erde zugeschriebenen Bewegungen einnehmen; dieses Buch beinhaltet deshalb gewissermaßen die allumfassende Ordnung, den systematischen Aufbau *(constitutio)* des Alls. Die restlichen Bücher vergleichen die Bewegungen der übrigen Sterne und Himmelskörper mit der Bewegung der Erde, also die Bewegungen aller um die Erde herumgelagerten Gestirne mit der bewegten Erde selbst. Das Ergebnis all dieser Berechnungen läßt den Schluß zu, daß die Bewegungen und Erscheinungsformen aller Gestirne und Bahnen „erhalten" werden können, d. h. nicht anders bemessen zu werden brauchen, wenn man sie mit der angenommenen Bewegung der Erde in Beziehung bringt. Das Stichwort ist *salvari:* Die berechnete Ordnung, die Systemhaftigkeit in der Bewegung aller Gestirne ist ‚gerettet', wenn man davon ausgehen darf, daß auch die Erde sich in einer Kreisbahn um die Sonne bewegt. Bei Annahme einer Erdbewegung gibt es keinen Widerspruch im Berechnungssystem der Planeten.

Daß diese Erkenntnis auf Zweifel bei den zeitgenössischen Fachleuten stoßen würde, dessen war sich Kopernikus bewußt; er beginnt die Schlußpartie auch mit der Andeutung dieser Bedenken. Kopernikus' Lehre steht ja diametral den bisherigen Weltbildern entgegen, dem biblischen Weltbild und dem ptolemäischen Weltbild.[9] Das biblische Weltbild ist statisch; die Erde liegt als Scheibe in der Urflut, über ihr erhebt sich das festgefügte Gewölbe des Himmels (eben das Firmament) mit der Sonne, dem Mond und den Sternen (s. Abbildung S. 14).[10]

---

[9] Vgl. dazu bes. Thurow, R.: Ziele und Methoden antiker Naturwissenschaft. Heidelberger Texte — Didaktische Reihe 10. — Heidelberg 1977, bes. 49 ff.

[10] Diese Abbildung ist entnommen aus: Orientierung Religion, hrsg. v. Becker, U. u. a. — Frankfurt/Berlin/München 1978, 101. Vgl. dazu auch den Bibeltext: „Am Anfang schuf Gott Himmel und Erde ... Und Gott sprach: Es werde eine Feste zwischen den Wassern, die da scheide zwischen den Wassern. Da machte Gott die Feste und schied das Wasser unter der Feste von dem Wasser über der Feste ... Und Gott nannte die Feste Erde. ... Und Gott sprach: Es sammle sich das Wasser unter dem Himmel an besondere Orte, daß man das Trockene sehe. ... Und Gott nannte das Trockene Erde, und die Sammlung der Wasser nannte er Meer. ... Und Gott sprach: Es werden Lichter an der Feste des Himmels, ... daß sie scheinen auf der Erde. ... Und Gott machte zwei große Lichter: ein großes, das den Tag regiere, und ein kleines, das die Nacht regiere, dazu auch die Sterne." (Gen. I 1-16). Diese bildliche Vorstellung von der Welt im Jahwistischen Schöpfungsbericht hielt sich sehr lange, eigentlich bis in die Zeiten von Ptolemaeus.

Das Weltbild des Claudius Ptolemaeus (2. Jh. n. Chr.) sieht völlig anders aus; in seinem Hauptwerk „Syntaxis mathematica" legt er (1. B., K. 3/4) seine Grundansicht über den Kosmos folgendermaßen dar:[11]

Das Himmelsgewölbe dreht sich wie eine Kugel.

Zu den ersten Gedanken über die vorstehend angedeuteten Verhältnisse sind die Alten aller Wahrscheinlichkeit nach etwa durch folgende Beobachtung angeregt worden. Sie sahen die Sonne, den Mond und die übrigen Gestirne von Osten nach Westen sich stets auf Parallelkreisen bewegen. Sie sahen, wie sie anfangs von unten aus dem Tiefstande, gewissermaßen direkt von der Erde aus, sich aufwärts bewegen, nach und nach zu einem Hochstand emporsteigen, hierauf einen ihrem bisherigen Aufstieg entsprechenden absteigenden Bogen beschreiben und wieder zu einem Tiefstand gelangen, bis sie schließlich gewissermaßen auf die Erde fallen und unsichtbar werden, worauf sich, nachdem sie eine gewisse Zeit in der Unsichtbarkeit verharrt, Aufgang und Untergang wie von vorn wiederholt. Hinsichtlich der dabei verstreichenden Zeiten sowie der Stellen des Auf- und Unterganges machte man aber die Wahrnehmung, daß sich dieselben im großen Ganzen in einem genau geregelten Verhältnis gegenseitig entsprachen.

[11] Übersetzung von MAURITIUS, K.: Des Claudius Ptolemäus Handbuch der Astronomie, Bd. I. — Leipzig 1912.

Die Erde nimmt die Mitte des Himmelsgewölbes ein.

Wenn man nach dieser Erörterung (der Gestalt) der Reihenfolge nach die Lage der Erde ins Auge faßt, so dürfte man zu der Erkenntnis gelangen, daß der Verlauf der Himmelserscheinungen um die Erde sich nur dann regelrecht vollziehen kann, wenn wir letztere wie das Zentrum einer Kugel in die Mitte des Weltalls setzen.

Wollte man nun die drei Weltbilder im Schema gegenüberstellen, so ergäben sich folgende Bilder:

Biblisches Weltbild — Ptolemäisches Weltbild — Kopernikanisches Weltbild

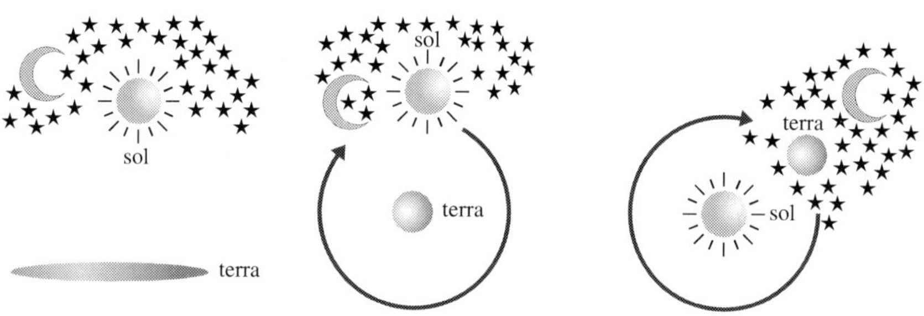

Terra medio in mundo posita est. — *Circa terram medio in mundo positam reliqua sidera moventur.* — *Terra cum reliquis sideribus movetur circa solem.*

Das „Revolutionäre“ springt unmittelbar ins Auge; die Erde ist vom Mittelpunkt an den Rand gedrängt. Diese sensationelle Mitteilung an die Wissenschaft mußte, so befürchtete Kopernikus, auf Mißtrauen, Skepsis und Ablehnung stoßen. Diese Mauer wollte er durchbrechen, indem er an die wissenschaftliche Fairneß der Fachleute, „die geistreichen und gelehrten Mathematiker“ appellierte. Wenn sie das tun, was wissenschaftliches Erkenntnisstreben, das Bemühen um die Wahrheit (*philosophia* hat hier diese umfassende Bedeutung) verlangt, nämlich nicht oberflächlich, sondern tiefgreifend die Ergebnisse seiner Arbeit zu prüfen und abzuwägen, dann müßte zu erwarten sein, daß man ihm beipflichtet. Nicht Tradition, nicht überkommenes Lehrgut sollte zählen, sondern rein das Verlangen, den Dingen auf den Grund zu gehen, das, was wirklich ist, zu erfahren. Kopernikus fordert eine ernsthafte wissenschaftliche Prüfung seiner Ergebnisse. Darin glaubte er sogar von seiten des zeitgenössischen Papstes Paul III. (1534–1549) Unterstützung erfahren zu können, da dieser Papst auch im entferntesten Winkel der Welt, wo Kopernikus lebt, als hervorragend gebildeter und wissenschaftlich interessierter Mann gilt, so daß ihn dessen Autorität und Urteil gegen seine Gegner („Verleumder“) schützen könnte.
Man sieht, Kopernikus war bemüht, seine Lehre in Einklang mit der der Kirche zu bringen. Es kam ihm nicht auf Konfrontation an. Kirchliche Autorität und die grundstürzend neue Erkenntnis sollten sich miteinander verbinden lassen:

Im Tafelbild:

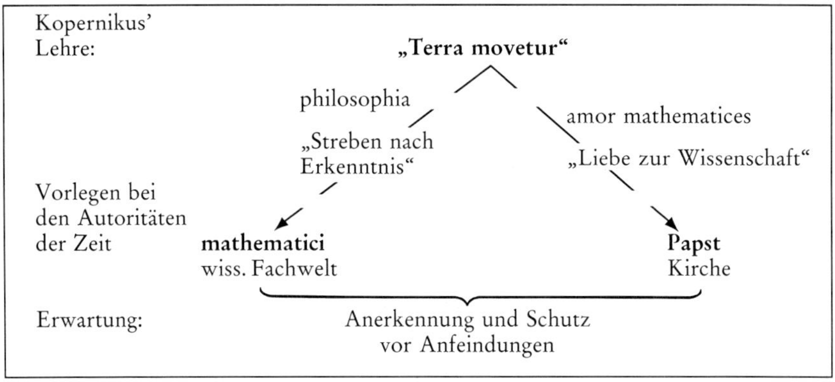

b) Text 2: Dieser aus dem Hauptwerk entnommene Text zeigt noch einen zusätzlichen Aspekt in der Lehre des Kopernikus. Zunächst geht er von der Kugelgestalt der Erde aus; daraus ergibt sich für ihn die Erkenntnisabsicht, ob ihre Bewegung dieser Kugelgestalt entsprechend folgt, ob diese also kreisförmig anzunehmen ist, und ebenso, welchen Platz die Erde dann im Universum einnimmt. Wenn nämlich diese Punkte nicht gesichert sind, ist es unmöglich, ein zuverlässiges, berechenbares System aller Erscheinungen am Himmel ausfindig zu machen. Die bisherige Konvention, nämlich daß die Erde in der Mitte der Welt ruht, darf bei aufmerksamer Betrachtung nicht als gesichert gelten; das Problem scheint nicht gelöst und deshalb keineswegs verwerflich. Kopernikus versucht diese ungeklärte Problematik von der Möglichkeit der Ortsveränderung aus zu erklären. Eine Ortsveränderung kommt zustande entweder aufgrund der Bewegung des beobachteten Gegenstandes oder der Bewegung des Betrachters oder der ungleichen Bewegung von Gegenstand und Betrachter. Nun ist es aber die Erde, von der aus man den Gestirnenumlauf betrachtet und von der aus er sich unserem Anblick darbietet. Der Betrachterstandpunkt kann sich verlagern, z. B. fernab von der Erde. Wenn man nun eine Bewegung der Erde annimmt, dann wird sich diese im All draußen (also von dort her gesehen) als dieselbe zeigen nur in der entgegengesetzten Richtung. Die erkennbaren Bewegungen sind demnach immer relativ. Der auf der Erde Stehende meint, die Erde ruhe und alle anderen Gestirne bewegen sich; wer aber irgendwo draußen im All auf die Erde schaut, erkennt, daß auch sie sich bewegt. Die Erde dreht sich aber nicht nur um die Sonne, sondern auch, wie das am sichtbaren Aufgang und Untergang von Sonne, Mond und Sternen zu erkennen ist, auch um die eigene Achse. Die bisher als ruhiges Zentrum der Welt betrachtete Erde ist also in doppelter Hinsicht aus dem Zustand der Ruhe gerissen: sie bewegt sich in zweifacher Hinsicht, um sich selbst und als Ganzes um die Sonne.

Mit dieser von Kopernikus begründeten Behauptung ist ein Wendepunkt des Geistes markiert. Ein neues Weltbild ist geschaffen: ein gravierendes Geschehen, durch welches das Denken aus den antik-christlichen Bahnen gesprengt worden ist. Die Erde ist aus dem Zentrum gerückt, so daß sich der Mensch nicht mehr als Mittelpunkt der Schöpfung wähnen durfte.[12] Die Erde ist Teil des Himmels, des Kosmos, der seinerseits kein dem Menschen unzugänglicher Bereich mehr ist. Der Kosmos, der Mundus ist dem nachforschenden Verstand freigegeben. Er ist nicht mehr sakrosankt, nur den Göttern oder Gott vorbehalten, sondern ein unermeßlicher Raum, in dem sich geheimnisvolle Vorgänge abspielen, die der Mensch ergründen kann und soll. Die Welt verlor den Nimbus des Göttlichen; sie geriet in den Status eines gesetzmäßig geregelten Räderwerkes, an das man sich sozusagen mit einem mechanistischen Interesse wenden konnte.
Die Grundannahme des Kopernikus ist, wie gesagt, von seinen Nachfolgern de Brahe, Kepler und Galilei aufgegriffen und in letzter Konsequenz bewiesen worden. Der öffentliche Widerspruch dagegen hat sich bald, vor allem von seiten der Kirche, bis zur Inquisition gesteigert. Freilich war die Erkenntnis selbst nicht zu vernichten. Die „kopernikanische Wendung" (Kant) hatte sich unwiderruflich vollzogen. Die Geister schieden sich daran auch später noch: Der Philosoph Giordano Bruno (1600) sieht in Kopernikus „die Morgenröte eines neu anbrechenden Lichtes". J. W. v. Goethe erlaubt sich das Urteil: „Doch unter allen Entdeckungen und Überzeugungen möchte nichts eine größere Wirkung auf den menschlichen Geist hervorgebracht haben als die Lehre des Copernikus. Vielleicht ist noch nie eine größere Forderung an die Menschheit geschehen. Kein Wunder, daß man sich auf alle Weise einer solchen Lehre widersetzte, die zu einer bisher unbekannten, ja ungeahnten Denkfreiheit und Großheit der Gesinnung berechtigte und aufforderte."
Dagegen Martin Luther über Kopernikus: „Der Narr will mir die ganze Kunst Astronomia umkehren!" Auch Friedrich Nietzsche urteilt skeptisch: „Seit Copernikus rollte der Mensch aus dem Zentrum ins X". Dem Menschen ist die Heimat verloren gegangen, er ist nur noch Teil des Universums, aber nicht mehr dessen Mittelpunkt.[13] Siegmund Freud vertritt eine ähnliche Meinung: „Die zentrale Stellung der Erde war dem Menschen ... eine Gewähr für seine herrschende Rolle im Weltall und schien ihm in guter Übereinstimmung mit seiner Neigung, sich als den Herrn der Welt zu fühlen. Die Zerstörung dieser narzistischen Illusion knüpft sich für uns an den Namen Nikolaus Kopernikus. Als dessen Lehre aber allgemeine Anerkennung fand, hatte die menschliche Eigenliebe ihre erste kosmologische Kränkung erfahren."[14] Mit Kopernikus' Lehre folgte der Aufbruch in eine neue Zeit; in letzter Konsequenz ist die naturwissenschaftlich-technische Entwicklung darauf zurückzuführen. Insofern ist Kopernikus heute, wo uns die Wirkungen dieser Entwicklungen nach beiden Seiten hin voll treffen, gegenwärtiger denn je.

---

[12] Vgl. dazu KUHN, Die kopernikanische Revolution, a. O. 131.

[13] NIETZSCHE, F.: Zur Genealogie der Moral, Bd. 16, 404.

[14] FREUD, S.: Vorlesungen zur Einführung in die Psychoanalyse. In: Gesammelte Werke, hrsg. von Freud, A. u. a. Bd. XII. — Frankfurt 1961, 294.

3. Kontrasttexte: Die „Sokratische Wende“

3.1 Didaktische Begründung

Ca. 2000 Jahre vor Kopernikus vollzog sich ein anderer Wendepunkt des Geistes; er ist mit der Gestalt des Atheners Sokrates verbunden. Diese Wende war gewissermaßen in einer der Ambition des Kopernikus entgegengesetzten Richtung erfolgt, weg von der Natur als Objekt der Betrachtung hin zum Menschen als vornehmlichem Gegenstand des philosophischen Interesses.[15] Es erweist sich als didaktisch äußerst wirksam, vor dieser Folie von Sokrates' Leistung die Tat des Kopernikus kritisch zu würdigen und womöglich nach einer Verbindung der beiden Standpunkte zu suchen.
Als Textstellen sollen vor allem zwei lateinische Zitate herangezogen werden; eine griechische Quelle, nämlich aus Xenophons Memorabilien, sei hinzugefügt. Cicero rezepiert — sozusagen als „erster Zweiter“ — die griechische Überlieferung der sokratischen Lehre und er komponiert daraus eine Sicht von Sokrates als dem Wendepunkt der Geistesgeschichte.

a) *Erster Text: Cicero, Academica posteriora II 14 ff.*

In diesem Werk unternimmt Sokrates den Versuch, eine Darstellung der Philosophiegeschichte in Dialogform zu entwerfen; einen Gesprächspartner, nämlich Varro, läßt er einen philosophiegeschichtlichen Abriß vortragen; dieser setzt ein mit einer Tat des Sokrates.
Der Athener wird darin als der erste angesehen, der die Philosophie, also das Erkenntnisstreben des Menschen, von den Geheimnissen der Natur weggeführt und zur Beschäftigung mit dem gemeinsamen Leben der Menschen gebracht hat. Mit solcher Naturbetrachtung, die damals nur spekulativ sein konnte (weshalb man sie auch Naturphilosophie, nicht Naturwissenschaft nennt), hatten sich alle Philosophen vor ihm beschäftigt. Sokrates selbst hatte anderes im Sinne: Die Philosophie sollte sich um die guten und die schlechten Verhaltensweisen des Menschen, überhaupt über das Gute und Böse forschend bemühen; die Dinge am Himmel, das, was im Kosmos vorgehe, sei entweder zu weit von unserer Erkenntnis entfernt oder wenn sie schon erkannt seien, trügen sie nichts zu einem guten Leben bei. Die vorsokratischen Philosophen haben sich vor allem mit „der Natur“ beschäftigt; ihre Werke lauteten fast alle περὶ φύσεως: *De rerum natura.* Dieses Bemühen hielt Sokrates für irrelevant, weil es das „gute Leben“ nicht voranbringe. Er lenkt das Erkenntnisinteresse der Philosophen auf die Qualität der individuell und gemeinschaftlich gelebten Existenz; diese Qualität ist moralisch bestimmt; es geht um die *virtutes* und die *vitia,* um die *res bonae et res malae.* Diese Tat des Sokrates ist ein entscheidender Schritt in der antiken Geistesgeschichte; man muß ihn schon damals als solchen verspürt haben; zumindest Cicero hat auf ihn, 400 Jahre danach, — freilich Überlegungen früherer Denker aufgreifend — nachdrücklich aufmerksam gemacht.

---

[15] Vgl. zum folgenden bes. Kerschensteiner, J.: Socrates philosophiam devocavit e caelo. In: Festschrift für Franz Egermann, hrsg. von Suerbaum/W. Maier, F. — München 1985, 41–56. Allgemein dazu Patzer, A.: Der historische Sokrates. — Darmstadt 1987.

b) *Zweiter Text: Cicero, Tusculanae Disputationes V 10 f.*

Noch an einer zweiten Stelle, die man zu den *loci classici* zählt, geht Cicero nachdrücklich darauf ein, nämlich innerhalb der „Gespräche im Tusculum". In diesem Werk, indem es um die Frage geht, welchen Beitrag die Philosophie zu einem glücklichen Leben leisten kann, wird Sokrates geradezu bescheinigt, daß mit ihm eine neue Epoche in der Philosophie angebrochen sei. Hier wird der Römer auch noch konkreter. Die Zeitspanne der vorsokratischen Philosophie wird genannt *(ab antiqua philosophia usque ad Socratem)*, ihr Hauptinteresse, nämlich die Behandlung von „Zahlen und Bewegungen", die Frage woraus alles entstanden und wohin es wieder zurückfällt (ἀρχή — Frage), schließlich das Untersuchen der Größe der Gestirne, ihrer Abstände, ihrer Bahnen und alles, was am Himmel, im Kosmos vorgeht. Dagegen wird die sokratische Tat gesetzt: „Er hat als erster die Philosophie vom Himmel herabgerufen und in den Städten angesiedelt und in die Häuser der Menschen eingeführt und hat sie gezwungen, über das Leben, über die Götter, über die guten und schlechten Dinge nachzudenken." Entgegen den naturphilosophischen Spekulationen kümmert sich Sokrates um die moralischen Grundlagen des Menschen, darum, was in den Städten, den Häusern, in den Menschen selbst abläuft. Die Seele des Menschen war der Raum, den er zu erforschen sich bemühte; das war sein Erkenntnisstreben, sein Bemühen um Weisheit, seine Philosophie (φιλοσοφία). Hier machte er auch seine Entdeckung: das Daimonion, eine Art von göttlicher Stimme in der Seele, sozusagen das „Gewissen", ist wohl die „revolutionäre" Erfindung, die ihm letztlich den Tod und der Philosophie — nach späterer philosophiegeschichtlicher Feststellung — die Ethik, die Lehre von der Moral gebracht hat.

Sokrates gilt in der ganzen doxographischen Überlieferung als der Begründer der ἠθικά *(moralia)*. Sein Bemühen gilt der ἀνθρωπίνη σοφία *(sapientia humana)* „der auf den Menschen gerichteten Weisheit". Sokrates hat die Wissenschaft vom Menschen, die „philosophische Anthropologie", sozusagen die Humanwissenschaft, in Gang gesetzt. Diesen scharfen Schnitt in der Geistes- und Kulturgeschichte (Cicero hat das deutlich in den beiden Verben: *avocare, devocare* gekennzeichnet[16]) hat man dann auch zutreffend die „Sokratische Wende" genannt.[17]

---

[16] Nach JULA KERSCHENSTEINER (a. O.) hat Cicero diese von Sokrates angebahnte Entwicklung aus der zahlreichen, oft bruchstückhaften Überlieferung „in eine gültige Form umgeschmolzen, die die geistesgeschichtliche Rolle des Sokrates, die neue Wendung und Wirkung des φιλοσοφεῖν als einer ἀνθρωπίνη σοφία zusammengefaßt, die für die Folgezeit zur klassischen Formulierung geworden ist" (hier weitere Literatur).

[17] Vgl. etwa G. W. F. HEGEL: „Die Subjektivität des Denkens ist auf bestimmtere, weiter durchdringende Weise in Sokrates zum Bewußtsein gebracht worden. Sokrates ist aber nicht wie ein Pilz aus der Erde gewachsen, sondern er steht in einer bestimmten Kontinuität mit seiner Zeit. Er ist nicht nur eine höchst wichtige Figur in der Geschichte der Philosophie . . ., sondern eine welthistorische Person. Er ist Wendepunkt des Geistes in sich selbst; diese Wende hat auf Weise des Gedankens in ihm sich dargestellt."

Tafelbild:

Die „Sokratische Wende“

tractare, studiose anquirere	**antiqua philosophia**	⟶	**Socrates**	quaerere
	res occulta et ab ipsa		vita communis	
	natura involuta		virtutes et vitia	
	numeri, motus		bonae res et malae res	
	unde omnia orerentur	⟶	vita et mores	
	quove reciderent			
	siderum magnitudines,			
	intervalla, cursus			
	cuncta caelestia	⟶	⟨**homo**⟩	
	Naturphilosophie: „Physik“		**Moralphilosophie: „Ethik“**	

„philosophiam devocavit e caelo et in urbibus conlocavit et in domus introduxit . . .“

c) *Dritter Text: Xenophon, Memorabilia*

Der griechische Text Xenophons liefert einen zusätzlichen Aspekt. Die Beschäftigung mit den Dingen am Himmel hält Sokrates doch für nützlich, allerdings nur insoweit sie für das alltägliche Leben von Nutzen ist; so bei der Schiffahrt, beim Wachdienst und ähnlichen Geschäften. Allerdings ist ihm das Erkenntnisstreben, das auf das Funktionieren und die Ordnung der Himmelskörper und ihrer Kreisbahnen gerichtet ist, nicht sinnvoll; er rät davon nachdrücklich ab, zumal er darin einen Eingriff in Bereiche der Götter erkennt, denen ein solches Vorgehen der Menschen nicht recht sei. Damit tritt zum Kriterium des praktischen Nutzens der Aspekt des religiösen Maßes. Diese Ablehnung des Forschens nach den Geheimnissen der Natur signalisiert eine Aversion gegenüber rein theoretischen Erkenntnissen in den außerhalb des Menschen liegenden Objekten; diese sokratische Position ist in der Antike vorherrschend geworden.
Am folgenden Text (Xenophon, Memorabilia I 10—13) läßt sich der sokratische Standpunkt zusätzlich verdeutlichen; seine Hinwendung zum Menschlichen wird darin eklatant deutlich:

(10) So tat gerade er stets alles in voller Öffentlichkeit. Am frühen Morgen ging er nämlich nach den Säulenhallen und Turnschulen, und wenn der Markt sich füllte, war er dort zu sehen, und auch den Rest des Tages war er immer dort, wo er mit den meisten Menschen zusammensein konnte. Und er sprach meistens, und wer nur wollte, dem stand es frei, ihm zuzuhören. (11) Doch niemand konnte jemals Sokrates etwas Gottloses oder Unheiliges tun sehen oder reden hören. **Er unterhielt sich auch nicht über die Natur des Weltalls, im Gegensatz zu den meisten anderen, indem er etwa danach forschte, wie der von den Sophisten sogenannte Kosmos seiner Natur nach beschaffen sei und welchen notwendigen Gesetzen alle Himmelsvorgänge unterworfen seien, sondern er erklärte die, welche sich über solche Dinge Gedanken machten, für töricht.** (12) Zunächst fragte er sie, ob sie etwa glaubten, schon genügend Wissen über die menschlichen Dinge zu besitzen, und darum nun dazu übergingen, sich um solche Dinge zu kümmern, oder aber ob sie meinten, das Rechte zu tun, wenn sie die menschlichen Dinge unbeachtet ließen und dagegen das Göttliche betrachteten. (13) Er wunderte sich auch darüber, daß es ihnen nicht einleuchte, dies sei für Menschen nicht erfaßbar; denn auch die, welche sich am meisten einbildeten auf ihre Ansicht über diese Dinge, meinten untereinander nicht dasselbe darüber, sondern ständen den Wahnsinnigen gleich gegeneinander.

Aus dieser Darstellung geht die Ignoranz des Sokrates gegenüber allem Bemühen um die Natur noch deutlicher hervor, er verachtet solche Leute, nennt sie „töricht". Das blieb nicht ohne Wirkung.
Inwieweit in der Folgezeit dadurch ein vielleicht mögliches Bemühen um empirische Erforschung der Natur blockiert worden ist, läßt sich heute allerdings nicht mehr beurteilen. Tatsache ist, daß erst 2000 Jahre später hier ein Durchbruch stattgefunden hat. Nikolaus Kopernikus hat dazu den Weg bereitet.

4. Versöhnung der Standpunkte: die Chance einer Zukunft für die Menschheit

Wie aus dem im Textband abgedruckten Zeitungsbericht hervorgeht, erkennt die Kirche in ihrer heutigen Einstellung zur Naturwissenschaft die Leistung des Kopernikus an. Sie sieht in ihm neuerdings einen „klugen und mutigen Humanisten", der die Fähigkeit zu genialer Synthese und zugleich zu stetiger Erforschung neuer Theorien hatte. Wenn man heute eine Rückkehr zur sokratischen Position der am Menschen orientierten Ethik verlangt, dann kann und darf mit diesem „Erbe des Sokrates" zugleich nicht die vom Griechen demonstrierte Ignoranz gegenüber den Naturforschern (und Technologen) befürwortet werden; der Fortschritt des Denkens und Forschens ist nicht rückgängig zu machen. Der Mensch ist seinem Wesen nach ein „homo inventor", also auf erfinderische Neugestaltung hin angelegt; der erreichte Höhepunkt der Zivilisation ist nur durch die Wissenschaft zu erhalten. „Wir brauchen die Technik zum Überleben" (Kurt Magnus). Möglich scheint nur der Kompromiß, die Ausbalancierung der großen Wissenschaftsbereiche von Naturwissenschaft auf der einen und von Humanwissenschaft auf der anderen Seite. In Kopernikus erkennt man heute das Symbol des auch zum Verzicht fähigen Wissenschaftlers, in Sokrates das Symbol des zwar am Wesen der Natur nicht uninteressierten, aber letztlich auf den Menschen fixierten Philosophen. Beide Standpunkte lassen sich verbinden: Kopernikus und Sokrates, der homo physicus und homo humanus, sind zu versöhnen. Aus solcher Versöhnung kommt jene Verantwortung, ohne die heute und in Zukunft Naturwissenschaft und Technik nicht mehr betrieben werden können.[18] Darin liegt die Chance einer Zukunft für die Menschheit.

---

[18] Vgl. dazu ausführlicher Maier, F.: Technologische Herausforderung und Humanistische Bildung, a. O., 25 ff. — Nach dem Philosophen K. Popper (Die offene Gesellschaft und ihre Feinde I — Der Zauber Platons. — München [6]1980, 16 ff.) habe Kopernikus durch seine Entdeckung „der Menschheit ihre zentrale Position in der Welt genommen". I. Kant sei es gewesen, der durch seine Wendung in der Ethik, also durch die neue Akzentuierung der Moralphilosophie den Menschen wieder in den Mittelpunkt gebracht habe.
„Kant macht den Menschen zum Gesetzgeber der Moral." Und darin habe er einen großen Vorgänger in der griechischen Vergangenheit, in Sokrates, der „die Idee des freien Menschen" „als Erbgut unseres Abendlandes" hinterlassen habe. Kopernikus und Sokrates treten demnach auch nach Popper in ein Verhältnis des wechselseitigen Ausgleichs. Naturwissenschaft und Ethik sind versöhnbar, freilich mit einer entscheidenden Auflage an den Menschen: „mit der Last der Verantwortung für die Freiheit seiner Entscheidung."

Im Tafelbild:

Antike	*Neuzeit*
SOKRATES	KOPERNIKUS
399 v. Chr.	1543 n. Chr.
Daimonion ~ Gewissen una philosophia humana	heliozentrisches Weltsystem
Platon/Xenophon	*Kepler/de Brahe/Galilei*
Cicero	Giordano Bruno
homo humanus	*homo physicus*
Begründer der Ethik	**Begründer der modernen Naturwissenschaft**

Vernunft

„Sokratische Wende" geht auf G. W. F. Hegel zurück	„Kopernikanische Wende" als erkenntnistheoretischer Begriff bei I. Kant

Gegenwart

Konflikt zwischen Ethik und Technik

(nach Sabine Edzard)

Roy Lichtenstein, 1923—
Chemie dient dem Frieden, 1970

In diesem Bild ist eine Versöhnung von Naturwissenschaft und Humanität angedeutet. Deshalb kann das Schlußgespräch über dieses Projekt davon ausgehen.

5. Literaturhinweise

5.1 Primärliteratur

M. T. Cicero: Tusculanae disputationes, hrsg. v. Büchner K. — München 1986.
Nicolaus Copernicus: De revolutionibus orbium caelestium libri VI, Gesamtausgabe, hrsg. v. ZELLER, FRANZ und KARL. — München 1949.
ders.: Commentariolus, hrsg. v. ROSSMANN, F. — München 1948.
ders.: Ad sanctissimum Dominum Paulum III. Pontificem Maximum Praefatio in libros revolutionum. In: Nicolaus Copernicus, Gesamtausgabe, hrsg. v. ZELLER, FRANZ UND KARL. — München 1949, 3–7.
ZEKL, H. G.: Nicolaus Copernicus. Lateinisch–Deutsch. — Hamburg 1990.
DOUGAN, TH. W. / HENRY R. M.: M. T. Ciceronis Tusculanae Disputationes libri V. — Cambridge 1950 (Kommentar).
HEIBERG, J. L.: Syntaxis Mathematica, Bd. I. — Leipzig 1898.
MANITIUS, K.: Des Claudius Ptolemäus Handbuch der Astronomie, Bd. I. — Leipzig 1912.
Xenophon: Memorabilia, hrsg. v. Jaerisch, P. — München 1962.

5.2 Sekundärliteratur

BLUMENBERG, H.: Kopernikus im Selbstverständnis der Neuzeit. — Mainz 1965.
ders.: Die Genesis der kopernikanischen Welt. — Frankfurt 1975.
BÜCHNER, K.: M. T. Cicero: Gespräche in Tusculum. — München 1984.
CAPELLE, W.: Die griechische Philosophie. — Berlin 1971.
DIENST, K.: Art.: „Die kopernikanische Wende". In: Philosophisches Wörterbuch der Philosophie, hrsg. v. RITTER, J. UND GRÜNDER, K. — Darmstadt 1976, Bd. IV sp. 1094–1099.
FITZEK, A.: Geistige Grundlagen Europas. — München 1986 (Text und Kommentar).
FREUD, S.: Vorlesungen zur Einführung in die Psychoanalyse. In: Gesammelte Werke, hrsg. v. FREUD, A. u. a. Bd. XII. — Frankfurt 1961.
ders.: Eine Schwierigkeit der Psychoanalyse. In: Gesammelte Werke, hrsg. v. FREUD A. u. a., Bd. XIII. — Frankfurt 1961.
GERLACH, W.: Die kopernikanische Wende. — München 1974.
GÖOCK, R.: Menschen, die die Welt veränderten. Schicksale, Taten, Wirkungen. — Gütersloh o. J.
GRUBER, J.: Europäische Literatur in lateinischer Sprache. Auxilia, Bd. 16. — Bamberg 1987.
HÄRTLE, H.: Von Kopernikus bis Nietzsche. — München 1975.
HEGEL, G. W. F.: Geschichte der Philosophie, Bd. I, 441–515.
JAERISCH, P.: Xenophons Erinnerungen an Sokrates, Text und Übersetzung. — München 1962.
KERSCHENSTEINER, J.: Socrates Philosophiam devocavit e caelo. In: Festschrift für Franz Egermann, hrsg. v. SUERBAUM, W. UND MAIER, F. — München 1985.
KESTEN, H.: Copernicus und seine Welt. — Wien/Basel/München 1953.
KUBACH, F.: Die Kopernikus-Gesamtausgabe. — München 1943.
KUHN, TH. S.: Die kopernikanische Revolution. — Frankfurt 1983.
ders.: Die Struktur wissenschaftlicher Revolutionen. — Frankfurt 1983.
MAIER, F.: Technologische Herausforderung und Humanistische Bildung. — Bamberg 1986.
MARTIN, G.: Sokrates. — Reinbeck 1986.
NIETZSCHE, F.: Die Geburt der Tragödie. In: Gesammelte Werke, Bd. III 1. — Berlin/New York 1972.
PATZER, A.: Der historische Sokrates. — Darmstadt 1987.
ROSSMANN, F.: Nikolaus Kopernikus — Erster Entwurf seines Weltsystems. — München 1948.
SCHLEIERMACHER, F.: Über den Wert des Sokrates als Philosophen. In: Sämtliche Werke II, sect. 3, Berlin 1838, S. 287–308.
THUROW, R.: Ziele und Methoden antiker Naturwissenschaft. Heidelberger Texte — Didaktische Reihe H. 10. — Heidelberg 1977, bes. 45–57.

Francis Bacon

„Wissen ist Macht"

Der Aufbruch in das naturwissenschaftliche Zeitalter

1. Vorüberlegungen

1.1 Didaktische Begründung

Francis Bacons Satz „Wissen ist Macht" hat weltgeschichtliche Bedeutung bekommen; er erwies sich im Bereich von Naturwissenschaft und Technik als Erfolgsrezept der letzten Jahrhunderte, insofern die gewonnenen Erkenntnisse über die Naturgeheimnisse ihren Besitzern Mittel in die Hand gaben, die sie zu Herrschern in vielfältiger Hinsicht machten, zu Herrschern über die Zwänge und Bedingungen der Umwelt, zu Herrschern über andere Menschen.
Während die letztere Form von Herrschaft immer schon als bedenklich galt, wurde die Gefährlichkeit der anderen erst in diesem Jahrtausend erkannt. Es ist manifest, daß die aus dem Wissen kommenden Möglichkeiten, die dem Menschen in willkommener Weise den Lebensstandard und die Lebensqualität zu erhöhen in der Lage waren und sind, an Grenzen gelangt sind, wo sich der Nutzen in das Gegenteil zu verkehren droht. Im „Baconischen Ideal", das sich nach HANS JONAS letztlich als „Herrschaft über die Natur mit den Mitteln der wissenschaftlichen Technik" versteht,[1] erkennt man heute eine „Katastrophengefahr". Die Formel „Wissen ist Macht" ist durch die Größe ihres Erfolgs prekär geworden.
Dies ist gewiß nicht Bacon als Schuld anzulasten. Er hat als Philosoph dem im Menschen angelegten Trieb nach Erkenntnis, nach Erfindung folgend einen neuen Weg gewiesen, nämlich den der empirischen Forschung.[2] Es war ein Schritt im Reifeprozeß des menschlichen Denkens, ein Fort-Schritt. Hätte ihn Bacon nicht getan, so wären andere ohne Zweifel diesen Weg gegangen. Er konnte die Entwicklung, die er anbahnte, nicht vorausahnen; sie ist ja erst heute daran, für alle spürbar ins Negative umzukippen, zu einer „Katastrophengefahr" zu werden und so dem Menschen den Genuß des Erreichten zu vergällen. Der Erfolg über die Natur erweist sich zunehmend als ein „Pyrrhussieg" der Menschheit, wie es HOIMAR VON DITFURTH ausdrückte.[3] Das Bewußtsein dafür wächst, bei allen Menschen, gerade aber in der jüngeren Generation. Die Gefährdung des Lebensraumes Erde stellt für sie erwiesenermaßen das vordringliche Problem der Zeit dar. Diese Thematik ist deshalb ein Bildungs-‚Gegenstand' ersten Ranges. Und wie die Lehrpläne zeigen, ist das Thema „Natur und Umwelt" zur fächerübergreifenden Aufgabe schlechthin gemacht worden.

---

[1] Das Prinzip Verantwortung. — Frankfurt a. M. 1979, 251–254.

[2] Vgl. dazu etwa: HIRSCHBERGER, J.: Geschichte der Philosophie — Neuzeit und Gegenwart. — Freiburg 1958, 44–46, und VORLÄNDER, K.: Geschichte der Philosophie — Mittelalter und Renaissance (hrsg. von SCHNÄDELBACH, H./THYEN, A.). — Hamburg 1990, 384–391.

[3] Ausführlicher darüber vgl. Verfasser: Stichwörter der europäischen Kultur. — Bamberg 1994, Textband, 68; Lehrerkommentar, 108.

Diese Thematik ist allerdings — so zeigt es die veröffentlichte Literatur — außerordentlich komplex und nur schwer in ihrer umfassenden und tiefgreifenden Bedeutung zu vermitteln. Es geht um nicht weniger als um die Bedingungen einer Fortexistenz des Menschen; zu diskutieren sind die Grenzen. Wie viel an Wissen ist nötig, um das Überleben der Menschheit zu sichern, bei welchem Maße seiner Anwendung droht Gefahr. Man wird die Notwendigkeit eines „humanen Fortschritts" gegen die Risiken neuer Techniken zu stellen haben. Hier muß die Diskussion dieses Problems ein Bewußtsein der Verantwortung beim Menschen schaffen. Hans Jonas hat dies zum dringlichen ethischen Prinzip von Gegenwart und Zukunft erhoben.[4] Von dieser Forderung her wird es verständlich, wenn man eine „Verantwortungsethik" in das Zentrum der gymnasialen Bildung rückt.[5] Solche Verantwortung, wie sie der durch Wissen Mächtige im Umgang mit der Natur nötig hat, ist sozial orientiert und doch immer individuell zu entwickeln. Jeder Mensch muß in sich den Sinn dafür und die Fähigkeit dazu wachsen lassen. Was können Schulfächer dabei leisten? Sie können Anstöße geben und Orientierungspunkte setzen, indem sie die Wissensvoraussetzungen schaffen, Entscheidungssituationen vorstellen, Handlungsmuster diskutieren. Es ist nicht von der Hand zu weisen, daß eine Problematik um so tiefer den Menschen erfaßt und ihm um so eindringlicher bewußt wird, je stärker sie in ihrer geschichtlichen Bedingtheit, in ihren Wirkungen über die Zeit hin offengelegt wird.[6] Wie ist es überhaupt zu dem, was uns heute so zu schaffen macht, gekommen? Was läge für ein sprach- und kulturwissenschaftliches Fach wie Latein näher, als das Problem an seinen philosophie-geschichtlichen Wurzeln zu packen, also an die Quelle zu gehen, d. h. es auch in der Sprache zu erfassen, in der die neue Denkrichtung am Anfang verändernd und revolutionär gewirkt hat: in Latein.[7] Wir können so das Problem an seinem ‚Sitz in der Geschichte' zeigen. Es gilt als erwiesen, daß der Text Bacons als epochales ‚Ereignis' in der Geistes- und Kulturgeschichte seine Folgen zeigte.[8] Wenn sich Schüler an einem solchen Text versuchen, so mögen sie dies durchaus als originäres Erlebnis erfahren, vor allem dann, wenn ihnen die Textaussagen in ihrem Gewicht und in ihrer Stoßrichtung langsam, aber methodisch zielstrebig erschlossen werden.

---

[4] Ebenda; vgl. dens.: Technik, Freiheit und Pflicht. In: Friedenspreis des deutschen Buchhandels 1987, 39: Jonas spricht hier „vom qualitativen Sprung in unserer technologischen Macht, den der kaum zweihundert Jahre alte Bund zwischen Technik und exakter Naturwissenschaft bewirkte. Durch dies epochale, einzigartig westliche Praktischwerden reiner Theorie ist die Überlegenheit des Menschen so einseitig geworden, seine Eingriffe nach Größe, Art und Tiefgang so bedrohlich für das Ganze jetziger und künftiger Erdnatur, daß die Freiheit auch hierin endlich sehend werden mußte. Sie sieht: der zu große Sieg bedroht den Sieger selbst."

[5] Vgl. dazu bes. Westphalen, K.: Humanistische Beiträge zum gymnasialen Bildungsprogramm. In: Neue Perspektiven. Dialog Schule und Wissenschaft. Klass. Sprachen und Literaturen, Bd. XXIII, 15–20, bes. 22: „Das Programm der ‚humanistischen Verantwortungsethik'".

[6] S. dazu Verfasser: Lateinunterricht, Bd. 2, 93 ff. (hier weitere Literatur).

[7] Vgl. dazu Westphalen, a. O., 24 ff.

[8] Vgl. Jonas, Technik, Freiheit und Pflicht, 39.

1.2 Textauswahl und Einsatzmöglichkeiten*

Am besten geeignet, um die Lehre Francis Bacons vorzustellen, wären gewiß Ausschnitte aus seinem philosophischen Hauptwerk „*Instauratio Magna*", das 1620 veröffentlicht wurde; doch erweist sich diese Lektüre als zu schwierig, zumal sich kaum geeignete kleinere Textstellen finden lassen, die repräsentativ für das Ganze wären.
Es liegt ein viel günstigeres Lektüreangebot vor in dem bereits 1609 erschienenen Sammelband „*De sapientia veterum*", und zwar hier die Geschichte „*Sphinx sive Scientia*".[9] Dieses Werk enthält antike Mythen, die vom Autor auf Fragen und Ereignisse seiner veränderten Lebenswelt hin allegorisch gedeutet werden; der Wahrheitskern des Mythos wird herausgestellt, indem er mit einem als neu erkannten Problem in engste Verbindung gebracht wird.[10] Wie die Hieroglyphen vor der Schrift den Menschen die Möglichkeit einer sich über Zeit und Raum hin erstreckenden Verständigung bedeuteten, so seien die Mythen vorwissenschaftliche Formen des Denkens gewesen. Auch im Mythos von „Ödipus und die Sphinx" liegt eine solche vorwissenschaftliche Äußerung über eine den Menschen grundsätzlich betreffende Problematik vor. Bacon deutet diese Wahrheit für seine Leser.
Der ausgewählte Text läßt sich bei L1 schon in Jgst. 10, bei L2 ab Jgst. 11 lesen. Das Projekt (in Verbindung mit den zu ergänzenden Texten) eignet sich auch für die Oberstufe. Als Unterrichtszeit sollten 6 bis 8 Stunden veranschlagt werden. Die Zusatztexte dienen der Konturierung des Themas und der Vertiefung der Problematik, insofern sie die Folgen des Baconischen Denkansatzes spüren lassen bzw. diskutieren. Sie sollten deshalb, so weit möglich, bearbeitet werden; sie lassen sich als Hausaufgabe oder in Gruppenarbeit anhand der beigegebenen Erschließungsfragen behandeln und mit der Aussage des Bacon-Textes in Beziehung setzen. In der Jgst. 10 bei L1 sind hier einige Abstriche zu machen.

2. Behandlung des Haupttextes

2.1 Einstieg in das Projekt

In das Projekt läßt sich durchaus mit dem Titelbild des Hauptwerkes „*Instauratio Magna*" einsteigen, da hier die epochale Tat des Philosophen eindrucksvoll visualisiert erscheint: als Aufbruch zu Schiff hinaus in eine große und neue Welt, als ein Abenteuer des Geistes. Motto dieses Unternehmens: *Multi transibunt et augebitur scientia.* Viele werden durch diese Säulen des Herkules an der Straße von Gibraltar (die zu „Schicksalssäulen der Wissenschaft" umgedeutet sind) hinaus in die Welt ziehen und das Wissen der Menschheit wird

* Die nachfolgende Darstellung orientiert sich teilweise an den Ergebnissen einer fachdidaktischen Seminararbeit von Josef Zellner, 1990.

[9] Zugänglich in: Bacon, F.: Weisheit der Alten (hrsg. von Rippel, P.). — Frankfurt a. M. 1990, 70–75.

[10] Vgl. dazu bes. Heinrich, K.: Mytheninterpretation bei Francis Bacon. In: ders.: Parmenides und Jona. Vier Studien über das Verhältnis von Philosophie und Mythologie. — Basel/Frankfurt a. M. 1982.

sich mehren. Im Zentrum steht das Wissen, das durch die Experimentierlust des Menschen neu gewonnen wird. Damit ist der Weg frei zum Thema des Haupttextes.

Titelbild der „Instauratio Magna“, 1620

2.2 Textaufbau und Interpretationslinien

Brian Vickers nennt „*De sapientia veterum*“ eine eigenartige Mischung aus Mythographie, politischer Theorie und Wissenschaft.[11] Der vorliegende Text gliedert sich in die Erzählung des Mythos und in die Interpretation des Mythos, die eine wissenschaftliche und politische Dimension erhält; darin liegt ihre überraschende Originalität.

Da der antike Mythos hier deutlich anders interpretiert wird, als er es ursprünglich nahelegte, ist die Frage nach dem Grund dieser anderen Deutung zu stellen. Was will Bacon damit erreichen? Der griechische Mythos ist ihm ein Gleichnis, eine Parabel, insofern er Symbolcharakter für die Entwicklung des Menschen schlechthin hat.[12]

Die Zuhilfenahme eines Gleichnisses (einer Parabel) stellt eine Art Didaktisierung dar, die den Erkenntniszugewinn beim Leser erleichtert; die Umwertung des Mythos erweist dabei die „hermeneutische Ubiquität des Allegorischen“.[13]

a) *Der antike Mythos*

Die Aufteilung des Projekts erfolgt entsprechend der Textgliederung; der kurze Teil, der den antiken Mythos bringt, soll rasch erledigt werden. Die Sphinx, ein verschiedengestaltiges Untier, hält die Stadt Theben in Angst und Schrecken, indem sie den Vorbeikommenden Rätsel aufgibt — Geheimnisse, die es zu entschlüsseln gibt. Die Befragten riskieren dabei ihr Leben; denn die Sphinx zerreißt sie, wenn sie die richtige Antwort nicht finden. Mutig stellt sich Ödipus der Gefahr; er setzt auf seine scharfe Verstandeskraft, mit Hilfe seiner Ratio, als seinem Wissen, will er die gesamte Stadt von dieser Gefahr befreien. Die dankbare Bevölkerung Thebens, für die er sich eingesetzt hatte, überträgt ihm die Königsherrshaft *(Rex Thebanorum creatus est).* Seine Verstandeskraft, sein Wissen hat ihn zum *imperium,* zur Herrschaft geführt.

---

[11] Francis Bacon. — Berlin 1988, 26.

[12] Deshalb läßt sich daran auch die Funktion des Gleichnisses, der Parabel verdeutlichen (nach Jeske, W.: Die Parabel. In: Knörrich, V., [Hrsg.]: Formen der Literatur. — Stuttgart 1981, 286–289); die Charakteristika sind:

1. Uneigentliches, gleichnishaftes Sagen; d. h. das Gefragte ist bereits das Gemeinte,
2. Konkretisierung des Gesagten in der Sprachform des Erzählens,
3. Aufnahme des Erzählten als Beispiel, damit daraus das Gemeinte hergeleitet werden kann.

[13] So Plett, H. F.: Konzepte des Allegorischen in der englischen Renaissance. In: Haug, W. (Hrsg.): Formen und Funktion des Allegorischen. — Stuttgart 1979, 310–355.

Im Tafelbild:

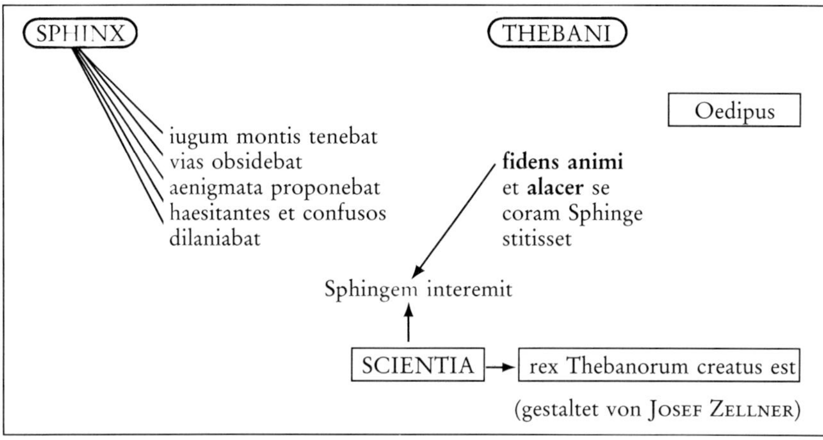

(gestaltet von JOSEF ZELLNER)

b) *Die Mythendeutung durch Bacon*

Die Konzentration muß dem zweiten Teil des Textes gelten. Hier setzt Bacon die Sphinx mit der Scientia gleich, die an dieser Stelle mit der Doppelbedeutung „Wissen und Wissenschaft" zu übersetzen ist. „Die Sphinx ist Bacons Allegorie der Wissenschaft, zugleich des Wissens im allerweitesten Sinne.[14] Am griechischen Mythos tritt diese Tendenz bereits in Erscheinung; für Bacon symbolisiert er deshalb die Entwicklung des Menschen schlechthin. Diesen Symbolgehalt legt der englische Philosoph offen; er deutet das in der griechischen Erzählung Gesagte um, indem er es Stück für Stück als etwas anderes, sein Anliegen Betreffendes erklärt. Bacon versucht eine ganz neue Deutung dieses Ödipus-Rätsels, damit zeigend, „wie variabel das allegorische Bedeutungspotential realisiert werden kann"[15] — was nur aufgrund des überzeitlichen anthropologischen Gehalts des antiken Mythos möglich ist.
Es gibt die theoretische Wissenschaft, die sich um Wissen und Erkenntnis an sich und schlechthin bemüht. Rein theoretisches Wissen ist ungefährlich, weil frei von Grausamkeit und Brutalität *(saevitia carent).* Theoretische Wissenschaft stellt somit eine folgenlose, rein ästhetische Sphäre dar. Das Wissen befindet sich im Schoß der Musen. Gerät es jedoch in die Hände der Sphinx, in die Verfügungsgewalt eines Wesens, das den Menschen in Form von Rätseln konkrete Aufgaben der Lebensbewältigung stellt, wird das Wissen — nunmehr auf der Ebene der praktischen Verwirklichung — gefährlich; wenn nämlich die rätselhaften Aufgaben der Wissensgewinnung ungelöst bleiben, dann foltern und quälen sie den der Ruhe beraubten menschlichen Geist, ja sie zerfetzen ihn sogar.

---

[14] So HEINRICH, K., a. O., 49.
[15] So PLETT, a. O., 1979, 320.

Eine schier existentielle Notwendigkeit zwingt den Menschen, sich diesen Rätseln des Wissens zu stellen: den verborgenen (Er-)Kenntnissen. Wer sie nicht löst, dessen Geist wird zerrissen; wer sie löst, wird durch *imperium* belohnt, er erreicht sein Ziel *(is fine suo potitur):* die Herrschaft; denn jeder *artifex* (gr. τεχνίτης), also jeder mit Geschick, Kunst, Kenntnisreichtum Tätige (so etwa der Sinn von *artifex* hier), herrscht über sein Werk.
Dieser den Text bestimmende Gegensatz läßt sich im Schema so erfassen:

Theoretische Wissenschaft apud musas manent	Praktische Wissenschaft ad Sphingem transmissa
saevitia carent	molesta et saeva esse incipiunt animos hominum lacerant
finis: scire	is fine suo potitur: imperium
Schola Geisteswissenschaft	**Vera philosophia naturalis** Naturwissenschaft

Vor dem Hintergrund des herausgearbeiteten Gegensatzes läßt sich nun der ganze zur Lektüre ausgewählte Text Bacons betrachten. Was will er zum Ausdruck bringen? Welche Gedanken tragen ihn? Schauen wir nach den dominierenden Begriffsfeldern des Textes, die unmittelbar ins Auge springen! Es sind dies Ausdrücke, die dem Bereich des Wissens zugehören: *scientia, scire, rem callere, aenigmata solvere, solutio, introspicere, artifex, ars, artes,* und solche, die dem Bereich von Macht und Herrschaft zugehören: *imperium, potiri, operi suo imperare, duo imperia, imperium in naturam, imperium in homines, imperium in res naturales, imperium adipisci, ad imperandum natus, regere imperio.* Das Thema tritt klar konturiert hervor: Das Wissen des Menschen in seiner Wirkweise (*scire, rem callere, aenigmata solvere, introspicere*) und in seiner besonderen Erscheinungsform der *ars, artes* (*artifex*) bringt ihn an das gesuchte, von ihm gewollte Ziel (*suo fine potitur*). Dieses Ziel ist Macht und Herrschaft; im Begriff des *potiri* wird die Brücke vom Wissen (*scientia*) zur Herrschaft (*imperium*) geschlagen. Wissen bringt Macht, Wissen ist Macht: *Scientia est potentia* (die für Bacon klassisch gewordene Formel). Daß es Bacon auf diesen Machtgewinn ankommt, zeigt die Häufigkeit des verwendeten Begriffs *imperium* (in allen möglichen Verbindungen); und daß es ihm dabei auf die polare Spannung von Wissen und Macht ankommt, wird darin deutlich, daß sie im Zentrum des Textes mehrfach, jeweils abgewandelt, begrifflich erfaßt ist:

aenigmata solventi ... **imperium**
qui rem *callet*, fine suo **potitur**
omnis *artifex* operi suo **imperat**
qui naturam ... *introspexit*, ... ad **imperandum** natus est
... hae tibi erunt *artes* ... tu regere **imperio**

Das Macht bedingende Wissen ist eindeutig auf die Praxis ausgerichtet, auf die unmittelbare, konkrete Welt der *res,* auf die Natur als vorgegebenes Objekt des Forschens (vgl. *rem callere, naturam introspicere*). Gemeint sind die Natur der Dinge (also die Erde, der Kosmos) und die Natur des Menschen (als eines biologisch funktionierenden Organismus). Im Gegensatz zur scholastischen Wissenschaft, der Schola, die polemisch als eine mit überkommenen Lehrmeinungen sich theoretisch befassende und von lauter Gesprächen aufgeblasene Disziplin abgewertet wird, hat es die wahre, auf die Natur gerichtete Philosophie/Wissenschaft damit zu tun, reale Macht zu schaffen in Bereichen, wo konkrete Ergebnisse zu erwarten sind: in den Naturstoffen, Körpern, Heilmitteln und Maschinen. Der Mensch, der hier sein Wissen, sein Geschick, seine Fähigkeit einsetzt, um zu Macht zu gelangen, ist der *artifex*, „der mit Geschick Tätige", der τεχνίτης, der Techniker, Technologe. Er stellt sich den Anforderungen, die ihm in der unerforschten Natur als Fragen (*quaestiones*) oder Rätsel (*aenigmata*) entgegentreten, immer unter der zweifachen Bedingung, daß er, wenn er sie (als *homo inventor*) nicht löst, geistig zerrissen wird, also erfolglos und darüber unglücklich ist, daß er aber, wenn er sie löst, zu Macht und Herrschaft kommt, also erfolgreich ist. Diese Fragen und Rätsel, die er zu lösen sich herausgefordert fühlt, sind die Geheimnisse der Natur, denen er nachspüren will. Die Macht, die er dadurch gewinnt, ist zweifach gerichtet: auf den Menschen (*in homines*) und auf die Natur (*in naturam*).

Es ist offenkundig: Wir sind hier an einen Punkt der Menschheitsgeschichte gestoßen, wo — ausgehend von einem theoretischen Traktat — sich menschliches Denken und Handeln entscheidend geändert haben, geradezu umgebrochen sind. Die Erkenntnis, daß durch Forschung erworbenes Wissen Macht bedeutet, hat in zweierlei Richtung bahnbrechend gewirkt, gegenüber den Menschen als Anstoß und Rechtfertigung des europäisch-englischen Kolonialismus und Imperialismus (nicht von ungefähr sind die Aeneis-Verse ... *regere imperio populos* ... zitiert und ist der römische Kaiser Augustus als Beispiel schlechthin für das Zusammenwirken von Wissen und praktischer Macht in der Politik angeführt) und gegenüber der Natur als Aufbruch in das naturwissenschaftliche Zeitalter. Wissenschaftlicher Impetus zur Lösung der Rätsel der Natur paarte sich von Anfang an mit dem Streben nach realer Macht.

Tantum possumus, quantum scimus. Für Bacon gab es kein Vorbehaltsverhältnis gegenüber dieser Freigabe der Natur für den menschlichen Forschungsgeist: „Man muß die Natur auf die Folterbank spannen, um ihr die Geheimnisse abzupressen".[16] So sein rigoroses Bekenntnis. „Dadurch wird die Natur zum Labor experimenteller Tätigkeit."[17]

Und es unterliegt keinem Zweifel, daß das Verhältnis des naturwissenschaftlich tätigen Menschen, des „mit Geschick Tätigen", des *artifex* zur Natur, wie es sich in der folgenden Zeit bis heute ausgeprägt hat, letztlich das Ergebnis des Baconschen Empirismus ist; natürlich haben andere Entdeckungen jener Zeit mitgewirkt und die Entwicklung forciert, allen voran etwa Kopernikus' Lehre,

---

[16] Vgl. dazu Dihle, A.: Natur und Mensch bei Seneca. In: Antike und Abendland. Bd. XXXVI (1990), 91: „Francis Bacon, der erste Theoretiker der modernen Naturwissenschaft, riet dagegen, die Natur auf die Folterbank des Experiments zu spannen."

[17] Vgl. dazu Lahmer, K.: Das Verhältnis von Natur und Mensch in Antike und Gegenwart. AUXILIA 34 (1994), 84 (hier weitere Literatur).

daß die Erde sich um die Sonne dreht, oder die Entdeckung des Blutkreislaufes, des Erdmagnetismus u. a. m. Die Naturbemächtigung hat an diesem Punkte der Geschichte begonnen und immer rasantere Fortschritte gemacht; innerhalb von 150 Jahren entwickelte sich das ‚technische Zeitalter': Die Erfindung der Dampfmaschine 1765 markiert seinen Beginn.

Tafelbild:

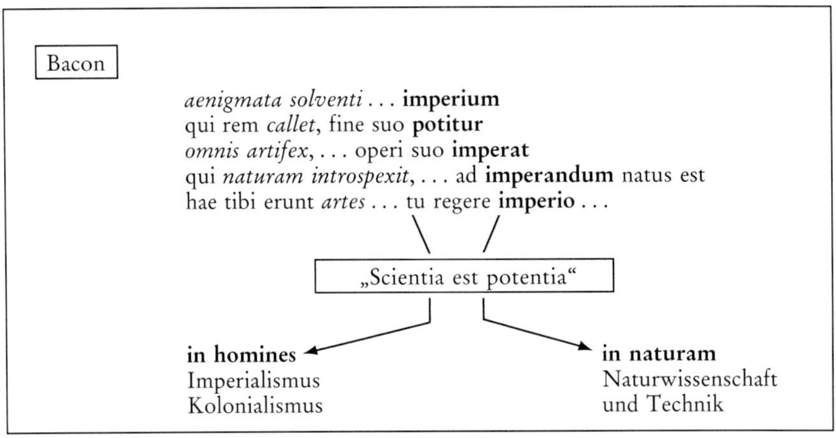

3. Ergänzende Texte

3.1 **„Zum Fortschritt des menschlichen Geistes"** (Condorcet)

Die revolutionäre Formel Bacons setzte den Fortschritt in Gang; und er brach sich ohne nennenswerten Widerstand Bahn, weithin in Europa. Das Baconsche Gedankengut bekam eine Dynamik, die sich in allen empirischen Disziplinen entfaltete. Entdeckung auf Entdeckung folgte. Der Standard der Zivilisation erhöhte sich merklich, mochten auch noch so erschütternde politische Ereignisse den Erdteil heimsuchen. Man stand diesem Fortschritt optimistisch gegenüber. „Die uneingeschränkte Apotheose" dieses Fortschritts hat, wie es E. Köhler ausdrückt, der Franzose Condorcet geschrieben, „ohne jedes Buch, ohne Hilfsmittel, in seinem Versteck inmitten des bluttriefenden Paris der Terrorherrschaft, sich auf sein Gedächtnis verlassend."[18]
Condorcet teilt die Zuversicht Francis Bacons, daß der Geist des Menschen (seine Klugheit) im Entdecken von Neuem, und zwar in der Schöpfung realer Werte, im eigentlichen Sinn zu sich selbst kommt. Das Wissen zeitigt Wirkungen, die sich in Erfolg und Herrschaft äußern. Die Richtung ist dabei auf Fortschritt angelegt, der quasi einer Naturnotwendigkeit unterliegt. Als Schlüsselbegriff dafür dient Condorcet „Vervollkommnung". Die Natur habe der

[18] Vorlesungen zur Geschichte der französischen Literatur — Aufklärung I. — Stuttgart 1984, 22.

Vervollkommnung des menschlichen Geistes keine Grenzen gesetzt, und diese vollziehe sich inwendig und nach außen, an den ihm vorgegebenen Stoffen, der Welt um ihn, am Planeten. Die Fortschritte der menschlichen Fähigkeit zur Vervollkommnung hätten ihre Grenze allein im zeitlichen Bestand des Planeten. Der Mensch wird hier — wohl erstmals — in seiner Macherqualität — der „Umwelt“ gegenübergestellt, daran und darin entwickelt er seine Fähigkeiten, dort findet er die „Hilfsquellen“ zur Vervollkommnung seines Geistes.
Die im Menschen von Natur steckende Absicht zur Vervollkommnung seiner Fähigkeiten führt zu Entdeckungen, zum Aufschließen einer unbekannten neuen Welt (Mundus Novus) — in horizontaler und vertikaler Richtung; horizontal: im Erschließen der Kontinente Afrika, Asien, Amerika und ihrer geographischen und klimatischen Bedingungen; vertikal im Vordringen in das Universum, in das Reich der Gestirne (wie etwa durch Kopernicus, Galilei und Kepler), mit den notwendigen und — eben von Bacon — gewünschten Folgen der experimentellen Anwendung des Wissens auf die *res naturales* durch Beginn der „Experimentalphysik“, der „Anatomie“, der „Chemie“ — in diesen Gebieten sowie in der Medizin und Chirurgie macht die Schnelligkeit der Fortschritte erstaunen. Die Naturwissenschaften werden auf ihrem unaufhaltsamen Siegeszug gesehen. Es fällt auf, daß der Begriff „Natur“ in diesem Text in einer eigenwillig verkürzten Bedeutung verwendet wird: als die schaffende, zeugende, quasi göttliche Instanz *(natura naturans),* die den Menschen und das sonst um ihn Vorhandene durch den Akt der Schöpfung in ein Verhältnis zueinander brachte. „Die Natur hat der Vervollkommnung der menschlichen Fähigkeiten keine Grenze gesetzt“ — diese grenzenlose Vervollkommnung vollzieht sich im Umgang mit dem geschaffenen „Planeten, auf den die Natur uns hat angewiesen sein lassen“. Das um den Menschen Geschaffene, an dem er sich in seinen Fähigkeiten vervollkommnet — nach dem Gesetz der Natur —, ist also der „Planet“ oder die „Erde“ oder die „Umwelt“. Der geistbegabte Mensch wird in seiner Übermachtstellung gegenüber der „Erde“, der „Umwelt“, gesehen, sie ist Objekt seines forschenden, entdeckenden Bemühens um seiner Vervollkommnung und der Entdeckung von Neuem willen.
Völlig außerhalb der Perspektive dieses Denkansatzes liegt die Möglichkeit eines Konfliktes des Menschen mit der Natur als Umwelt. Sein Eingreifen in die Umwelt ist quasi naturgewollt. Ein Abbremsen der Schnelligkeit des Fortschritts wäre für Condorcet ebenso widernatürlich wie etwa skeptische Zurückhaltung ihm gegenüber; deshalb bedauert er die „ungeheuerlichen Vorurteile, denen sie noch immer unterliegen“.
Angesichts der unvollkommenen „Umwelt“, einer der Zivilisierung bedürftigen Erde, eines vielerlei Widernissen (Krankheiten, Arbeitsbelastungen ohne Motor und Elektrizität, Reisebeschwerden usw.) ausgesetzten Lebens war diese optimistisch zuversichtliche, erwartungsfrohe Einstellung gegenüber der Entdeckerlust des forschenden Geistes verständlich, ja notwendig. Der Mensch erwartete eine eklatante Verbesserung seiner Lebenssituation von sich selbst. Das Gesetz des Fortschritts installierte sich ohne Zwang, als unantastbar und durchaus nicht verdächtig. Solche Maßstäbe mußten so lange gültig bleiben, bis die Natur selbst als Mensch und „Umwelt“ zeugende Kraft durch die Manipulation des Menschen an der Umwelt, d. h. durch die auf den Menschen

zurückwirkende Schädigung der Umwelt durch den Menschen so zu leiden begann, daß man im Fortschritt das Risiko eines Rückschritts in der Qualität der Lebensbedingungen spürte, bis endlich wieder die Natur — wie in der Antike — als natura naturans und natura naturata in ihrer Einheit begriffen wurde.

3.2 **„Die Unheilsdrohung des Baconischen Ideals“** (Hans Jonas)

Das Dilemma des Fortschritts ist mittlerweile den Menschen drastisch bewußt geworden. In der zeitanalytischen Literatur wird darin das Problem der Zukunft schlechthin gesehen. Einer der Protagonisten dieser Fortschrittskritiker ist Hans Jonas, der Philosoph. Nach seiner Prognose ist die Zukunft im Fortschritt gefährdet, wenn dieser nicht an ein neues Wertkonzept gebunden wird. Jonas erkennt die Quelle der technologischen Krise in Bacons philosophischem Impuls zur Empirie.
Das Unheil des Baconischen Ideals liegt gerade in seinem Erfolg begründet. Die Verwirklichung der Herrschaft über die „Natur“, die hier mit Erde, Umwelt identisch gesetzt wird, brachte eine Wissenschaftsform hervor, die auf Profitmaximierung ausgerichtet ist und in ihren Anfängen große soziale Probleme mit sich brachte, die im sog. Pauperismus des 19. Jhs. ihren Ausdruck fanden. Zunehmende Mechanisierung führte zu einer enormen Steigerung der Industrieproduktion. Die Maßlosigkeit der Produktion und des Konsums ist zu beklagen. Als Folge ergibt sich ebenso ein unfreiwilliger Verbrauch aller.
Die heutige Krise der Erde ist deshalb für Jonas notwendige und logische Folge der Wechselwirkung eines erhöhten Stoffwechsels der Ökonomie und Biologie. Immer mehr Menschen benötigen immer mehr Rohstoffe zum Leben und Überleben; immer unbarmherziger wird der Planet Erde ausgeplündert. Das Katastrophen-Szenario erfaßt die Natur, die Umwelt total. Der technisch-wissenschaftliche Fortschritt hat — vor allem mit seinen wirtschaftlichen Konsequenzen — die Zunahme der Bevölkerung herbeigeführt und eine irreversible Dynamik ausgelöst. Nach Jonas kann diese gestoppt werden; dies ist dann möglich, wenn der dem Baconischen Ideal innewohnenden Tendenz zur Verselbständigung der Macht Einhalt geboten wird. Der Mensch hat nicht mehr die Macht über die Natur, die Macht bestimmt den Menschen samt seiner Macht über die Natur. Jonas geht so weit, daß er diese Macht des Wissens als eine gänzlich verselbständigte darstellt und sie eine Macht zweiten Grades nennt, die nur durch eine Macht dritten Grades gebändigt werden kann. Diese Macht dritten Grades vermag ihn davon zu lösen, willenloser Vollstrecker seines Könnens zu sein, um also zu befreien statt ihn zu knechten.
Darin liegt der Appell zu einem abermaligen epochalen Schritt des Menschen, nämlich die Erkenntnis in die Tat umzusetzen, daß die im Wissen entdeckte Macht zu bändigen, der Wissenstrieb des Menschen zu drosseln oder zumindest zu steuern ist — kraft einer neuentdeckten Verantwortung, die Jonas zum ethischen Prinzip schlechthin erhebt. Epochal im Sinne einer „revolutionären Tat“ ist dieser Ansatz, insofern erstmals die Folgen in der Zukunft zum ausschlaggebenden Kriterium für die Beurteilung von Ergebnissen wissenschaftlicher Leistung geworden sind. Jonas hat das epochale Ereignis von Bacons

Philosophie erkannt, in seiner Wirkung auf die Gegenwart angemessen eingeordnet und einer energischen Kritik unterworfen, wozu er sich aus existentieller Sorge um die Menschheit veranlaßt sah.
Zugleich wird deutlich, wie weit sich das kritische Denken der Gegenwart von der hymnischen Apostrophierung des Fortschritts des menschlichen Geistes, die bei CONDORCET vorliegt, entfernt hat. Skeptische Zurückhaltung, die Suche nach einer verantwortungsvollen Begrenzung des nach Fortschritt drängenden Wissens, ist an ihre Stelle getreten.

4. Literaturhinweise

4.1 Primärliteratur

Bacon, F.: Neu-Atlantis (hrsg. v. KLEIN, J.). — Stuttgart 1982, 46 f.
Bacon, F.: Weisheit der Alten (hrsg. von RIPPEL, P.). — Frankfurt a. M. 1990, 70—75.
CONDORCET, I.: Entwurf einer historischen Darstellung der Fortschritte des menschlichen Geistes (hrsg. v. ALFF, W.). — Frankfurt a. M. 1976, 314, 127 f., 137—139.
JONAS, H.: Das Prinzip Verantwortung. — Frankfurt a. M. 1979, 251—254.
SPEDDING, J./ELLIS, R./HEATH, D.: The works of Francis Bacon, Vol. VI. — London 1870, 676—680

4.2 Sekundärliteratur

BRANDT, R.: Francis Bacon: Die Idolenlehre. In: SPECK, J.: Grundprobleme der großen Philosophen — Philosophie der Neuzeit I, Göttinghen 1979, 9—34.
DIEHLE, A.: Natur und Mensch bei Seneca. In: Antike und Abendland. Bd. XXXVI (1990), 82—92.
v. GRAEVENITZ, G.: Mythos. Zur Geschichte einer Denkgewohnheit. — Stuttgart 1987.
HEINRICH, K.: Mytheninterpretation bei Francis Bacon. In: ders., Parmenides und Iona. Vier Studien über das Verhältnis von Philosophie und Mythologie. — Basel/Frankfurt a. M. 1982.
HIRSCHBERGER, J.: Geschichte der Philosophie — Neuzeit und Gegenwart. — Freiburg [3]1958, 44—46.
JESKE, W.: Die Parabel. In: KNÖRRICH, O.: Formen der Literatur. — Stuttgart 1981, 281—289.
KÖHLER, E.: Vorlesungen zur Geschichte der französischen Literatur. — Aufklärung I. — Stuttgart 1984.
KROHN, W.: Francis Bacon. — München 1987.
LAHMER, K.: Das Verhältnis von Natur und Mensch in Antike und Gegenwart. Voraussetzungen für den Lektüreunterricht. AUXILIA 34. — Bamberg 1994.
PLETT, H. F.: Konzepte des Allegorischen in der englischen Renaissance. In: HAUG, W. (Hrsg.): Formen und Funktionen des Allegorischen (Symposion Wolfenbüttel 1978). — Stuttgart 1979, 310—335.
RÖD, W. (Hrsg.): Geschichte der Philosophie — Die Philosophie der Neuzeit 1 — Von Francis Bacon bis Spinoza. — München 1978, 17—34.
STÖRIG, H. J.: Kleine Weltgeschichte der Philosophie. — Frankfurt a. M. [13]1987, 302—308.
VICKERS, B.: Francis Bacon. — Berlin 1988.
VORLÄNDER, K.: Geschichte der Philosophie — Mittelalter und Renaissance (hrsg. v. SCHNÄDELBACH, H./THYEN, A.). — Hamburg 1990, 384. 391.
WHITNEY, C.: Francis Bacon. Die Begründung der Moderne. — Frankfurt a. M. 1989.
WINDELBAND, W.: Lehrbuch der Geschichte der Philosophie (hrsg. v. HEIMSOETH, H.). — Tübingen [15]1957, 324—328.

Bibel-Vulgata

„. . . und macht euch die Erde untertan . . .!“

Naturbeherrschung im Spiegel der Bibel

Die Bäume
auf deiner Seite
stehen auch auf meiner.
Edgar Marsch

1. Vorüberlegungen

1.1 Didaktische Begründung

Seit der Mensch auf der Erde lebt, arbeitet er an der Natur; er macht sie sich zu Nutzen, um sein Leben erträglich und auch angenehm zu gestalten: durch Jagd der Tiere, Fällen von Bäumen, durch Bebauen des Bodens, durch den Bau von Lagern und Hütten, durch Herstellung von Schiffen und Wagen, durch Einsatz von Windes- und Wasserkraft usw. Die Natur ist den Menschen zu Diensten; er ist der Herr, der über sie verfügt. Ist das im Sinne der Schöpfung? Hat der, von dem man glaubt, er habe die Welt erschaffen, dieses Herrschafts- bzw. Untertanenverhältnis in seinem Schöpfungsplan vorgesehen? Wenn ja, dann ist, was heute eingetreten ist, nämlich die totale Herrschaft des Menschen über die Natur, die er in seiner anthropozentrischen Sehweise mit dem entlarvenden Wort „Umwelt“ bezeichnet, eine Folge des göttlichen Schöpfungsaktes. Verantwortlich ist dann jenes Buch, das schon über 3000 Jahre lang Milliarden von Menschen den Vorgang der Schöpfung berichtet und als Verhaltensanweisung gedient hat, die Bibel.

In der Tat: Im Genesis-Bericht des Alten Testaments steht der appellative Satz, der die Herrschaft des Menschen über die Erde als gottgewollt anzeigt und dem in der aktuellen Diskussion die Schuld an dem heute eingetretenen Dilemma zugeschrieben wird, so daß er einer oft herben Kritik, ja sogar aggressiven Polemik ausgesetzt ist.

Beim wohl gravierendsten Problem der heutigen Zeit steht das ‚Buch der Bücher‘ im Zentrum der Auseinandersetzung. Wer sich daran sachlich und ernsthaft, auch bemüht um eine konstruktive Antwort, beteiligen will, wird sich zunächst den genauen Wortlaut der Bibel ansehen, und zwar in der Sprache, in der sie die Entwicklung beeinflußte, die von der frühen Neuzeit bis heute zu bedrohlichen Situationen eskalierte, also in Latein. Als lateinischer Text ist die Bibel über Jahrhunderte geschichtsmächtig gewesen; von den Bibellesern, die sich in ihrem politischen, wissenschaftlichen oder ökonomischen Denken an den Aussagen dieses Buches orientierten, hat sich wohl niemand, um die „eigentliche“ Wahrheit zu erfahren, den griechischen oder gar hebräischen Text zu Rate geholt. Der Vulgata kommt also zweifellos de facto ein hohes Maß an Originalität zu.

Deshalb ist es nicht unredlich, das Thema dieses Problemfeldes am lateinischen Text zu behandeln; insofern ist der Lateinunterricht der angemessene Ort dafür; es eröffnet sich dem Leser hier die Chance, dieses alles übergreifende Pro-

blem mit den Schülern an seinen historischen Wurzeln zu fassen, ihnen also das Quellenerlebnis am Originaltext zu verschaffen, an der „Heiligen Schrift". Wie stellt sich die Naturbeherrschung also im Spiegel der Bibel dar?
Wenn man berücksichtigt, daß gegen Ende des 2. Jahrtausends bei jungen Menschen unter den aktuellen Themen neben dem Problem der „Arbeitslosigkeit" (83 %) die „Umweltproblematik" (82 %) am meisten auf Interesse stößt, dann ist es zwingend, dieses „Schlüsselproblem" zu einem Leitthema der gymnasialen Bildung zu machen.

Junge Menschen aus aller Welt arbeiteten an dem Umweltkinderbuch „Rettungsaktion Planet Erde" (1994).
Ein Strichmännchen, die Erdkugel balancierend, könnte bedeuten, daß man auch mit geringen Kräften viel erreichen kann.

In den neuen Lehrplänen ist das weithin geschehen: Das Thema ist flächenübergreifend zur Aufgabe gestellt. Möglichst viele Disziplinen sollten sich daran beteiligen, auch der Lateinunterricht, zumal ihm die genuine Leistung zufällt, das Problem am originalen Wortlaut des dafür zuallerst verantwortlich gemachten Textes bewußt werden zu lassen. In einem „Umwelt"-Projekt sollte der Lateinlehrer ein unentbehrlicher Partner des Physik-, Chemie-, Biologie-, Deutsch-, Ethik- und Religionslehrers sein. Liegen Latein und Theologie in einer Hand, so gibt es wohl kaum eine günstigere Gelegenheit als hier, die Fächer vor den Augen und im Kopf der Schüler zu einer nützlichen Symbiose zusammenzuführen.

Eingriff in die Erde
(nach Publik-Forum 10, 1981, Heft 9, S. 1)

1.2 Textauswahl und Einsatzmöglichkeiten

Das Projekt, das aus den ausgewählten lateinischen Texten und zwei deutschen Zusatztexten (einem originaldeutschen Text und der Übersetzung eines griechischen Textes) besteht, läßt sich in 3—4 Stunden erledigen. Der Schwierigkeitsgrad der Texte erlaubt die Behandlung des Projektes in L1 und L2 schon ab Jgst. 10. In der Bibel sind zwei Stellen der Genesis I 26—31a und II 4b—25 ausgesucht, in denen das Verhältnis des Menschen zur Erde, zur Natur angesprochen sind. Sie lassen sich aufeinander beziehen und ergänzen sich gegenseitig in ihren Aussagen zum behandelten Thema.

2. Behandlung der Haupttexte

2.1 Die Einstiegsmotivation läßt sich von zwei Seiten her gewinnen, visuell und textorientiert. Ein Bild und ein Text wollen provozieren, das Denken wachrütteln. Das Interesse wird geweckt durch die im „Schülerband“ abgedruckte Karikatur (nach Publik-Forum 10, 1981, Heft 9, 1—2); sie zeigt die Herren Manager im Anzug, also nicht arbeitend, sondern tonangebend, auf der Spitze des Globus stehend. Die Kugel ist kurz vor dem Kollaps; denn die Bediensteten der Herren, die Arbeiter, wühlen sich in ihr Inneres, mit Hammer und Preßluftbohrer, kopflos, hektisch, ohne Unterlaß tätig. Die Erde ist bis in den Kern fast zerlöchert, ausgehöhlt, fast so, wie wenn ein Apfel vom Wurmfraß zerstört wird. Es steht zu erwarten, daß dieses Wrack demnächst in lauter Trümmer auseinanderfällt und im Weltraum verschwindet. Mutter Erde löst sich in nichts auf. Die Menschen arbeiten im eigenen Auftrag an ihrer Katastrophe. Oder hat dieser Auftrag einen höheren Absender?
Der Text von Carl Amery ist zwar nicht so apokalyptisch wie die Karikatur gefaßt, aber kaum weniger drastisch; er stellt nun den Bezug zur Bibel her. Die „totale Herrschaft“ der Menschen über die Erde erfolgt im „ausdrücklichen Auftrag“ Gottes. Die „Gottesebenbildlichkeit“, die dem Menschen allein zugeschrieben ist, erlaubt ihm, ebenso wie Gott Herr zu sein. Die Überlegenheit, die ihm dabei eingeräumt wird, ist absolut und total. Magische Auflagen erhält er nicht. Wie er darüber verfügt, ist ihm völlig freigestellt; die geschaffene Welt bietet ihm nur Rohstoffe, die er für seine Zwecke verarbeitet, ohne Rücksicht auf die Folgen. Und die sind, wie der Titel des Buches, aus dem das Zitat entnommen ist, besagt: „gnadenlos“. Hat der Bibelkritiker recht? Um darauf eine Antwort zu finden, muß man den Bibeltext lesen, genau und im originalen Wortlaut, in dem er am historischen Ursprung der von Amery beklagten Entwicklung Wirkung zeigte: in Latein. Damit wird die Aufmerksamkeit den Haupttexten zugelenkt.

2.2 Interpretationslinien

Der erste aus der Genesis ausgewählte Text I 26—31a erfaßt die Erschaffung des Menschen; es geht um den Akt des *hominem facere/creare.* Als Bericht zeigt der Text eine charakteristische Struktur; sie ist in Einzelschritten angelegt, in denen sich der Akt der Schöpfung vollzieht; von einem Anfang zu einem Abschluß. Am Anfang die Aussage Gottes, er wolle den Menschen schaffen — am Ende die Feststellung, daß es geschafft ist. Der sechste Schöpfungstag ist vollbracht. Die Linie dieser Entwicklung läßt sich an den Prädikaten festmachen:
ait — creavit — creavit — creavit — benedixit — ait — dixit — factum est — vidit — factum est.
Das dominierende Tempus ist das Perfekt, dem hier eine konstatierende Funktion zukommt: Es bezeichnet jeweils ein im Schöpfungsakt erreichtes Ergebnis, einen Fort-Schritt der Genesis. Innerhalb des Berichtes stehen Worte des Schöpfers, jeweils mit *ait, ait dixit* angekündigt. Und darin herrscht in der ersten Hälfte der Konjunktiv der Aufforderung und der Imperativ vor. Der Text zeigt deshalb ein markantes Tempus- und Modusprofil:

Tempus	*Modus*
ait ⟶	faciamus, praesit
creavit	
creavit	
creavit	
benedixit	
ait ⟶	crescite, multiplicamini, replete, subicite, dominamini
dixit	
factum est	
vidit	
(erant valde bona)	
factum **est**	
Konstatierendes Perfekt	**Konjunktiv der Aufforderung: Hortativ, Iussiv, Imperativ**

Die Erschaffung des Menschen entspricht einer ausdrücklichen Absicht Gottes; er fordert sich dazu auf: „Laß uns machen . . .!" Und dieser Akt ist unmittelbar mit einem Auftrag an den soeben geschaffenen Menschen verbunden; der Auftrag steigert sich vom eher gemäßigten Iussiv *praesit* zum strengen Imperativ . . . *crescite* . . . *dominamini.* Die Imperative selbst zeigen in ihrem Inhalt eine deutliche Klimax: „Wachset, mehret euch, erfüllt die Erde, unterwerft, herrscht!" Was die Menschen auf der Erde und mit der Erde machen, geschieht auf Befehl Gottes. Sie sollen am Ende die Herrscher über die Erde sein: Gott hat dem Menschen das *dominium terrae* gegeben. Dieses Faktum ist festgestellt; es steht unverrückbar fest. Wenn der Mensch diesen Auftrag nicht erfüllen sollte, würde er gegen den Willen Gottes verstoßen, nicht dem Schöpfungsakt entsprechend handeln. „Die totale Herrschaft" des Menschen über die Erde ist also von der Bibel her begründbar. Der Genesis-Text trägt also gewissermaßen eine Mitschuld am Herrschaftsdenken und -verhalten des Menschen und deren Folgen. „Die sich mit der europäischen Neuzeit anbahnende Entwicklung der technisch-wissenschaftlichen Kultur ist in der Tat wesentlich auf dem Hintergrund dieses Weltverständnisses zu sehen. Nicht von ungefähr knüpfen denn auch manche Kritiker der neuzeitlichen Entwicklung — man denke hier nur an Carl Amery — nachdrücklich an diese Zusammenhänge an. Mit ihrer Kritik an der technisch-wissenschaftlichen Kultur und deren Folgen suchen sie zugleich auch den Geist ihres Ursprungs vor das Tribunal zu ziehen: eben jenes Weltverständnis, wie es sich jüdisch-christlichem Glauben öffnet — und dieses dann um so leichter für alle Verirrungen und Fehlleistungen der Neuzeit verantwortlich zu machen . . . Neuzeitliche Rationalität hat eine biblische Wurzel, die welterschließende Tätigkeit des Menschen liegt auf der Linie des biblischen Schöpfungsverständnisses und des darin eingeschlossenen Herrschaftsauftrages." So der Theologe Wilhelm Korff.[1] Ist der Mensch aber dabei von allen Maßregeln entbunden, hat er, wie Carl Amery

[1] Defizite einer Umweltethik. In: Unitas. Zeitschrift der wissenschaftlichen katholischen Studentenvereine Unitas 1994, Heft 2, 31—38, bes. 86.

sagt, „keine magischen Auflagen", ist es „ihm völlig freigestellt, wie er diesen Auftrag vollzieht"?[2]

Die Antwort darauf verlangt nach einer genauen Betrachtung des Bibeltextes; diese hat in steigendem Maße die Aufmerksamkeit der Exegeten erregt. Aufgeschreckt durch die schonungslosen Vorwürfe und verständlicherweise erst jetzt, wo sich die Gefährdung der Natur allenthalben zeigt, zu einer intensiven Beschäftigung mit der Tendenz dieser Bibelaussage veranlaßt, gibt die heutige Theologie nun — unter genauer Beobachtung des Wortlauts — eine Deutung der Genesis-Stelle, die einem Mißverständnis und der Kritik den Boden zu entziehen geeignet ist.

Der Bibeltext zeigt gewiß die Hierarchie: Gott — Mensch — Natur. Also: Der Mensch ist als Herr über die Natur gesetzt. Doch steht auch da: Gott hat diesen Menschen nach seinem Bild geschaffen. Dreimal auf dichtem Raum ist diese Feststellung getroffen; zweimal stilistisch pointiert nebeneinander in der Art einer Iteratio: *ad imaginem suam — ad imaginem Dei.* Diese Gottähnlichkeit bedeutet zugleich eine Funktionsgleichheit. Gott, der die Welt erschaffen hat, steht in einer Fürsorgepflicht seiner Schöpfung gegenüber. Wenn er den nach seinem Bild geschaffenen Menschen als seinen Statthalter und Verwalter der Schöpfung heraushebt, dann bedeutet dies, daß der Mensch derselben Fürsorgepflicht genügen muß. Das *dominum terrae* darf demnach nicht als gewaltsames Unterwerfen, Unterjochen, Beherrschen, als brutales Niedertrampeln und massives Durchsetzen des Willens verstanden werden.

26) Et ait Deus: „Faciamus **hominem ad imaginem et similitudinem nostram;** et praesit piscibus maris et volatilibus caeli et bestiis universaeque terrae omnique reptili, quod movetur in terra."

27) Et creavit Deus **hominem ad imaginem suam; ad imaginem Dei** creavit illum; masculum et feminam creavit eos. 28) **Benedixit**que illis Deus et ait: **„Crescite et multiplicamini et replete terram et subicite eam et dominamini piscibus maris et volatilibus caeli et universis animantibus, quae moventur super terram."** 29) Dixitque Deus: „Ecce dedi vobis omnem herbam afferentem semen super terram et universa ligna, quae habent in semetipsis sementem generis sui, ut sint vobis in escam 30) et cunctis animantibus terrae omnique volucri caeli et universis, quae moventur in terra et in quibus est anima vivens, ut habeant ad vescendum." Et actum est ita. 31) **Viditque Deus cuncta, quae fecit, et ecce erant valde bona.** Et factum est vespere et mane, dies sextus. (Gen. I 26—31a)

---

[2] Im folgenden sind in groben Zügen Aspekte der Deutung dieser Genesis-Stelle (in Verbindung mit Gen. II 4b—25) vorgestellt, wie sie die heutige Theologie erarbeitet hat. Sie sind einerseits einer fachdidaktischen Seminararbeit entnommen, andererseits mit Kollegen der theologischen Fakultät besprochen. Literatur, die dazu herangezogen wurde und die zum weiteren Studium empfohlen wird, findet sich am Ende dieses Projekts. Es ist auf jeden Fall ratsam, zur zuverlässigen Interpretation dieser Zentralstelle der Bibel das Wissen und die Kompetenz eines Theologen heranzuziehen.

Die Exegeten dieser Stelle sind sich heute darin einig, daß der Herrschaftsauftrag Gottes eine zerstörerische Absicht ausschließt. Gott hat die Schöpfung des über die anderen Kreaturen gesetzten Menschen (als Mann und Frau) „gutgeheißen", „gesegnet" *(benedixit)*, und er hat am Ende den ganzen Schöpfungsakt so eingeschätzt, als „sei alles sehr gut" *(viditque Deus cuncta, quae fecit, et ecce erant valde bona)*. Diese für alle Zeit als gültig formulierte Erkenntis wird durch das zwischen den Perfekt-Prädikaten stehende einmalige Imperfekt markant unterstrichen. Das Segnen des Menschen und diese Billigungsformel schließen aus, daß im Auftrag an den Menschen ein schädigendes Vorgehen impliziert sein könnte. Ja, an anderer Stelle, in der Paradies-Beschreibung (Gen. II 4b—25), wird das Verhalten des Menschen der Natur gegenüber sogar als positiv fördernd festgelegt. Gott hat den Menschen in das Paradies gestellt, „auf daß er es bearbeite und bewache" (. . . *et posuit eum in paradiso voluptatis, ut operaretur et custodiret illum*). Wenn wir noch aus dem weiteren Umkreis der Genesis-Stelle die Verhaltensweisen hinzunehmen, die der Mensch aufgrund seiner Gottesebenbildlichkeit der Schöpfung gegenüber zu manifestieren geheißen ist („Gott schafft", „erweckt zum Leben", „garantiert Leben", „gibt frei", „trägt Sorge", „achtet auf die Harmonie des Ganzen": Gen. I 26—31a), dann ist sein Verhältnis zur Natur vom Wortlaut und vom rechten Verständnis der Bibel her eindeutig positiv bestimmt.

Tafelbild:

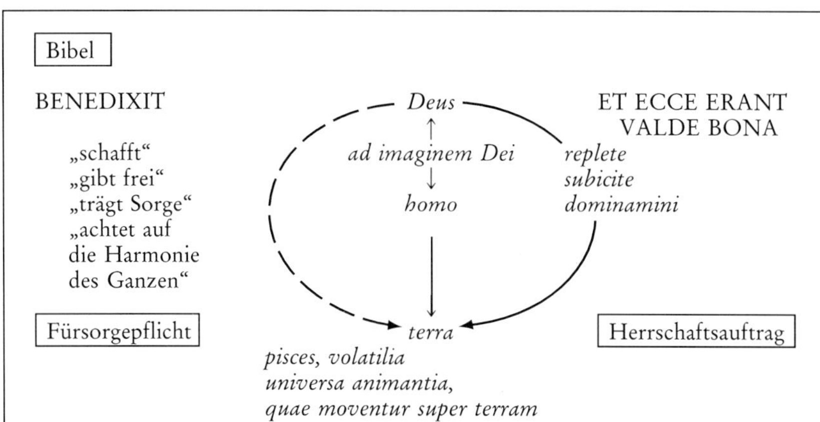

Diese beiden hier behandelten Stellen des Genesis-Textes enthalten Aufträge an den Menschen: den „Herrschaftsauftrag" in Gen. 1,12 und den „Gärtnerauftrag" in Gen. 2,15. Beide stehen in Korrespondenz zueinander. Durch sie wird „die Welt zum Arbeitsfeld des Menschen" erklärt (vgl. Wilhelm Korff, a. O. 36); zugleich tritt uns darin indirekt ein ethisches Prinzip entgegen. Wer herrschen und dabei auch bewahren soll, hat Verantwortung zu tragen. Damit kommt schon in der Bibel dem Prinzip Verantwortung umweltethisch eine Schlüsselposition zu, und zwar verstanden als Verantwortung *für* die Umwelt, *für* die Natur.

3. Ergänzende Texte

3.1 „Die letzten sieben Tage"

Jörg Zinks Text sollte im unmittelbaren Anschluß an die Lektüre der Genesis-Stellen gelesen werden; es genügt zunächst, das siebenteilige Essay nur vorzulesen; es hinterläßt einen nachhaltigen Eindruck. Es macht alle nachdenklich, nicht wenige betroffen. Und diese Wirkung sollte nicht durch vorschnelle Deutung gestört werden.
Erst in der nächsten Stunde ist es an der Zeit, diese Aussage enger mit dem Bibeltext in Beziehung zu setzen. Was macht Zink mit dem Schöpfungsbericht? Nicht die Tat Gottes steht am Anfang, sondern ein Beschluß des Menschen. Der Mensch war längst geschaffen; er war bereits der Herr der Welt geworden. Auch hier setzte eine Entwicklung ein, von einem Anfang auf ein Ende hin; Anstoß dazu war der Abfall des Menschen von Gott, indem er aufhörte, Gottes Ebenbild sein zu wollen. Sich aus dieser ursprünglichen und elementaren Bindung zu lösen, bedeutete ihm Freiheit; er selbst stellte es sich frei, wie er mit der ihm anvertrauten Erde umgehen soll. Diese Emanzipation des Menschen aus der durch die Gottesebenbildlichkeit bedingten Verpflichtung setzte eine irreversible Dynamik in Gang. Der Mensch suchte als Ersatz für Gott etwas, was ihm Halt und Sinn gibt, wie er glaubte: „Zahlen", „Mengen", „Börse", „Fortschritt", „Planung", „Sicherheit", wozu er sich alle möglichen Geräte schuf wie „Raketen und Atomsprengköpfe". Alles unterwarf er seiner Berechnung, seinem Können, seiner Macherqualität. Rücksichten auf die Natur, „magische Auflagen", gab es für ihn nicht mehr. Die Natur reagierte unter diesem Druck ihres Beherrschers. Zuerst starben die Fische, die Vögel, die Feldhasen, die Schoßhunde an den Giften der Industrie, dann verdarben Gras, Laub, Moos und Blumen, schließlich gingen Milliarden von Menschen zugrunde, am Ende löste sich der Erdball in einem atomaren Feuersturm auf. Der ganze Kosmos, Sonne, Mond und Sterne verhüllten sich in Staub und Asche. Mit dem Menschen und seiner Erde war es vorbei. Geblieben ist das Chaos, nicht zur Freude des Himmels, sondern zur Freude der Hölle, von wo das Gelächter hinauf bis zu den Chören der Engel dröhnte. Der Teufel hatte seine hämische Lust; siegreich war er, weil Gott beim Menschen hatte abdanken müssen.
Der biblische Schöpfungsakt ist umgekehrt worden; die Entwicklung läuft nach rückwärts, vom Kosmos zum Chaos, vom Höhepunkt des Menschen auf Erden zur Vernichtung von beiden, nicht nach dem Willen Gottes, sondern dem des Menschen, der frei sein wollte. Der Text hat appellative Funktion, er will aufrütteln, warnen. Der Autor geht offensichtlich von dem Verständnis der Bibelstelle aus, zu dem die heutige Theologie gekommen ist. Danach ist der nach Gottesebenbildlichkeit geschaffene Mensch eben nicht völlig frei, sondern wie Gott einer Fürsorgepflicht gegenüber der Erde unterworfen. Der Umgang mit der Natur im Auftrag Gottes hätte nach dem Bibeltext von Vorsicht, schonender und liebevoller Sorge bestimmt sein müssen. Des Menschen Wille stand dagegen, mit der Folge seines Endes.

3.2 „Nichts ist gewaltiger als der Mensch"

Hans Jonas gibt dafür, daß im Chorlied des Sophokles eine „beklommene Huldigung an des Menschen beklemmende Macht" vorliegt, folgende Begründung:

„Diese beklommene Huldigung an des Menschen beklemmende Macht erzählt von seinem gewaltsamen und gewalttätigen Einbruch in die kosmische Ordnung, von der verwegenen Invasion der verschiedenen Naturbereiche durch seine rastlose Klugheit; aber zugleich auch davon, daß er mit dem selbstgelehrten Vermögen der Rede, des Denkens und des sozialen Gefühls ein Haus für sein eigentliches Menschensein erbaut — nämlich das Kunstgebilde der Stadt. Die Vergewaltigung der Natur und die Zivilisierung seiner selbst gehen Hand in Hand. Beide bieten den Elementen Trotz, die eine, indem sie sich in diese vorwagt und ihre Geschöpfe überwältigt, die andere, indem sie in der Zuflucht der Stadt und ihrer Gesetze eine Enklave gegen sie errichtet. Der Mensch ist der Schöpfer seines Lebens als eines menschlichen; er fügt die Umstände seinem Willen und seinen Bedürfnissen, und außer gegen den Tod ist er niemals ratlos.
Dennoch ist ein verhaltener und sogar ängstlicher Ton in diesem Preislied auf das Wunder des Menschen hörbar und niemand kann es für unbescheidenes Prahlen halten. Was ungesagt, aber für damals selbstverständlich dahinter steht, ist das Wissen, daß aller Größe seiner schrankenlosen Erfindsamkeit ungeachtet der Mensch, gemessen an den Elementen, immer noch klein ist: Eben dies macht seine Ausfälle in sie so verwegen und erlaubt es jenem, seinen Vorwitz zu dulden. Alle Freiheiten, die er sich mit den Bewohnern des Landes, des Meeres und der Luft herausnimmt, lassen doch die umgreifende Natur dieser *Bereiche* unverändert und ihre zeugenden Kräfte unvermindert. Ihnen tut er nicht wirklich weh, wenn er sein kleines Königreich aus ihrem großen herausschneidet. Sie dauern, während seine Unternehmen ihren kurzlebigen Lauf nehmen. So sehr er auch die Erde Jahr um Jahr mit seinem Pfluge plagt — sie ist alterslos und unermüdbar; ihrer ausdauernden Geduld kann und muß er trauen und ihrem Zyklus muß er sich anpassen. Und ebenso alterslos ist das Meer. Kein Raub an seiner Brut kann seine Fruchtbarkeit erschöpfen, kein Durchkreuzen mit Schiffen ihm Schaden tun, kein Abwurf in seine Tiefen es beflecken. Und für wie viele Krankheiten der Mensch auch Heilung finden mag, die Sterblichkeit selbst beugt sich nicht seiner List.
All dies gilt, weil vor unserer Zeit des Menschen Eingriffe in die Natur, so wie er selbst sie sah, wesentlich oberflächlich waren und machtlos, ihr festgesetztes Gleichgewicht zu stören. (Die Rückschau entdeckt, daß die Wahrheit nicht immer so harmlos war.) Auch ist weder im Antigone-Chorlied noch irgendwo sonst eine Andeutung zu finden, daß dies erst ein *Anfang* sei und daß Größeres an Kunst und Macht noch bevorstehe — daß der Mensch in einer endlosen Laufbahn der Eroberung begriffen sei. Gerade so weit ist er gegangen in der Bändigung der Notwendigkeit, gerade so viel hat er ihr durch seinen Witz abzuringen gelernt für die Menschlichkeit seines Lebens, und nachsinnend darüber überkam ihn ein Schauer über die eigene Verwegenheit."

Jonas erkennt im griechischen Text die Problematik der menschlichen Leistungskraft. Der Mensch ist das gewaltigste, ungeheuerste Wesen in der Schöpfung. Seine Geistbegabung läßt ihn bald den guten, bald den bösen Weg gehen. Und das hat Folgen; sie zeigen sich am Gedeihen der Polis, die von den Taten des Menschen gefördert oder gebändigt wird. Diese besteht aus der Erde, in die der Mensch arbeitend eingreift, die er mit seinen Kräften ausschöpft, zivilisert. Seinem planenden Zugriff ist nur der Tod entzogen. Ob der Einsatz seiner τέχνη, seiner *artes* zum Guten oder zum Bösen wird, hängt von ihm allein ab, seinem Willen, seiner freien Entscheidung von der Erkenntnis der Folgen seines Tuns, wenn man so will, von seiner Vorsicht vor Übertreibung. Der Dichter warnt vor Trotz und Übermut: τόλμη. Der Mensch ist Herr über die Erde, aber zugleich ihre Gefahr; seine „Gewalt" bedeutet auch seine Gefährlichkeit: beides drückt das griechische Wort δεινός aus, dessen Superlativ dem Menschen von Sophokles zugeschrieben wird. Die hier wohl erstmals formulierte Ambivalenz des menschlichen Geistes stellt den Menschen in die Verantwortung; für sich, sein Leben, seine Polis, seine Erde. JONAS erkennt das Prinzip Verantwortung erstmals im sophokleischen „Hohen Lied" auf die Intelligenz des Menschen ausgeprägt. Von der Gegenwart aus gesehen, wo diese moralische Disposition — man spricht geradezu von einer „Ethik der Verantwortung"[3] — eine neue und tragende Bedeutung gewonnen hat, erweist sich der griechische Text als epochal; er hat den Weg zu einem anderen Denken eröffnet. Insofern zählt auch Sophokles' Chorlied zu den Grundtexten Europas. Dem Bibeltext gibt er noch stärkere Konturen.

4. Literaturhinweise

AMERY C.: Das Ende der Vorsehung. Die gnadenlosen Folgen des Christentums. — Reinbek bei Hamburg 1972.

Auer, A.: Umweltethik. Ein theologischer Beitrag zur ökologischen Diskussion. — Düsseldorf 1984.

BEINERT, W.: Christus und der Kosmos. Perspektiven zu einer Theologie der Schöpfung. — Freiburg/Basel/Wien 1974.

DAECKE, S. M.: Säkuläre Welt — sakrale Schöpfung — geistige Materie. Vorüberlegungen zu einer trinitarisch begründeten praktischen Theologie der Natur. In: Evangelische Theologie 1985, 261—275.

ders.: Friede mit der Natur. In: Evang. Kommentare 1986, 8—11.

DREWERMANN, E.: Der tödliche Fortschritt. Von der Zerstörung der Erde und des Menschen im Erbe des Christentums. — Regensburg 1981.

JENSEN, O.: Theologie zwischen Illusion und Restriktion. — München 1975.

ders.: Unter dem Zwang des Wachstums. Ökologie und Religion. — München 1977.

JONAS, H.: Das Prinzip der Verantwortung. Versuch einer Ethik für die technologische Zivilisation. — Frankfurt 1980[2].

KÄSEMANN, E.: An die Römer (Handbuch zum Neuen Testament, hrsg. von G. BORNKAMM, Bd. 8a). — Tübingen 1974[3].

LAHMER, K.: Ein didaktisches Konzept zum Verhältnis Mensch — Natur. — Salzburg 1988.

ders.: Das Verhältnis von Natur und Mensch in Antike und Gegenwart. Voraussetzungen für den Lektüreunterricht. AUXILIA 34. — Bamberg 1994.

LIEDKE, G.: Von der Ausbeutung zur Kooperation. Theologisch-philosophische Überlegungen zum Problem des Umweltschutzes. In: Humanökologie und Umweltschutz (= Studien zur Friedensforschung 8), hrsg. v. C. F. VON WEIZSÄCKER. — Stuttgart—München 1972, 36—64.

---

[3] Für eine solche Verantwortungsethik spricht sich neuerdings THEO WAIGEL mit Nachdruck aus („Macht Euch die Erde untertan" — Gedanken zur Zukunft der wissenschaftlich-technischen Zivilisation, a. O. 115 ff.). Er analysiert folgendermaßen: „Ungeachtet wiederkehrender Naturkatastrophen können wir heute ungeschminkt feststellen: Der Mensch hat sich — durch das, was wir wissenschaftlich-technischen Fortschritt nennen — in einer wohl kaum vorstellbaren Weise die Erde untertan gemacht." Diese aus der Bibel legitimierte Dynamik der Entwicklung habe zu einer Gefährdung der Erde geführt. Deshalb: „‚Macht Euch die Erde untertan' — dieser biblische Schöpfungsauftrag ist kein Freibrief für schrankenlose Willkür. Die uns verliehene Fähigkeit, die Erde untertan zu machen, ist gebunden an die gleichzeitige Verantwortung, die wir der Schöpfung entgegenbringen müssen."

Lohfink, N.: „Macht euch die Erde untertan." In: Orientierung 38 (1974), 137—142.
Korff, W.: Defizite einer Umweltethik. In: Unitas. Zeitschrift des Verbandes wissenschaftlicher katholischer Studentenvereine Unitas 1994, Heft 2, 31—38.
Meyer-Abich, K. M.: Zum Begriff einer Praktischen Theologie der Natur: In: Evangelische Theologie 37 (1977), 3–20.
ders.: Wege zum Frieden mit der Natur. Praktische Nutzerphilosophie für die Umweltpolitik. — München 1984.
v. Rad, G.: Das erste Buch Mose. Genesis 1—12,9. — Göttingen 1949.
ders.: Theologie des Alten Testaments. — München 1966[5].
Scheffcyzk, L.: Schöpfung und Vorsehung (Handbuch der Dogmengeschichte, hrsg. v. M. Schmaus, J. R. Geiselmann und A. Grillmaier, Bd. 2a). — Freiburg 1963.
ders.: Einführung in die Schöpfungslehre. — Darmstadt 1974.
Steck, O. H.: Zwanzig Thesen als alttestamentlicher Beitrag zum Thema: „Die jüdisch-christliche Lehre von der Schöpfung in Beziehung zu Wissenschaft und Technik". In: Kerygma und Dogma 23 (1977) 277—299.
Vögtle, A.: Das Neue Testament und die Zukunft des Kosmos. — Düsseldorf 1970.
Waigel, Th.: „Macht Euch die Erde untertan" — Gedanken zur Zukunft der wissenschaftlich-technischen Zivilisation. In: Unitas, Zeitschrift des Verbandes der wissenschaftlichen katholischen Studentenvereine Unitas, 134 (1994), Heft 5, 115—121.
Westermann, G.: Schöpfung (Themen der Theologie, Bd. 12, hrsg. von H. J. Schultz). — Stuttgart/Berlin 1971.
ders.: Genesis 1—11 (Biblischer Kommentar. Altes Testament Bd. I/1). — Neunkirchen/Vluyn 1974.
Wolff, H. W.: Anthropologie des Alten Testaments. — München 1974[2].

Franz von Assisi

„Mutter Erde ...“

Ehrfurcht vor der Schöpfung in Franziskus' „Sonnengesang“

1. Vorüberlegungen

3.1 Didaktische Begründung

Franz von Assisi ist in der zweiten Hälfte dieses Jahrhunderts zu neuen Ehren gekommen, europaweit: in der literarisch-künstlerischen Rezeption nicht weniger als durch die politisch-religiöse Aktion. In Griechenland hat sich der wohl angesehendste moderne Schriftsteller des Landes, Nikos Kazantzakis, dieser historischen Figur angenommen und mit ihr die Erfahrung der eigenen Zeit verbunden, in einem biographischen Roman „Mein Bruder Franz“; „ein kämpfendes Werk“ nennt er es selbst, das den christlichen Mythos in eine unsichtbare Gegenwart trägt.[1] Die deutsche Autorin Luise Rinser schrieb 1975 das Buch „Bruder Feuer“, mit dem sie in der Form „des Tagebuches eines Zeitungsreporters“ dem seltsamen Mann auf die Spur kommen will; das Buch ist „den jungen Lesern“ zugedacht.[2] Der Franzose Ivan Goll hat den russischen Maler Marc Chagall, als er ihm in Paris beim Malen der Radierungen zu „Den toten Seelen“ von Gogol zusah (1923—27), einen „jüdischen Franz von Assisi“ bezeichnet.[3] Was macht diesen Menschen, der vor 1000 Jahren ein hartes, eng an der Bibel orientiertes Leben führte, heute wieder so interessant? Offensichtlich ist er über seine historische Rolle hinausgewachsen, ist zu einer Chiffre geworden, für eine eigenwillige Existenz, die gegen den Trend steht. Vielleicht ist Franziskus eine Art Leitbild für solche, die nach einer alternativen Lebensform suchen, abseits der ausgetretenen Wege.[4]

Franziskus steht zu allererst freilich für Fieden. Der Weltfriedenstag 1986 hat die Führer aller Religionen nach Assisi geführt, unter dem Zeichen des heiligen Franz. Papst Johannes Paul II. stellte dazu fest: „Die Herausforderung des Friedens, wie sie sich gegenwärtig jedem Gewissen stellt, übersteigt die religiösen Differenzen. Es geht um das Problem einer angemessenen Qualität des Lebens für alle, um das Problem des Überlebens für die Menschheit, um das

[1] Veröffentlicht in Hamburg: rororo 1984 (aus dem Neugriechischen übertragen von Helmut von den Steinen).

[2] Veröffentlicht im Thienemanns Verlag. — Stuttgart 1975.

[3] Marc Chagall bei der Arbeit an den Radierungen zu „Den toten Seelen“ von Gogol. In: Schmied, W.: Marc Chagall. Die großen graphischen Zyklen. — Salzburg: Verlag Galerie Welg 1976, 17.

[4] Man vgl. dazu auch das 1954 geschriebene rätselhafte Gedicht „Assisi“ von Paul Celan. In: Killy, W.: Epochen der deutschen Lyrik. dtv-Wissenschaft, Bd. 9. — München [2]1984, 390. Vielleicht weist darauf auch der Umstand hin, daß von W. Willms und P. Janssens ein Musikspiel nach Art einer Rock-Oper mit dem Titel „Franz von Assisi“ komponiert worden ist, dessen Aufführungen von den Jugendlichen zahlreich besucht werden (Schallplatten und Noten zu erhalten von Peter Janssens Musik-Verlag, Warendorfer Straße 1, 48291 Telgte.)

Problem von Leben und Tod." Angesichts eines solchen Problems erscheint dem Papst von höchster Wichtigkeit „der innere Imperativ des moralischen Gewissens, das einem einschärft, menschliches Leben zu achten, zu schützen und zu fördern, vom Mutterleib an bis zum Totenbett, für einzelne Menschen und Völker, besonders aber für die Schwachen und Notleidenden, für die Verlassenen."

Damit ist eine zutiefst existentielle Problematik erfaßt, die man mit der Gestalt des Franziskus unter der Leitidee des Friedens verbindet. Warum gilt er als Schützer des Friedens? Die Überlieferung zeigt den Mann in tiefer Hingabe an diese Idee, die ihn mit allen Geschöpfen der Natur, den Menschen, den Tieren, den Pflanzen in ein verwandtschaftliches Verhältnis bringt. Kein Wunder, daß dieser Heilige — unter dem Signum des Friedens — heute auch „politische" Karriere gemacht hat. Seit 1939 ist der Poverello, wie man ihn liebevoll nennt, der Schutzpatron Italiens. Von Papst Johannes Paul II. ist er gar zum Schutzpatron der Ökologie proklamiert worden. 1992 gründete man in Assisi die franziskanische Umweltgesellschaft „Sorella Natura".[5] Daneben besteht schon länger in Italien die „Federazione Nationale Pro Natura" mit dem offensichtlich aus Franziskus' „Sonnengesang" entnommenen Titel: TERRA MATER. Franz von Assisi ist modern und aktuell. Für die großen Zeitprobleme glaubt man in seiner Geisteshaltung Ansätze zu einer Lösung zu finden.

Diesen franziskanischen Geist erkennen wir wie in einem Brennpunkt zusammengefaßt in seinem berühmtesten Gedicht: „Il canto di frate sole", in seinem „Sonnengesang". Dies ist ein Meisterwerk religiöser Dichtung, die auch den säkularisierten Menschen anspricht. Gerade heute hat dieser Text hohe Attraktivität. 1933 hat der österreichische Dichter JOSEF WEINHEBER den „Sonnengesang" in eine Reim-Nachdichtung gebracht;[6] von CARL ORFF ist er 1954 vertont worden.[7] Die darin hymnisch angesprochenen Bereiche des Kosmos, der uns umgebenden Natur, hat 1985 IRENE EHLE in zauberhafte Bilder (in Batik auf Seide) umgesetzt.[8] Die Rezeption des kleinen Werkes erfolgte also in Text, Bild und Ton.

Dieser „Sonnengesang" ist ein einzigartiges und frühes Dokument für die Ehrfurcht des Menschen gegenüber der Schöpfung, für den Frieden eines

---

[5] Vgl. dazu bes. PALLADINO, J.: Bruder Franz und Schwester Natur. In: FAZ Nr. 109, vom 11. Mai 1994, Seite 23.

[6] Im Gedichtzyklus „Die großen Toten", abgedruckt in: WEINHEBER, J.: Gedichte (ausgew. von FRIEDRICH SACHER). — Hofmann und Campe 1978[1], 261.

[7] Von ORFF selbst noch in Koproduktion mit dem Bayerischen Rundfunk im Jahre 1980 aufgenommen. Sammelplatte: CARL ORFF (1895—1982): Veni Creator Spiritus. Kantaten und Chorsätze. Wergo. Direct Metal Mastering, Seite 1, letztes Stück: Laudes Creaturarum quas fecit Beatus Franciscus ad Laudem et Honorem dei (1954). Dauer 4'46 (WERGO 4006).

[8] In: Bruder Sonne — Bruder Mond. Der Sonnengesang des Franz von Assisi. — Herder Verlag 1985. Auf Dias übertragen lassen sich die einzelnen farbigen Strophenbilder gut im Unterricht einsetzen, als Beispiel ist das Bild zur „Feuerstrophe" gewählt, s. S. 53. Interpretation mit Bildern sowie ein wissenschaftlicher Kommentar liegt neuerdings auch vor in: LEHMANN, L./PRAXMARER, B.: Sonnengesang des Franz von Assisi. — Innsbruck/Wien: Tyrolia 1985.

Menschen mit der Natur; er verdient deshalb als einer der herausragenden Texte Europas im höchsten Maße die Behandlung im Unterricht; auch hier ist der Lateinunterricht zweifellos der primäre Ort.

1.2 Textauswahl und Einsatzmöglichkeiten

Als Text ist die tradierte lateinische Fassung mit entsprechender Kommentierung vorgelegt; dazu ist jeweils strophenentsprechend der italienische Originaltext hinzugestellt, so daß auch ein Sprachenvergleich betrieben werden kann. Als Ergänzungstexte sind themengleiche Gedichte aus der Zeit vor und nach der Entstehung des „Sonnengesanges“ gewählt (einer aus einem anderen Kulturkreis): der „Sonnengesang“ des Echnaton, „der große Aton-Hymnus“ aus dem alten Ägypten, und das Gedicht „An die Sonne“ von Ingeborg Bachmann. Zum Abschluß dieses Projekts sollte unbedingt die Vertonung des „Sonnengesangs“ durch Carl Orff zu Gehör gebracht werden.
Dieses Lektüreprojekt läßt sich bei L 1 und L 2 bereits in Jgst. 10 behandeln; es bedarf — je nach Einsatz der Ergänzungstexte — zwei bis vier Unterrichtsstunden.
Eine gute Einstiegsmotivation bietet die Nachricht, daß 1994 in Assisi, der Geburtsstätte des heiligen Franziskus, eine franziskanische Umweltgesellschaft „Sorella Natura“ gegründet worden ist: oder daß in Italien eine „Nationale Vereinigung zur Erhaltung der Natur“ mit dem Thema TERRA MATER besteht, das internationale Seminare abhält.[9]

INTERNATIONAL SEMINAR

TERRA MATER

Warum ist ein alter Mönch „Schutzpatron der Ökologie“ geworden, vom Oberhaupt der katholischen Kirche dazu ernannt? Diese Frage erregt bei jungen Menschen zweifellos Interesse, da der Schutz der Natur durchaus, wie wir wissen, in ihrem Interesse liegt.

---

[9] Materialien über diese Organisation sind mir dankenswerterweise von Fr. Paulus Lammers OFM von der Curia Generale dei Frati Minori, Via S. Maria Mediatrice, 25 00165 Roma, Italia, zugeschickt worden.

2. Behandlung des Haupttextes

2.1 Informationen zum Autor

Dieses Patronat des Franziskus für den Naturschutz ist begründet durch sein Verhältnis zu dem, was wir heute „Umwelt" nennen, und dieses Verhältnis ist bei ihm naturgemäß religiös geprägt. Von dieser Seite her lassen sich Schüler auch für religiöse Texte gewinnen. Der „Sonnengesang" ist ein Text, der die Beziehung zwischen Mensch und Gott aus dem Erleben der geschaffenen Welt in preisender Form thematisiert; er ist ein Hymnus. In welchem Lichte erscheint in ihm die „Mutter Erde"?

Der „Sonnengesang", den man als Ganzes verstehen muß, ehe sich einem darin das Thema „Mensch und Natur" erschließt, läßt sich nur vor dem Hintergrund des Lebensschicksals seines Verfassers voll begreifen. Deshalb darüber einige notwendige Informationen.[10]

Am 12. Dezember 1985 berichteten die Zeitungen von einem Bombenattentat in Umbrien, und zwar auf die Chiesa di Francesco in Assisi. Es soll, so hat man vermutet, der Racheakt einer Terrororganisation am Franziskanerorden gewesen sein, der Friedensgesandtschaften nach Moskau und Amerika geschickt hatte.[11] Die Franziskaner engagierten sich offensichtlich — im Geiste ihres Ordensgründers — durch die Tat für den Frieden in dieser Welt,[12] worauf man mit Vernichtungsanschlägen reagiert. Frieden und Terror, eine Konstellation, die zu allen Zeiten da ist, sozusagen unablösbar an den Menschen gebunden.

Am Lebensschicksal des Franziskus, worüber wir durch zwei frühe Biographien[13] Bericht haben, ist das gleichfalls abzulesen. 1181/82 in Assisi (in Umbrien) als Francesco Bernardone geboren, wächst er in einer Zeit auf, die von vielen Kämpfen zerrissen ist: der Kirche gegen die Häresien mit den Ketzerverfolgungen, der Christen mit den östlichen Heiden auf den Kreuzzügen mit oft katastrophalem Ende, der italienischen Stadtstaaten untereinander, mit dem Kaiser und mit dem Papst. Es waren Jahre der Verwirrung und des Schreckens. Und Franz ist als temperamentvoller, feuriger junger Mann — als „Feuergeist" wird er geschildert — an all dem beteiligt: er ist Dichter, Troubadour, Sohn eines reichen Textilkaufmanns, ein wilder Playboy, Liebhaber vieler Mädchen und „Parties", ein draufgängerischer Offizier im Krieg, ein geistgetriebener Revolutionär. In diesem Krieg geschieht mit ihm urplötzlich eine radikale Änderung.

1202/03 gerät er in Gefangenschaft im Krieg Perugia — Assisi, erkrankt darin schwer. 1204, noch geschwächt, nimmt er am Kriegszug nach Süditalien teil, wo ihn eine Vision überkommt, die sein Leben von Grund auf verändert; sein Wertbewußtsein kehrt sich um, als er mit den Verwundeten, Armen, Kranken

---

[10] Zur Lebensgeschichte des Heiligen s. EGGER, W.: Franz von Assisi. — Innsbruck 1981.

[11] So etwa im Münchner Merkur, Nr. 286, vom 12. Dezember 1985.

[12] Deshalb hat eben auch Papst Johannes II. im Jahr 1986 nach Assisi die Weltreligionen zum Gebet für den Frieden eingeladen.

[13] Diese frühen Biographien stammen von Bruder Thomas von Celano. Eine zusammenfassende, deutende Biographie ist auch in LUISE RINSERS Buch (s. Anm. 2) enthalten.

und Aussätzigen zusammenkommt, um die er sich leidenschaftlich kümmert. Eine Saulus-Paulus-Bekehrung, nicht ohne Härten.[14] Er verläßt sein reiches Elternhaus, geht ohne Geld ins Gebirge, führt das Leben eines Bettlers, meditiert in einer Höhle monatelang über Jesus und die allumfassende Liebe. Die Läuterung, die er dabei erfährt, ist so stark, daß, wer ihm begegnet, durch seine Ausstrahlung von Reinheit und Liebe stark beeindruckt wird. So berichtet man. Bald scharen sich viele junge Leute um ihn, die ebenso in Armut und Meditation leben wollen; nach den Grundsätzen, die Franz für sich zurechtgelegt hat: Besitzlosigkeit, Gewaltlosigkeit, Hilfsbereitschaft und Liebe (zu Gott, zum Menschen, zum Tier, zur Pflanze, zu allem, was ist). Franz will freilich keinen Orden gründen; er versucht nur, etwas in Bewegung zu bringen in der Art des „Pfingstgeistes", wo die Seelen, vom Feuer des Heiligen Geistes erfaßt, zu Neuem, Besserem aufbrechen. Aber schließlich muß er — auch auf Veranlassung des Papstes — die rasch um sich greifende Bewegung in geordnete Bahnen bringen; er gründet den Orden, den es heute noch gibt. Ab 1217 verbreitet sich der Franziskanerorden rasch nördlich der Alpen und im Nahen Osten.

Dieses Ausmaß der von ihm in Gang gesetzten Entwicklung ist Franz nicht geheuer; er verzichtet auch auf die Leitung des Ordens, übergibt sie einem anderen, weil er sich selbst als für den Menschen tätiger Mensch treu bleiben will, ein Leben nach dem Evangelium lebend. Franziskus wird zum Wandermissionar, wiewohl von vielen Krankheiten geplagt (Malaria, Augenkrankheit, Anämie, Magen- und Darmgeschwüre); 1224 empfängt er in La Verna die Wundmale des Herrn. Durch die Stigmatisierung noch mehr geschwächt, macht er 1225 eine Reise durch Umbrien und die Marken und erkrankt fast auf den Tod. Niedergeschlagen in einer aus Strohmatten errichteten Hütte bei San Damiano liegend, dichtet er den „Sonnengesang"; sein Biograph Thomas von Celano berichtet, er habe da neu und ganz persönlich eine an ihn gerichtete Verheißung des Herrn erfahren: „ ‚Meines Reiches Brautpfand ist deine Krankheit und als Preis der Geduld erwartet dich sicher und gewiß das Erbteil an diesem Reich.' Damals dichtet er das Loblieb auf die Geschöpfe und feuerte sie an, nach Kräften den Schöpfer zu loben." (2 Celano 213)

In diesem Zustand des Bedrücktseins, der Erniedrigung, ja der Enttäuschung, auch im Gefühl des Scheiterns, weil der Orden nicht seinem Bild entspricht, diktiert Franz von Assisi den Hymnus, und zwar in seiner umbrischen Volkssprache (Volgare). Das Gedicht gehört zu den ersten wichtigen Schöpfungen der italienischen Sprache. Es ist von schulmäßig gebildeteren Brüdern sehr bald ins Lateinische übertragen worden.[15] Da der umbrische Dialekt nahe am Lateinischen liegt, ist der Wortlaut in der Regel nicht weit vom Lateinischen entfernt. Dieser Hymnus in Übersetzung gehört wohl zum Schönsten, was im Mittelalter in lateinischer Sprache geschrieben worden ist.

---

[14] Vgl. dazu etwa Gorby, I.: Franz von Assisi. — Hamburg: rororo 1984, 20 ff.

[15] Und zwar wiederholt; das hatte zur Folge, daß die lateinischen Fassungen teilweise stark voneinander abweichen. Die vorliegende Übersetzung stammt von dem Franziskaner Lucas Wadding aus dem Jahre 1623.

2.2 Interpretationslinien[16]

a) *Bau und Aussage des „Sonnengesangs"*

Der Aufbau des Hymnus ist klar zu erfassen: zehn Strophen: eine Einleitungs- und Schlußstrophe, dazwischen acht Strophen, die alle mit der gleichen Formel beginnen *lauderis / laudetur, domine deus meus* (im Italienischen ist es immer die gleiche Formel *Laudato si, mi signore*). Die in der mittelalterlichen Lyrik übliche Dreiteilung herrscht vor: Aufgesang, Hauptgesang, Abgesang.

1. Strophe („Einleitungsstrophe")[17]
Der Aufgesang ist eine Lobpreisung Gottes, wozu alle im Lateinischen/Italienischen möglichen Ausdrücke des Rühmens benützt werden: *laudes, gloria, honor, benedictio.* Dieser Preis gilt allein dem Höchsten, den zu erwähnen, zu nennen kein Mensch würdig ist. Dieser Gott ist nur mittelbar zugänglich, zu erfassen und zu würdigen.

2. Strophe („Sonnenstrophe")
Dieses „Mittel" zu Gott sind alle seine Schöpferwerke: *propter omnes creaturas.* Sie sind Weg und Anlaß für den Lobpreis (das lateinische *propter* ist zu eng, im Italienischen steht zunächst *con tucte le tue creature,* dann immer *per*[18] ab Strophe 3). Diese Kreaturen, durch die, für die, deretwegen Gott zu preisen ist, durchmustert der Dichter der Reihe nach, dem natürlichen Gestus seines Hauptes von oben nach unten folgend. Er hat zunächst, wie in der Meditation, den Blick zur Höhe, zum Höchsten: *altissime* (das erste Wort des Gedichtes!) erhoben. Was er dann mit geöffneten Augen als am höchsten stehend sieht, ist die Sonne: *frater Sol,* die Tag und Licht bringt, schön und glanzvoll ist und in dieser Schönheit eine Andeutung, ein Zeichen von Gott *(tui . . . symbolum)* trägt.

3. Strophe („Mond- und Sternenstrophe")
Etwas unter der Sonne treten der Mond *(soror Luna)* und die Sterne in das Blickfeld, die mit der Sonne am Himmel die Helle und Schönheit gemeinsam haben.

---

[16] Der „Sonnengesang" hat noch wenig eingehende didaktische Behandlung erfahren; eine kurze Kommentierung für den Unterricht liegt vor bei SMOLAK, K.: Christentum und römische Welt. Auswahl aus der christlichen lateinischen Literatur. — München 1984, Textband, 133 f., Kommentarband, 166 ff. (mit Erschließungsfragen). Vgl. auch Verfasser: „Bruder Feuer". Franz von Assisis „Sonnengesang" und seine Rezeption. Ein Vorschlag zur Zwischenlektüre. In: AUXILIA 18 (1988), 117–140. Ebenso bei HUGENROTH, H.: Hymnen und Sequenzen nebst Auswahl aus der weltlichen lateinischen Literatur des Mittelalters. — Münster (Aschendorff); nützlich auch KLOPSCH, P.: Lateinische Lyrik des Mittelalters. — Stuttgart 1985 (Reclam Nr. 8088). Zur didaktischen Einordnung vgl. GRUBER, J.: Europäische Literatur in lateinischer Sprache, AUXILIA 16. — Bamberg 1987, 78 ff.

[17] Diese besonderen Bezeichnungen der Strophen 2–9 sind entnommen LEHMANN, L./PRAXMARER, B., a. O., 92 ff.

[18] „‚Per' bedeutet ‚für' und ‚durch'; beide Übersetzungen sind berechtigt." So LEHMANN/PRAXMARER, a. O., 90. Das lat. *propter* nimmt nur die Bedeutung von „für" auf: Gott loben „für die Geschöpfe", d. h. als „Dank für sie", „wegen ihres Vorhandenseins".

4. Strophe („Wind-Strophe")
Die Atmosphäre breitet sich darunter aus, deren Repräsentant gewissermaßen „Bruder Wind" *(frater Ventus)* ist, um den sich Luft, Wolken, Wolkenlosigkeit (heiteres Licht) und jedes Wetter scharen.

5. Strophe („Wasser-Strophe")
Des Dichters Augen treffen, sich noch tiefer senkend, auf das Wasser, auf *soror Aqua,* das nützlich, sich erniedrigend (weil es nachgibt) und rein ist.

6. Strophe („Feuer-Strophe")
Feuer ist das der Erde unmittelbar nächste, aus ihr sprühend und doch noch über ihr sich ausbreitend. „Bruder Feuer", *frater Ignis* wird freilich nicht als etwas Bedrohliches gekennzeichnet, sondern er ist gleichsam als Abglanz der Sonne etwas Schönes, Kräftiges und Starkes (lat.: *roseus, rutilus, invictus, acer* — ital.: *bello, iocundo, robustoso, forte*).

7. Strophe („Erd-Strophe")
Der Dichter hat seinen Kopf gesenkt; die Erde liegt vor ihm, das Unterste sozusagen, nicht Bruder oder Schwester genannt, sondern Mutter, *mater Terra,* weil sie alles erhält und nährt, verschiedene Früchte, vielfarbige Blumen und Gräser wachsen läßt.

8. Strophe („Friedens-Strophe")
Des Dichters Blick fällt auf den Menschen, der die Erde bewohnt, der das stufenweise Gekennzeichnete als einziger schauen, erkennen und daraus auf den Schöpfer schließen kann. Doch wird diese *creatura* Mensch nicht von vornherein über die anderen Schöpfungswerke erhoben. Es wird ihm, als denkendem Geschöpf, eine Reaktionsweise zugebilligt, die nur ihm möglich ist: aus Liebe zu Gott verzeihen, mit Geduld Traurigkeit und Krankheit ertragen und in Frieden alle Bedrängnisse aushalten.

Feuer.
Batik auf Seide von
Irene Ehle

Offensichtlich läuft der äußeren Bewegung des Blickes von oben nach unten eine innere Bewegung von unten nach oben entgegen. Sonne, Mond und Sterne sowie die vier Elemente Luft, Wasser, Feuer und Erde schaffen das Leben, das der Mensch leben kann, und zwar glücklich, wenn er in der Liebe aufsteigt zu Gott und dabei die richtige Haltung gewinnt: Versöhnlichkeit, Geduld und Friedfertigkeit. Hier sind wir in das Zentrum des Hymnus gestoßen. Solche Menschen werden von Gott gekrönt: *coronabuntur, sirano incoronati.* Und insofern, nicht als geschaffene Teile des Kosmos, sondern als in einer besonderen Weise zur Nähe des Schöpfers aufsteigende moralische Wesen werden sie über das andere hinausgehoben, können sozusagen die ‚Krone' *(corona!)* der Schöpfung sein. Im Komplex der Werte, auf die sich der Mensch als moralisches Wesen verpflichten soll, steht gewiß *pax*, der Frieden, an oberster Stelle.

9. Strophe („Todes-Strophe")
Der Tod ist der unsichtbare, aber immer gegenwärtige Teil des Kosmos. Auch ihn „erblickt" der Dichter und auch durch ihn preist er Gott. Er unterscheidet den körperlichen und den seelischen Tod (ital. *per sora nostra morte corporale – morte secunda*). Während dem Tod des Körpers kein Lebender entgehen kann, ist für den, der sich innerlich zu Gott erhoben hat, sich in Übereinstimmung mit seinem Willen weiß, der zweite Tod keine Gefahr: *non poterit . . . nocere.*

10. Strophe („Schlußstrophe")
Der Hymnus ist zyklisch angelegt; der Preis am Anfang wird im Abgesang wieder aufgenommen, allerdings als Aufforderung. Und er wird ergänzt durch den Anstoß an alle Geschöpfe zu Dank und Dienst jenem Gott gegenüber, in Niedrigkeit und Demut: *cum magna humilitate.*

b) *Fünf Fragen zur Bewertung des Hymnus*

Um die „Lobeshymne auf den Weltenschöpfer"[19] in seiner Aussageabsicht zu verstehen und jenes Potential zu erkennen, das ihm die womöglich bleibende Aktualität gibt, wollen wir fünf Fragen zu beantworten suchen.

Frage 1: Welche Seite der Welt und des Lebens bleibt ausgeblendet? Welche Grundstimmung herrscht deshalb vor?

Der Hymnus zeigt in den Strophen, die den Makrokosmos beschreiben, kein einziges negatives Wort. Nichts zielt auf Pejoratives. Das Bedeutungsfeld des Gefährlichen, Bedrohlichen, Bösen ist nicht angesprochen, auch nicht bei den Phänomenen, denen von altersher der Nimbus des Zerstörerischen anhaftet, nicht beim Wind, der zum alles mit- und zerreißenden Sturm, Orkan werden, nicht beim Wasser, das zum überschießenden Strom, zur turmhohen Woge werden kann, in der oft genug Schiffe, Häuser, Menschen versinken, nicht beim Feuer, das — bei Gewitter etwa — in der Gluthitze des Brandes vernichtet, was sich ihm in den Weg stellt, nicht bei der Erde, die sich in mächtigem Beben, auch im Vulkanausbruch aufreißt. Worauf werden wir aufmerksam

---

[19] So Gobry, a. O., 74.

gemacht? Wörter des Guten, Schönen, Strahlenden, des Heiter-Feurigen, des Wachsens und Gedeihens herrschen vor. Für den Dichter sind die Elemente der Schöpfung etwas Vertrautes, Verwandtes: Bruder, Schwester, Mutter — Wesenheiten also, über die er in eine liebende Beziehung zur Gottheit gelangt. GILBERT K. CHESTERTON: „Für uns sind die Elemente wie Herolde, die uns im Waffenrock und mit Trompeten verkünden, daß wir uns der Stadt eines großen Herrn nähern; er aber begrüßt sie mit einer alten Vertraulichkeit, die fast an Leichtfertigkeit angrenzt. Er nennt sie seinen Bruder Feuer und seine Schwester Wasser."[20] Die Grundstimmung im ‚Kosmos', in der ‚schönen Ordnung' der Schöpfung ist die Harmonie.

Frage 2: Worin liegt das Glück des Menschen? Welche Bedingungen muß er erfüllen?

Das Glück des Menschen erfüllt sich im Sich-Fügen in den geordneten Kosmos. Die Harmonie des Makrokosmos soll auch den Mikrokosmos mit umgreifen. Manifest wird diese Einheit in der Übereinstimmung des Menschen mit dem Willen Gottes. Diese bedingt eine moralische Entscheidung. In den Strophen, die den Menschen betreffen (8 und 9), begegnen auch Negativ-Ausdrücke: *offensae, tribulatio, infirmitas, peccatum.* Der Mensch kann sich verstricken in Schuld, kann in Krisensituationen kommen; aber er als moralisches Wesen hat die Chance, dem Anspruch der Harmonie genügend, sich davon freizuhalten und sein Schicksal in Geduld und Friedfertigkeit zu ertragen. Die strahlende Helle der Sonne, die von Anfang an das Gedicht durchglüht, in der Feuer-Strophe in fast gleicher Intensität wieder aufgenommen wird, dringt auch in die Strophen, die dem Menschen gewidmet sind, der bei aller Hinfälligkeit die Schönheit der Welt freudvoll erfahren kann.

Frage 3: Wie werden vor diesem Hintergrund Krankheit und Tod bewertet?

Krankheit und Traurigkeit gehören existentiell zum Menschen wie auch der Tod. Doch sie sind durch moralische Kraft, die aus der Erkenntnis der guten Schöpfung und des schöpfenden Gottes kommt, zu überwinden. Ihre Überwindung wird als Glück erfahrbar: *beati illi, qui . . .* Krankheit und Tod sind Aspekte des Lebens (als seine Schwächung bzw. sein Ende). Der Tod ist demnach begriffen als eine Funktion der Ordnung in der als sinnvoll anerkannten Welt; er ist ein integrierender Teil des Kosmos, der sich im Werden und Vergehen unablässig erneuert. Kein lebendes Geschöpf kann ihm entgehen. Insofern bewährt sich der Tod als eine Macht, die den Menschen in den Kreislauf der Natur einordnet; er stiftet ‚Harmonie', gefügte Ordnung. Das Bild des „Lebensrades", das ERICH LEGLER in seiner Ausgabe des „Sonnengesanges" mit der „Todesstrophe" nicht zu Unrecht in Verbindung bringt, versinnbildlicht eindrucksvoll diese Aufgabe des „Bruders Tod".[21]

---

[20] Zitiert bei v. GALLI, M.: Gelebte Zukunft: Franz von Assisi. — Luzern/Frankfurt 1977, 227.

[21] Lobpreis der Schöpfung. Sonnengesang des heiligen Franziskus. Süddeutsche Verlagsgesellschaft. — Ulm o. J., 54 f., s. auch 70: „Das Lebensrad mit dem Tod" ist als Fresko in der Dorfkirche Verdings über Klausen/Südtirol erhalten.

Der Mensch ist diesem Tod unterworfen, aber nicht total, nur mit seinem Körper. In solcher Einsicht liegt für den Christen Franziskus sozusagen der archimedische Punkt seiner optimistischen Welt-Sicht. Der Mensch als *animal morale* kann den „zweiten Tod" durch Haltung unschädlich machen.

Frage 4: Inwiefern spiegelt sich das persönliche Schicksal des Franziskus in diesem Hymnus?

Den „Sonnengesang" hat Franziskus nicht in einer Hochstimmung des Gefühls, etwa an einem schönen Frühlingsmorgen, gedichtet; er ist nach einhelligem Zeugnis aus Krankheit, aus dem Gefühl menschlichen Scheiterns herausgewachsen. Sein Signum ist das Trotzdem. Und darin bricht etwas vom „Feuergeist" durch, der Franziskus von Jugend an war und als welcher er sich dem Schöpfergott zuwendet, dessen Schöpfung er von ebensolchem strahlenden Feuer erhellt sieht. Im Anblick des Kosmos, der ein *symbolum* des Gottes trägt, vermag er seine persönliche Not auszuhalten, in Versöhnlichkeit, Geduld und Friedfertigkeit. Der Schöpfer des Hymnus fühlt sich als Teil der Schöpfung, der er in allen ihren Erscheinungsformen, also auch in seiner eigenen Gebrechlichkeit — eben weil er eine Hoffnung hat —, leidenschaftlich positiv zugetan ist. Seine, wie man gesagt hat, „seraphische Freude" über das „Schauspiel der sichtbaren Welt"[22], die ihn auch und gerade in der Not trägt, ist ihm vorgegeben in biblischen Bildern, die nicht ohne Einfluß auf ihn geblieben sind, nämlich in den kosmischen Lobgesängen der Hebräer, etwa im Gesang der drei Jünglinge im Feuerofen: „All ihr Werke des Herren . . . preiset den Herrn . . ., preiset den Herrn, Sonne und Mond, preiset ihn, Sterne am Himmel . . .!" Die Aufforderung am Ende, gerichtet an alle Kreaturen zum Preisen, Dienen und Danken, erfüllt Franziskus zu allererst selbst. Die Schlußwendung *cum magna humilitate* mag sogar doppelsinnig sein, insofern sie neben der Bedeutung „in großer Demut" auch den Sinn „in großer Erniedrigung" (die er persönlich auf dem Krankenlager erfährt) mitschwingen läßt — wobei man die Korrespondenz zum ersten Wort des Liedes sehen muß: *Altissime — cum magna humilitate.* Der Hymnus ist wohl auch eine *confessio vitae.*

[22] Siehe Gobry, a. O., 73 f.

Der heilige Franziskus predigt den Vögeln. Er lebte in einer unmittelbaren Verbindung mit der Natur.

Tafelbild:

	Franziskus' „Sonnengesang“	
Lobpreis Gottes	**„Altissime“** durch/für	*Aufgesang*
Licht ↓ vier Elemente ↓	frater SOL soror LUNA et STELLAE frater VENTUS, soror AQUA frater IGNIS, mater TERRA	*Hauptgesang*
Menschen ↓	ILLI, QUI patienter/sustinent in pace	
Tod	soror nostra MORS	
	‚Kosmos‘ der Schöpfung	
Aufforderung	Dank und demütige Huldigung aller Kreaturen **„cum magna humilitate“** ↓ HARMONIE	*Abgesang*

Frage 5: Welche Haltung gegenüber der Natur ist in diesem Hymnus zu spüren?

Die kosmische Harmonie, die uns in diesem Gedicht entgegentritt, kennzeichnet auch das Verhältnis des betenden Menschen zur Natur. Mit der Ehrfurcht vor dem Schöpfer korrespondiert die Ehrfurcht gegenüber seiner Schöpfung. Die geschaffenen Dinge, über die oder deretwegen der Mensch Gott preist, sind ihm liebevoll verbunden: als Brüder und Schwestern erscheinen Sonne, Mond und Sterne, auch die Elemente, als Mutter erscheint die Erde. Zwischen Mensch und Natur herrscht die intimste Beziehung, die sich vorstellen läßt. Franziskus fühlt sich als Teil der Erde, gleichrangig den Pflanzen und Tieren, mit denen er sogar gesprochen haben soll.

Er stellt sich nicht über sie, sondern mitten unter sie, also keine anthropozentrische Sicht der Welt, sondern das demütige Einordnen in die Welt. Die Vorstellung einer ‚Umwelt‘ wäre dem heiligen Franz fremd; für ihn ist alles Mitwelt, in gleicher Weise alles ein Zeichen von der Größe und Allmacht des Herrn. Franziskus hat der Natur einen quasi personalen Status zugewiesen; er hat sich als Mensch zurückgenommen, ist nicht in die Stellung eingetreten, die ihm durch die Bibel im „Herrschaftsauftrag“ gegeben ist. Ist das falsche Bescheidenheit gewesen?[23] Oder hat er den Auftrag „Beherrschung“ für seine Person ganz im Sinne der Gottesebenbildlichkeit gesehen? Gott trägt Sorge für

[23] Kritisch dazu Korff, W.: Defizite einer Umweltethik. In: Unitas. Zeitschrift des Verbandes der wissenschaftlichen katholischen Studentenvereine. Unitas 1994, Heft 2, 34. Er sieht im „Sonnengesang des Franz von Assisi, in dem wie nirgends sonst das Verhältnis des Menschen zur Natur als ein geschwisterliches besungen wird“ ein Zeugnis der Tradition, in dem der Natur — entgegen der im „Herrschaftsauftrag liegenden Tendenz der Bibel“ — ein „quasi personaler Status zugewiesen wird“.

alles, achtet auf die Harmonie des Ganzen, segnet alles und sieht, daß es gut ist. Franziskus erfüllt eben den „Gärtnerauftrag" des Adam. Zumindest läßt sich sagen, daß dieser Mönch schon in seiner Zeit die Bibel an der Genesis-Stelle anders, richtiger verstanden hat als die späteren Exegeten, die die neuzeitliche Entwicklung in Gang gebracht haben. Alles Gewaltsame, Schädigende, Verletzende, Zerstörerische — so viel läßt sich indirekt aus dem „Sonnengesang" entnehmen — ist der franziskanischen Haltung gegenüber der Natur fern. Franziskus ist hier durchaus ein Revolutionär; er hat, wie IRMGARD PALLADINO schreibt, „die Natur wieder entdeckt". Er hat sie zum Gegenstand der Verehrung und liebevollen Pflege gemacht. „Allerdings beruhte sein Verhältnis zur ‚Schwester Natur' auf fundamental anderen Voraussetzungen als denen der modernen Umweltschützer. Die Natur wirkte auf Menschen des Mittelalters eher bedrohlich denn idyllisch. Die obdachlos umherziehenden Minoriten waren ihr sogar in besonderem Maße ausgeliefert. Im Sommer von der Sonne verbrannt, im Winter von der Kälte bedroht und von Ratten und Mäusen heimgesucht, läßt sich ihr Verhältnis zur Schöpfung, entgegen jeder schöngeistigen Deutung, nur vor dem Hintergrund von Gehorsam und Askese begreifen."[24] Die epochale Tat des Franziskus hat freilich erst in der zweiten Hälfte des 20. Jhs. — im Szenarium der erkrankten ‚Mutter Erde' — die verdiente Würdigung erfahren; er ist eben deshalb zum Schutzpatron der Ökologie ernannt worden. Und im Katechismus der katholischen Kirche hat sich das franziskanische Denken zu einer Glaubensmaxime verfestigt: „... Die Herrschaft über die belebte und unbelebte Natur, die der Schöpfer dem Menschen übertragen hat, ist nicht absolut; sie wird gemessen an den Sorgen um die Lebensqualität des Nächsten, wozu auch die künftigen Generationen zählen; sie verlangt Ehrfurcht vor der Unversehrtheit der Schöpfung.

Tiere sind Geschöpfe Gottes und unterstehen seiner fürsorgenden Vorsehung. Schon allein durch ihr Dasein preisen und verherrlichen sie Gott. Darum schulden ihnen auch die Menschen Wohlwollen. Erinnern wir uns, mit welchem Feingefühl die Heiligen, z. B. der hl. Franz von Assisi und der hl. Philipp Neri, die Tiere behandelten. (2415 und 2416)"

[24] So IRMGARD PALLADINO, a. O.

Die erkrankte „Mutter Erde"

Die Erde ist nicht unbegrenzt belastbar. Eingriffe des Menschen haben oft irreparable Folgen.

2.3 Wertung

Bevor man eine abschließende Wertung dieses Lektüregegenstandes versucht, sollte man den „Sonnengesang" nochmals als Ganzes vortragen (womöglich auch in der italienischen Fassung) und dann in der Vertonung durch CARL ORFF zu Gehör bringen.

Der „Sonnengesang" ist ursprünglich wohl im Psalmenton gesungen worden; die Originalmelodie ist leider nicht mehr bekannt.[25] Wer den Hymnus heute in Musik umsetzen will, muß ihn in seiner Tiefe verstanden haben. CARL ORFF hat es versucht. Seine Leistung kann man wohl zutreffender durch einen Vergleich beurteilen. Der Hymnus des Meditations-Klosters Taizé in Frankreich „Adoramus te, domine", gleichfalls schön und ergreifend, aber ganz anders grundgestimmt, würde er die Atmosphäre des Franziskus-Liedes treffen?[26] Er ist, zumal ihm eine ganz andere liturgische Funktion gegeben ist, monoton rhythmisiert, etwas schwermütig, ohne Temperament, eben auf stereotype Wiederholung festgelegt, durch die die große Menge mitgetragen wird. Der „Sonnengesang" braucht — der Kontrast macht es deutlich — etwas anderes: durchgängige Helligkeit, die das Dunkel überstrahlt, und mitreißende Begeisterung, mit einem Wort: Feuer. Er ist, da eher zum Anhören geschaffen, nur von einer kleinen Gruppe chorisch zu bewältigen. In ORFFS Vertonung scheint dies gelungen.[27]

Was ist es, das Franz von Assisi in der zweiten Hälfte dieses Jahrhunderts — nach etwa 750 Jahren — wieder so interessant macht? Ist es die Konstellation von Terror und Frieden, von der sein Leben von Anfang an betroffen war und die er in seinem schönsten Gedicht, dem „Sonnengesang", nur indirekt spüren läßt, da er ja durch die Begeisterung für den schönen, sinnvoll geordneten Kosmos die Negativseite ausgeblendet läßt?

Diese Dialektik muß im Hymnus angelegt sein; wir wissen nämlich aus der Biographie seines Autors, daß die „Friedensstrophe", die im Zentrum des Gedichtes steht, um eines politischen Zieles wegen hinzugefügt worden ist. Franziskus wollte den Streit zwischen dem Bischof und dem Bürgermeister von Assisi schlichten, weil er es als Schande empfand, daß die Knechte Gottes sich hassen und niemand sich für den Frieden einsetzt. Er ließ den Podestà zum Palast des Bischofs rufen und sagte zu zwei Gefährten: „Geht hin und singt

---

[25] „Die älteste Abschrift des Sonnengesangs ist in einer Pergament-Handschrift erhalten. Dieser Codex 338 wurde um 1250 geschrieben und befindet sich heute wieder im Sacro Convento zu Assisi. Die Abschrift weist zwischen der ersten und zweiten Zeile einen Zwischenraum für Noten auf. Leider sind sie aber weder hier noch in anderen alten Handschriften eingetragen." So LEHMANN, L./ PRAXMARER, B., a. O., 89.

[26] Man sollte diesen Hymnus (erstes Lied der Kassette „Taizé-cantate!" OVERSA TZ 405, Seite 1) den Schülern zunächst kurz anspielen und sie fragen, ob seine Melodie für den Inhalt des „Sonnengesangs" passen würde; sie werden, wie die Erfahrung zeigt, sehr zutreffende Antworten geben.

[27] CARL ORFF hat den Hymnus selbst noch mit dem Städtischen Kammerchor Marktoberdorf einstudiert (allerdings nur in der altitalienischen Fassung). S. dazu Anm. 2. Diese Vertonung sollte zum Abschluß den Schülern unbedingt zu Gehör gebracht werden; sie bestätigt und vertieft die Interpretation.

vor dem Bischof und den anderen, die bei ihm sind, den Sonnengesang!" Franziskus galt seit seinen Lebzeiten als „Mann des Friedens".[28] Vielleicht ist das gemeinsame dritte von damals und heute dieses Verlangen nach Frieden, die Sehnsucht des niedergedrückten, von vielfachen „Krankheiten" (im übertragenen Sinne des Wortes) bedrohten Menschen nach Harmonie, die eine Möglichkeit der Hoffnung zuläßt. Würde Franziskus, lebte er heute, in seinem religiösmoralischen Optimismus die Welt auch so schön geordnet sehen, als etwas Lobenswertes, das eine Andeutung von Gott an sich trägt? Franziskus' Existenz ist nach MARIO VON GALLI „gelebte Zukunft".[29] Wenn man heute — also von Franziskus aus gesehen — von einer fernen Zukunft sich rückwendend diesen Mann zu einem Paradigma macht, so hat seine Aussage über die historische Situation hinaus Gültigkeit, zweifellos aufgrund seiner anthropologischen Kraft. Es wäre zwar nicht richtig, Franz von Assisi als einen frühen Humanisten (in jenem älteren, eingeengten Sinne) zu verstehen, aber es steckt ohne Zweifel ein Stück *humanitas* in seinem Werk, und in dieser liegt die Provokation, sich seinem Anspruch zu stellen und in der Auseinandersetzung mit ihm die eigene Gegenwart und die weitere Zukunft im Feuer seines „Pfingstgeistes", wie man gesagt hat, hell zu machen.
Ist ein Hymnus wie der „Sonnengesang" überhaupt heutigen Schülern zu vermitteln? Setzt dies nicht beim Schüler Empfänglichkeit für christliches Gedankengut voraus, beim Lehrer einen christlichen Standort, von dem aus er ohne angequälte Religiosität den Text interpretieren kann? Das Lied läßt sich auf jeden Fall behandeln, auch mit skeptischen Schülern, auch von Lehrern, die nicht katholische Christen sind. Der „Sonnengesang" ist ja mehr als ein religiöses Gebet, er ist, wie bereits angedeutet, ein Stück humanistischer Literatur (‚humanistisch' in einem weiter gefaßten Sinne genommen). MARIO VON GALLI schreibt über Franziskus: „Ein kosmisches Weltbewußtsein eignet ihm, man lese nur den ‚Sonnengesang'; er überspringt glatt konfessionelle und territoriale Grenzen . . . und er ist der erste in der Geschichte des Abendlandes, der friedlich und menschenfreundlich in andere Kontinente zieht."[30] Wäre diese humanistische Dimension im Denken des Heiligen nicht faßbar, hätte nicht die der Kirche und dem Christentum gegenüber kritisch gesinnte LUISE RINSER den Gegenstand ergriffen. Auch der ‚Gottsucher' KAZANTZAKIS, der „kirchlicherseits mehr als einmal hart angegriffen, ja von der griechischen Orthodoxie über den Tod hinaus verurteilt worden ist"[31], hätte nicht über den Franz eines, wie man sagte, „seiner umstrittensten Werke"[32] geschrieben. Wer sich demnach als Lehrer mit diesem Opusculum der lateinischen Literatur zusammen

[28] Zitate aus EGGER, a. O., 35.
[29] Gelebte Zukunft: Franz von Assisi. Luzern/Frankfurt/M. 1977.
[30] Gelebte Zukunft, a. O., 226. Für C. F. v. WEIZSÄCKER ist „Franziscus von Assisi" zu allen Zeiten, auch heute, die „Symbolgestalt" für eine weltumfassende „Theologie des Friedens". In: Die Zeit drängt. Eine Weltversammlung der Christen für Gerechtigkeit, Frieden und die Bewahrung der Schöpfung. — München/Wien [3]1986, 82.
[31] S. dazu KRETZENBACHER, L.: Versöhnung im Jenseits. — Verlag der Bayerischen Akademie der Wissenschaften. — München 1971, 6.
[32] KRETZENBACHER, ebenda.

mit den Schülern auseinandersetzt, muß nur, wie RINSER und KAZANTZAKIS, zweierlei haben: Verständnis für das Humane und Offenheit für Transzendenz. Franz von Assisis „Sonnengesang“ gehört zum geistigen, kulturellen Besitz des westlichen Menschen. Ein Lateinschüler sollte ihn im Original gelesen und in seinen Wirkungen — womöglich auch in den modernen Fassungen seiner Rezeption — erfahren haben. Zumal er, wie wir zu zeigen versuchten, auf dem Hintergrund des bedrängendsten Existenzproblems der Menschheit eine neue und zusätzliche Aktualität erhalten hat. Die Botschaft des „Sonnengesangs“ ist der Friede, mit Gott, mit den Menschen, mit der Natur. Alles kommt aus einer Wurzel, hängt in der Tiefe zusammen. „Es gibt ... keinen Frieden mit den Menschen ohne Frieden mit der Natur. Es gibt aber ebenso keinen Frieden mit der Natur ohne Frieden unter den Menschen.“ So C. F. v. WEIZSÄCKER.[33] Der brüderliche Umgang mit den Elementen, die Ehrfurcht vor der Schöpfung, die den Kern des Hymnus ausmachen, sind heute zu einem existentiell-humanistischen Gebot geworden, das von den Wirkungen der ‚Kunst- und Geistbegabung‘, der ‚Techno-Logie‘ des Menschen diktiert wird.[34]
Der in ferner Vergangenheit entstandene Hymnus des Franziskus behandelt zeitlos gültig das Thema, das unsere Welt heute und morgen beherrscht. „Il canto di frate sole“ ist, wenn wir recht sehen, ein Gesang der Zukunft.

3. Ergänzende Texte

3.1 Der große Aton-Hymnus

Der abgedruckte Text ist ein Gebet, das der ägyptische König Amenophis IV. eigenhändig geschaffen hat; er wollte damit seiner Verehrung einer Gottheit gegenüber Ausdruck verleihen, der er persönlich zur absoluten Macht verholfen hat. Der herrschende Gott Amun-Re, der Sonnengott, wurde zurückgedrängt und dem bisher kaum in Erscheinung getretenen Gott Aton größere Aufmerksamkeit geschenkt; dieser Gott hatte auch den Namen Re oder Re-Harachte, wobei das Beiwort „lebend“ heißt. Als der König zur Regentschaft kam, beschloß er „ein Heiligtum für den Gott ‚Re-Harachte, der im Horizont jubelt (d. h. aufleuchtet), in seiner Eigenschaft als das Sonnenlicht (Sohn), das in der Sonnenscheibe (Aton) ist‘, zu bauen.“ An dieser trinitarisch konstruierten Gottesvorstellung wurde später der Aton-Aspekt immer stärker betont. Der König verwarf — eine revolutionierende Tat — die Darstellung des Gottes in menschlicher Gestalt und setzte an ihre Stelle das symbolträchtige abstrakte Bild der Sonnenscheibe, deren Strahlen in segnenden Händen enden.

---

[33] a. O., 51.

[34] Zur Forderung eines existentiellen Humanismus angesichts der Wirkungen der Technologien vgl. Verfasser, Lateinunterricht zwischen Tradition und Fortschritt, Bd. 2, 53 ff., und: Technologische Herausforderung und Humanistische Bildung. Die Verantwortung des Menschen. — Bamberg 1986.

Sonne
mit segnenden
Händen
(altägyptische Skulptur)

Aton, der an Stelle des alten Amun-Re getreten war, wurde gleichzeitig auch als Partner des Königs angesehen. Der König erhob den Anspruch auf die Mittlerrolle zwischen Gott und Menschen; ja er sah sich so sehr mit Gott Aton verbunden, daß er seinen Namen umänderte in „Echnaton": „Seele des Aton".

Diese stichwortartigen Notizen[34] über die historischen Zusammenhänge sind nötig, um den Aton-Hymnus bei einem knappen Vergleich mit dem „Sonnengesang" des Franziskus einigermaßen angemessen zu würdigen.

Der Hymnus zeigt einen klaren Aufbau:

1. Die Erde nach Aufgang der Sonne
2. Die Erde nach Untergang der Sonne
3. Die lebensspendende Kraft der Sonne
4. Die Sonne als Ursache der Sichtbarkeit der Welt
5. Die Sonne als ordnende Kraft im Rhythmus von Leben und Tod

Man spürt eine Steigerung in der Wertigkeit des hymnisch gefeierten Phänomens. Ausgegangen wird von der Feststellung, was durch den Aufgang und Untergang der Sonne auf Erden geschieht, dann wird herausgestellt, welche Kraft der Sonne für das Leben auf Erden zukommt und daß ohne die Sonne, also ohne das Licht, eine Existenz der Welt im Sichtbarwerden ihrer „Millionen von Gestalten" unmöglich wäre. Die Sonne erscheint dann als das absolute Wesen, in dem sich das Leben vollzieht. Sie ist die Lebenszeit, man lebt in ihr. Sie stiftet die Ordnung im Wechsel von Tag und Nacht, von Arbeit und Ruhe, von Werden und Vergehen. Die Sonne ist die „Gründerin der Erde".
Diese Qualifizierung der Sonne zeigt übereinstimmende Merkmale zum „Sonnengesang" des hl. Franziskus: Die Bewunderungswürdigkeit der Sonne, ihre Stellung an der Spitze aller geschaffenen Wesenheiten, ihre Schönheit, ihr strahlender Glanz, ihre Verantwortung für den Wechsel von Tag und Nacht. Doch

[34] Diese sind entnommen aus: WENIG, ST. (Hrsg.): Meisterwerke der Amarnakunst. — Insel-Verlag Leipzig 1974 (diese Literatur ist mir dankenswerterweise von Kerstin Dedek, stud. phil., Leipzig, zugänglich gemacht worden). Vgl. dazu auch SCHLÖGL, H. A.: Echnaton. rororo 1986.

die Unterschiede sind größer: Bei Franziskus steht die Sonne in ihrer Funktion und Leistung für die Welt dem Gott am nächsten, aber sie ist nicht Gott; sie trägt nur ein Zeichen, ein Geheimnis dieses Gottes an sich; sie ist Mittel, über das oder durch das man Gott als höchstes Wesen erahnen kann. Im Aton-Hymnus steht die Sonne als Gottheit in absoluter Macht über allem. Dieser Gott Aton hat alles geschaffen; die Erde ist sein Werk; sie ist durch ihre Strahlen, die als segnende Hände dargestellt sind, für das Gedeihen auf Erden zuständig. Die Erde ist dem natürlichen Rhythmus des Werdens und Vergehens — je nach dem Aufgang oder Untergang der Sonne — ausgesetzt. „Die Welt befindet sich auf deiner Hand, wie du sie geschaffen hast.“ Was auf Erden geschieht, ist nur Reaktion auf das Wirken der machtvollen Sonne. Von einer Aktion der Lebenden ist nicht die Rede; es deutet sich nirgends ein aus der Verehrungsanalogie abgeleitetes positives Verhältnis der Menschen zur geschaffenen Erde an.
Die Menschen sind an keiner Stelle unmittelbar apostrophiert; sie sind als Geschöpfe nicht eigens erwähnt; sie sind als Teil der Welt gedacht, die in der Macht der Sonne liegt. Der Mensch ist kein herausgehobenes Wesen unter den Kreaturen der Schöpfung. Nur Echnaton, „die Seele des Aton“, und seine Frau Nofretete („Die Schöne ist gekommen“) treten als Personen in Erscheinung. Was Aton bewirkt, macht er für den geliebten Sohn Echnaton, den er „kundig seiner Pläne und Kraft“ werden läßt. Alle Geschöpfe dieser Erde sind geschaffen für den König Echnaton und seine „große königliche Gemahlin Nofretete“. Der Schöpfer des Hymnus bekundet seine höchste Verehrung zu Gott Aton, zur Sonne, stellt sich zugleich aber als dessen Sohn auf die fast gleiche Stufe, also über alle sonstigen Kreaturen; er fühlt sich als Vermittler zwischen Gott und den Menschen.
Die Haltung des Hymnus-‚Dichters‘ steht diametral der Gesinnung des Menschen entgegen, der den „Sonnengesang“ gedichtet hat; hier erniedrigt sich der Mensch — als Bruder und Schwester den anderen Kreaturen verbunden — in großer Demut vor dem Schöpfer Gott; die Sonne ist ihm zwar Bruder, aber darüber steht der allerhöchste Gott, dem allein Preis und alle Ehre gebührt.
Der Preis an die Sonne, an Gott Aton, der überall in der 2. Person apostrophiert wird, erfolgt nicht in Wörtern und Wendungen aus dem Wortfeld des Rühmens und Lobens. Man spürt ihn indirekt in der Feststellung seiner Größe, Pracht und Leistung; darin mag auch ein Appell an alle Hörer und Leser des Hymnus liegen, sich in diese verehrende Stimmung dem Gotte gegenüber einzubeziehen, zugleich aber den König als dessen Sohn in hohen Ehren zu halten. Religion und Politik sind zutiefst miteinander verbunden. Ein moralischer Anstoß aber zu einem positiven Verhalten der Geschöpfe der Erde gegenüber ist im Aton-Hymnus nicht zu erkennen. Der ägyptische „Sonnenhymnus“ und der franziskanische „Sonnengesang“, deren Entstehungszeit ca. 2500 Jahre auseinanderliegen, sind — der jeweils verschiedenen Religion entsprechend — sowohl in der Haltung des ‚Dichters‘ wie auch in den Folgerungen für die Menschen völlig anders geartet. Franziskus kannte das ägyptische ‚Vorbild‘ ganz sicher nicht. Woher aber kommt dieser thematische Gleichklang? Er hat seinen Grund zweifellos in einer Urerfahrung des Menschen mit dem Phänomen der Sonne.

3.2 Ingeborg Bachmann: „An die Sonne“[35]

Das Gedicht Ingeborg Bachmanns sollte das Projekt abschließen; vielleicht mag das bloße laute Vorlesen dieses Hymnus an die Sonne genügen. Es hinterläßt, wie die Erfahrung zeigt, allein dadurch einen tiefen Eindruck und vermittelt die Gewißheit, daß dem behandelten Thema ein allgemeines, zutiefst menschliches Anliegen zugrunde liegt. Die Lektüre des „Sonnengesangs“ erweist sich womöglich auch von diesem Ende her nochmals als sinnvoll.
Doch läßt sich das deutsche Gedicht auch, allerdings nur in knappen Strichen — unter den angegebenen Erschließungsfragen — in einen Vergleich zum Hymnus des Franziskus bringen.
Die hymnischen Züge dieses Textes sind evident; die Aussage konzentriert sich auf ein Objekt; alle Formulierungen und Gedanken sind darauf gerichtet: auf die Sonne, deren Schönheit gepriesen wird. Mehr als zehnmal begegnet das Adjektiv „schön“. Mit vierfachem, fast anaphorischem Komparativ „schöner als ...“ werden alle möglichen Konkurrenten am Himmel „Mond“, „Sterne“, „Kometen“, „jedes andere Gestirn“ in ein Verhältnis der minderen Qualität zur Sonne gebracht, die nach vierfachem Anlauf, als Vergleichsglied pointiert am Ende der fünften Zeile, also der 1. Strophe, erscheint „... ist die Sonne“. Dieser Preis zieht sich von Anfang bis zum Ende, in immer neuen Ansätzen erscheint die Sonne als Schönheit und als eine Kraft, die die Welt schön erscheinen läßt; mit der Sonne korrespondiert der Mensch allein über seine „begeisterten Augen“; ohne die Sonne verschleiert sich die Welt, aber ohne Augen bleibt ihm die Welt trotz Sonne im Schatten, ist sie für ihn nicht schön.
Die Schönheit, der strahlende Glanz der Sonne und ihre Kraft, uns durch ihr Licht zu erleuchten, zeigen Bachmanns Lied und Franziskus’ Hymnus eng verwandt; doch die deutsche Dichterin, die den „Sonnengesang“ kennt, setzt sich bewußt von ihrem literarischen Vorbild ab. Ihre ganze Verehrung gilt der Sonne; sie ist das Höchste, über ihr steht nichts Höheres mehr. Im Erleben der Schönheit der Welt hat sie ihre tiefste befriedigende Erfahrung; im Zentrum steht die Aussage: „Nichts Schönres unter der Sonne als unter der Sonne zu sein.“ Diese Erfahrung ist ästhetisch und ruft der Dichterin existentiell ins Bewußtsein, daß sie ihr einmal im unabwendbaren Verlust ihrer Augen verlorengeht. Der Hymnus von Ingeborg Bachmann hat keine religiöse Dimension. Die Sonne ist ein Phänomen der Natur, das kostbarste, weil schönste in ihr. Ein Rückschluß auf ihren Schöpfer lassen die Worte nicht zu. Dem Gedicht fehlt die Transzendenz. Der Mensch sieht sich immanent über die Sonne in einer innigen Verbindung mit der durch sie lebendig gemachten Welt; diese bewundert er, ohne Sorge um sie. Die Klage, die die Dichterin führt, richtet sich auf die Not, daß sie einmal von der Erfahrung der durch die Tat der Sonne immer wieder schön gemachten Erde getrennt wird.

---

[35] Zur Interpretation des Gedichtes vgl. Hahn, F.: Bibel und moderne Literatur. Große Lebensfragen in Textvergleichen. – Stuttgart [3]1967.

4. Literaturhinweise

CELAN, P.: Assisi. In: KILLY, W.: Epochen der deutschen Lyrik. dtv-Wiss., Bd. 9. — München, 2. Aufl. 1984, 390.

EGGER, W.: Franz von Assisi. — Innsbruck/Wien 1985.

EHLE, I.: Bruder Sonne — Bruder Mond. In: Der Sonnengesang des Franz von Assisi. Herder-Verlag 1985.

GALLI, M. v.: Gelebte Zukunft. Franz von Assisi. — Luzern/Frankfurt, 8. Aufl. 1977.

GOBRY, I.: Franz von Assisi. — Hamburg 1984.

GRUBER, J.: Europäische Literatur in lateinischer Sprache. AUXILIA 16. — Bamberg 1987, 78 ff.

HAHN, F.: Bibel und moderne Literatur. Große Lebensfragen in Textvergleichen. — Stuttgart [3]1967.

HUGENROTH, H.: Hymnen und Sequenzen nebst Auswahl aus der weltlichen lateinischen Literatur des Mittelalters. — Münster (Aschendorff).

KAZANTZAKIS, N.: Mein Franz von Assisi. — Hamburg 1984.

KLOPSCH, P.: Lateinische Lyrik des Mittelalters. — Stuttgart 1985 (Reclam Nr. 8088).

KORFF, W.: Defizite einer Umweltethik. In: Unitas. Zeitschrift des Verbandes der wissenschaftlichen katholischen Studentenvereine. Unitas 1994, Heft 2, 34–39.

KRETZENBACHER, L.: Versöhnung im Jenseits. Verlag der Bayerischen Akademie der Wissenschaften. — München 1971.

LEGLER, E.: Lobpreis der Schöpfung. Sonnengesang des heiligen Franziskus. Süddeutsche Verlagsgesellschaft. — Ulm o. J.

LEHMANN, L./PRAXMARER, B.: Sonnengesang des Franz von Assisi. — Innsbruck/Wien 1985.

RINSER, L.: Bruder Feuer. — Stuttgart 1975.

SCHMIED, W.: Marc Chagall. Die großen graphischen Zyklen. — Salzburg: Verlag vom Welg 1976.

SMOLAK, K.: Christentum und römische Welt. Auswahl aus der christlichen lateinischen Literatur. — München 1984, Textband, 133f. Kommentarband 166ff.

WEINHEBER, J.: Die großen Toten. In: Gedichte (ausgew. v. Sacher, F.). 1978, 261.

WEIZSÄCKER, C. F. v.: Die Zeit drängt. Eine Weltversammlung der Christen für Gerechtigkeit, Frieden und Bewahrung der Schöpfung. — München/Wien 3. Aufl. 1986.

Ianus Cornarius

Der Eid des Hippokrates

Ein Moralkodex für die Wissenschaft?

Äskulapstab

Auf den Schulterstücken des Arztkittels

1. Vorüberlegungen

1.1 Didaktische Begründung

Der Eid des Hippokrates ist wohl derjenige Text der Antike, von dem heute noch die stärkste normative Kraft ausgeht. In seinem Kern ist er verbindlich für alle Nachfahren in der Zunft der Ärzte; sie legen ein Gelöbnis ab, das sie verpflichtet, ihr Leben lang dem von Urzeiten her ererbten Ethos der Medizin-Kunst entsprechend zu handeln und den dort formulierten Regeln — man könnte es auch Gebote nennen — zu genügen.
Die im Eid ausgesprochenen Prinzipien ärztlicher Zucht sind über Jahrhunderte hin stabil geblieben; sie sind heute gültig wie am ersten Tag; manche gewiß sind heute heftig umstritten und stellen die Gesellschaft vor schwierige Probleme. Die öffentliche Diskussion orientiert sich immer an den Inhalten des hippokratischen Eides; angesichts der heute fast an Allmacht grenzenden Möglichkeiten moderner Medizin (etwa in der Gentechnologie und der Organtransplantation) wird seine Verbindlichkeit von allen Seiten vehement angemahnt. Gefordert sind die Ehrfurcht vor dem Leben und die Achtung gegenüber der Würde des Menschen.
Da an der Wissenschaft der Medizin das Dilemma der modernen Naturwissenschaften am brisantesten zutage tritt, ist es verständlich, wenn von ihr aus die Analogien zu anderen Bereichen aufgedeckt werden: die moralische Verantwortlichkeit des Arztes gilt, so folgert man, in gleicher Weise für alle Wissenschaftler, die mit dem Leben im umfassenden Sinne zu tun haben, die also durch die Ergebnisse ihres Forschens in die Natur, in den Lebenshaushalt der Erde, in die Biosphäre eingreifen, also für den Chemiker, den Physiker, letztlich für den Techniker und Ingenieur. Deshalb ist es nur konsequent, wenn man den hippokratischen Eid auch auf andere Betätigungsfelder übertragen will, indem man ihn als Metapher verwendet. So hat man z. B. die geforderte Ethik der Technik in das Bild des „hippokratischen Eids des Technikers" gefaßt, demzufolge von jedem Verantwortlichen „die Folgen technischer Entwicklung mitzubedenken" seien (so geäußert von einer herausragenden Persönlichkeit in Wissenschaft und Wirtschaft, von Ludwig Bölkow, dem ehemaligen Vorstandsvorsitzenden von Messerschmitt-Bölkow-Blohm).

Der Eid des Hippokrates nimmt deshalb unter den europäischen Grundtexten einen hohen Rang ein. Mit ihm vertraut zu sein, ist nicht nur für jeden der Naturwissenschaft und Technik zustrebenden jungen Menschen fast verpflichtendes Gebot, seine Kenntnis sollte zu den Grundlagen der am Gymnasium vermittelten Allgemeinbildung gehören.
Zur höchsten Kategorie im Wertbewußtsein der Menschen sind heute Verantwortungssinn und Verantwortungsbereitschaft aufgestiegen. Entscheidungen in allen Lebensbereichen fordern neben Fachwissen auch das Vermögen, die Folgen des Tuns unter ethischen Gesichtspunkten zu beurteilen. Das wiederum setzt die Sensibilität für Wertfragen voraus. Die Beschäftigung mit dem hippokratischen Eid konfrontiert die Schüler an auch heute hochaktuellen Problemen mit Entscheidungsfällen, die zutiefst im Ethischen verankert sind. So entwickelt sich in ihnen ein Gespür dafür, daß alles Handeln, gerade aber das wissenschaftlich geleitete Handeln mit Folgen für das Leben, einer wertenden Beurteilung unterliegt.

1.2 Textwahl und Einsatzmöglichkeiten

Das medizinische Ethos des Eids ist aus der Mitte griechischen Denkens entstanden, das — zumal nach der Sokratischen Wende — den Menschen, sein Glück und seine Würde, zum Maßstab allen Handelns machte. Der hippokratische Eid ist also — als ionisch-dorisches Produkt[1] — nur aus seiner natürlichen Umgebung Griechenlands heraus voll verständlich; letztlich läßt er sich nur in seinem griechischen Originalwortlaut vermitteln.[2]
Die Lektüre seiner lateinischen Fassung ist jedoch kein bloßer Notbehelf für all jene, denen altgriechische Sprachkenntnisse fehlen. Das Bekanntwerden mit diesem Text auf dem Umweg des Lateinischen bringt den Schülern einen Transformationsvorgang nahe, der für die Entwicklung der Kultur- und Geistesgeschichte Europas kennzeichnend ist; insofern wird dem Schüler zusätzlich ein Stück Kulturerfahrung ermöglicht.
Die lateinische Übersetzung des Humanisten Ianus Cornarius (alias Johann Habengut) von 1546 ist ein Rezeptionsdokument,[3] allerdings ist sie als Rezeption ein bloßer Nachvollzug des älteren Werkes ohne die Absicht, Eigenes zu bieten; der lat. Text ist also eine bloße Reproduktion („reproduzierende Konkretisation"). Der griechische Text ist möglichst wort- und strukturgetreu in die lat. Sprache umgesetzt worden, so daß keine zeitbedingten Zutaten des Übersetzers zu berücksichtigen sind. Ein griechisches Original wurde für wert und wichtig befunden, ohne zeitgeschichtlich bedingte Veränderung in die lat. Sprache übersetzt zu werden. Solche Rückgriffe auf ursprünglich antike, bes.

---

[1] Der hippokratische Eid ist formal im ionischen Dialekt abgefaßt, gedanklich ist er im Bereich des Dorischen anzusiedeln.
[2] Aus diesem Grunde ist der griechische Text mit deutscher Übersetzung im Lehrerkommentar (s. Anhang S. 121 f.) mit abgedruckt; bei der Lektüre der zentralen Teile kann man also jeweils auch das Original mit heranziehen, das in den Interpretationslinien zentral berücksichtigt wird.
[3] Der Text ist auch abgedruckt und kommentiert bei FITZEK, A.: Geistige Grundlagen Europas. — Schülerband S. 6, Lehrerkommentar S. 9 f.

griechische Denkmuster — mit der Absicht der Rückbesinnung — bestimmen die Geisteshaltung des europäischen Humanismus. Zugleich wird die Wirkungsmacht spürbar, die solche griechischen Texte im europäischen Abendland ausgeübt haben. Die Aussage des griechischen Originals sollte durch die lateinische Fassung — Latein war die Sprache der Wissenschaft — überall in Europa bekannt werden. Jahrhundertelang wurde von den Ärzten der Berufseid in dieser Übersetzung des Cornarius geleistet. Der Text bekam in seiner lateinischen Fassung eine eigendynamische Wirkung, er ist selbst zu einem historischen Dokument mit schwerwiegenden Folgen geworden. Der Vergleich mit dem heute üblichen Arztgelöbnis kann zeigen, welcher Wert und Rang diesem Text zukommen.

Der lat. Text läßt sich mit den angegebenen Hilfen bei L1 bereits ab Jgst. 10, bei L2 ab Jgst. 11 behandeln; man wird für das vorgeschlagene Projekt ca. 4–6 Stunden veranschlagen müssen. Die Behandlung des AcI-Futur und der Futurformen sollte vorher intensiv wiederholt werden. In der Oberstufe fügt sich der Text in die Projekte der Philosophie-Lektüre in den Grund- und Leistungskursen hervorragend ein.

2. Behandlung des Haupttextes*

2.1 Einführung

Karl Jaspers hat in seinem Essay „Die Idee des Arztes und ihre Erneuerung“ aus dem Jahre 1959 zwei Säulen ärztlichen Handelns festgestellt, die aufgrund der Entwicklung der modernen Medizin in ein zunehmend spannungsreicheres Verhältnis zueinander geraten. Der überschnelle wissenschaftliche und technische Fortschritt der Medizin führt die Ärzte in neue und ungeahnte ethische Konflikte, auf deren Lösung sie durch ihre vorwiegend naturwissenschaftliche Ausbildung in keinerlei Weise vorbereitet werden.[4] Das ärztliche Dilemma zwischen naturwissenschaftlichen und technischen Möglichkeiten auf der einen und der ethischen und humanen Verantwortung auf der anderen Seite tritt inzwischen auch der Öffentlichkeit immer deutlicher ins Bewußtsein: Im Bereich der Entstehung von menschlichem Leben erschrecken etwa Berichte über Gentechnologien und Manipulationen an der Erbmasse, über künstliche Befruchtung, Retortenbabys und Leihmütter, über die Verwendungszwecke von im Reagenzglas befruchteten Eizellen und menschlichen Embryonen; oft sorgen Schlagzeilen über Schwangerschaftsabbrüche und die Verurteilung von Ärzten, die sie durchgeführt haben, für einiges Aufsehen. Darf man abgetriebenen Embryonen Gehirnteile entnehmen, um sie Erwachsenen zu implantieren? Die Probleme im Zusammenhang mit dem Ende des menschlichen Lebens und den ärztlichen Eingriffsmöglichkeiten werden nicht weniger leidenschaftlich

* Da dieser inhalts- und problemträchtige Text einer intensiven Lektüre bedarf, wofür der Lehrende selbst über viele Informationen aus mehreren Wissenschaftsdisziplinen, die sich damit befassen, verfügen muß, ist nachfolgend eine sehr ausführliche Behandlung des Themas, die den Vergleich des lat. Textes mit dem griech. Original einschließt, vorgelegt; sie ist größtenteils einer fachdidaktischen Seminararbeit von Christiane Lehle entnommen. Die jeweils zitierte Literatur ist in voller bibliographischer Angabe am Ende dieses Projekts zusammengestellt.

diskutiert: Themen wie Todespässe oder Todestestamente, Sterbehilfe oder Euthanasie, Beihilfe zum Selbstmord u. ä. erregen von Zeit zu Zeit die Gemüter auf privater, öffentlicher und institutioneller Ebene oder werden Gegenstand theoretischer Reflexionen und Stellungnahmen aus verschiedensten moralischen, ethischen und religiösen Perspektiven. Dabei sind die Kontroversen um ein würdiges Sterben ebenso wie die um das Vernichten von ungeborenem Leben nicht erst durch modernste medizintechnische Entwicklungen verursacht, sondern die Möglichkeiten der Ärzte auf diesen Gebieten liefern schon seit Jahrhunderten genügend Zündstoff für Auseinandersetzungen.
Vor einem solchen Problemhorizont stellt sich also offenbar immer wieder aufs neue die Frage nach den ethischen Normen, die für das Handeln des forschenden und therapierenden Arztes leitend sein könnten und ihm in dem „ethischen Vakuum" oder „ethischen Niemandsland"[4] einer modernen pluralistischen Gesellschaft Orientierungshilfe zu geben vermögen.
Das früheste uns bekannte Antwortmodell aus medizinhistorischer Sicht bietet hier nun der hippokratische Eid, der dank seiner Berühmtheit und uralten Autorität als einzige Schrift der hippokratischen Sammlung nicht der Vergessenheit im frühen 19. Jahrhundert anheimgefallen ist. Dort werden u. a. Normen ärztlich-ethischen Handelns formuliert, die zum Teil heute noch aktuelle, kontrovers diskutierte Fragestellungen zu betreffen scheinen. Ob und inwieweit solche Antworten auf moderne Probleme bezogen werden können und dürfen, muß jedoch erst auf der Basis einer hermeneutisch sorgfältigen Untersuchung geprüft werden. Eine derartige Analyse des hippokratischen Eides, die sich bemüht, das Dokument umfassend in seinen historischen, kulturellen und sozialen Zusammenhängen zu betrachten und das jeweils zeitlich Gebundene unter religiösen, ethischen, rechtlichen, politisch-sozialen, beruflichen, wissenschaftlich-technischen und sogar stilistischen Gesichtspunkten bei der Interpretation zu berücksichtigen, versucht der Medizinhistoriker Charles Lichtenthaeler in seinem 1984 erschienenen Buch „Der Eid des Hippokrates. Ursprung und Bedeutung", in dem die Vorleistungen vor allem von Medizinern, Religionsforschern, Rechtshistorikern, Kulturhistorikern, Gräzisten und Linguisten mit eingearbeitet sind. Da in dem hier gegebenen Rahmen eine erschöpfende Darlegung der interpretatorischen Erschließung des hippokratischen Eides unter allen notwendigen Aspekten nicht gegeben werden kann, seien für die im folgenden vorgeführte Interpretation des Eides, soweit sie sich auf den originalen griechischen Text und dessen Horizont beziehen muß, in erster Linie die Ergebnisse von Lichtenthaeler beigezogen.[5]

---

[4] Lichtenthaeler, S.: ebenda 30 f.

[5] Daneben wurden insbesondere noch die durchgehenden Interpretationen des griechischen hippokratischen Eides von Deichgräber (1933, 1955) und Edelstein (1943) sowie die Erörterungen grundlegender Deutungsaspekte des Eides von Wolf (1967) und Triebel-Schubert (1985) konsultiert. Bei allen genannten Autoren ist mehr oder weniger die schon von Deichgräber hervorgehobene Spannung zwischen einer historischen Deutung einerseits, die die Frage nach der geschichtlichen Herkunft und Bedingtheit des Eides berücksichtigt, und einer überhistorischen, ideellen Deutung andererseits, die den Eid als überzeitliches Zeugnis ärztlicher Ethik verstehen möchte, spürbar (vgl. Deichgräber 1933, 96; ders. 1955, 12 f., Edelstein 3. 9 f. mit Diller 96

f.). Deichgräber legt in seinem Aufsatz zur „ärztlichen Standesethik des hippokratischen Eides" aus dem Jahre 1933 die Ansicht dar, daß in dem einem Teil der Bestimmungen des Eides eine gemein-griechische Auffassung im Sinne einer Durchschnittsethik repräsentiert sei, bei der die Berufsauffassung sowohl utilitaristischen Erwägungen wie auch dem δόξα-Ideal (Ruhm-Ideal) untergeordnet werde (vgl. ebd. 104 ff. 110), während der zweite Teil des Eides eine Summe rein ethischer Beschränkungen in der Bindung der ärztlichen Pflichtauffassung an den δίκη-Gedanken (Gerechtigkeits-Gedanken) darstelle (vgl. ebd. 111. 119). Edelstein kommt in seiner geschichtlich orientierten Interpretation aus dem Jahre 1943 im Hinblick auf die historischen Kräfte, die bei der Abfassung des jahrhundertelang als Muster ärztlicher Standesethik geltenden Dokumentes (vgl. ebd. 3; mit Diller 96) wirksam gewesen seien, zu dem Ergebnis, daß es sich bei dem Eid um ein einheitlich konzipiertes Manifest handle, das von einem pythagoreisch gesinnten Arzt in der zweiten Hälfte des 4. Jh.s v. Chr. als Verpflichtung für Gleichdenkende fixiert worden sei (vgl. ebd. 49 f. 54 f.; mit Diller 96). Mit Edelsteins Herleitung des Eides aus dem Pythagoreismus ist zugleich die Zuweisung des Dokumentes an eine Denkart verbunden, die nur innerhalb einer exklusiven Gemeinschaft in einer bestimmten Zeit galt, so daß der Eid nach Ansicht Edelsteins nicht als Ausdruck einer absoluten Norm ärztlichen Verhaltens verstanden werden dürfe (vgl. ebd. 56 f.; mit Diller 98). Die mit Edelsteins Untersuchung implizierte Annahme der historisch, insbesondere philosophiegeschichtlich bedingten Exklusivität des Eides bekommt dann bei Deichgräber im Jahre 1955 durch die sozialgeschichtliche Einordnung des Dokumentes eine andere Wendung, indem er auf die Verwandtschaft der ethischen Vorstellungen des Eides mit nicht primär ärztlicher, sondern von genealogisch-patriarchalischem Denken geprägter adliger Standesethik hinweist (vgl. ebd. 26. 28 f.; mit Diller bei Edelstein 98). Auch Wolf setzt in seinen „Meditationen über den letzten Satz des hippokratischen Eides" mit dem Titel „Der Wille zum Ruhm" aus dem Jahre 1966 die Ruhmesvorstellung des Eides, die im Zentrum seiner Betrachtung steht, in Parallele zu einigen nichtmedizinischen Zeugnissen aus dem 5. und 4. Jh. v. Chr., doch im Unterschied zu Deichgräbers Versuch einer sozialgeschichtlichen Einordnung, die von Wolf ausdrücklich abgelehnt wird, sind diese Parallelen von rein geistesgeschichtlicher Bedeutung (vgl. Diller bei Edelstein 97 f.). In seiner Untersuchung, deren Absicht Diller (bei Edelstein 98) als eine „Bemühung um eine ‚Metaphysik' des Ruhmesdenkens" kennzeichnet, wendet Wolf sich u. a. gegen Deichgräbers negative Bewertung des δόξα-Anspruches des Eides als Zeichen einer krassen „utilitaristischen" Gesinnung und erkennt seinerseits im δόξα-Ideal des Eides einen ethisch autarken Ruhmwillen des griechischen Menschen mit einer hier in bezug auf den Kranken unzweideutig „altruistischen" Idee (vgl. ebd. 233. 240 f.). Die Annahme einer einheitlichen „hippokratischen Ethik" lehnt Wolf ab, da der Eid in „absoluter Ausnahmestellung" als einziges Dokument im hippokratischen Schriftenkorpus dezidiert ethischen Gehaltes sei (vgl. ebd. 240; mit Diller bei Edelstein 97). Demgegenüber sieht Lichtenthaeler in seinem obengenannten Buch aus dem Jahre 1984 im hippokratischen Eid den Ausdruck einer Berufs- und Leistungsethik, die geprägt sei von dem sophistischen Begriff der τέχνη und dem Selbstverständnis der Ärzte des 5. Jh.s v. Chr., das sich in den frühen Schriften des *Corpus Hippocraticum* niedergeschlagen habe (vgl. Triebel-Schubert 253). Zwischen der bei Edelstein und Deichgräber erkennbaren Auffassung vom Eid als Zeugnis einer esoterischen Minderheit und einer in der jüngeren Forschungsliteratur zum Eid (vgl. v. a. F. Kudlien, Medical ethics and popular ethics in Greece and Rome, Clio Medica 5, 1970, 91–121; ders., Zwei Interpretationen zum Hippokratischen Eid, Gesnerus 35, 1978, 253–263; G. Harig, J. Kollesch, Der Hippokratische Eid. Zur Entstehung einer antiken Deontologie, Philologus 122, 1978, 157—176) bei allen Vorbehalten der Verbindlichkeit bzw. der Allgemeingültigkeit des Eides gegenüber vertretenen These von einer profanen und vulgärethischen Tendenz des Eides (vgl. Triebel-Schubert 253) gelangt Lichtenthaeler zu einem gewissen Kompromiß, indem er im Eid die anspruchsvolle Ethik einer ärztlichen Minderheit, aber keiner esoterischen und pythagoreischen erkennt und die doppelte, profane und religiöse, Natur der Schrift betont (vgl. ebd. 15. 283 f., 287 ff.). Ein Jahr nach Erscheinen des Buches von Lichten-

2.2 Hintergrundinformationen

Bei dem im ionischen Dialekt verfaßten griechischen Eid, den man gemeinhin als den „hippokratischen Eid" bezeichnet, sind nicht nur die Fragen nach seiner Interpretation unter den Gesichtspunkten von esoterischen oder vulgärethischen, religiösen oder profanen Deutungen umstritten, sondern auch seine Zielgruppe, der Zeitpunkt und der Geltungsbereich seiner Ableistung, seine Verfasserschaft sowie die Datierung. Die Ansetzung seiner Abfassungszeit etwa schwankt je nach Ansicht der Exegeten vom sechsten vor- bis zum ersten nachchristlichen Jahrhundert.[6] Angesichts einer solchen Zeitspanne ist jeder Versuch, den Eid in einen geistes- und kulturgeschichtlichen Rahmen einzuordnen, mit Problemen behaftet, die nur Hypothesen, jedoch keine eindeutig beweisbaren Aussagen zulassen.

Lichtenthaeler stellt nun fest, daß der seiner Ansicht nach echte, d. h. von Hippokrates selbst verfaßte Eid[7] einerseits viele archaische Elemente enthält, andererseits aber auch jüngere unter dem Einfluß der Sophistik, so daß er den Eid hypothetisch zwischen 420 und 400 v. Chr. ansiedeln möchte.[8] Bei dieser Annahme wäre der Original-Eid also vor dem geistes- und kulturgeschichtlichen Hintergrund zu sehen, dem zumindest in der zeitlichen Dimension auch die Alte Komödie des Aristophanes, die griechische Tragödie des Sophokles und des Euripides, das Geschichtswerk des Thukydides, die sokratische und platonische Philosophie, die Rhetorik des Gorgias und des Isokrates und vor allem die geistige Strömung der Sophistik zuzuordnen sind. Lichtenthaeler kommt jedenfalls aufgrund seiner sorgfältigen Analyse der in der sonstigen Forschung vernachlässigten kompositorischen und rhetorischen Elemente der Schrift zu dem Ergebnis, daß der hippokratische Eid ein in seiner Art einmaliges Beispiel sogenannter gorgianischer Kunstprosa sei.[9]

Von dem Mann namens Hippokrates, dem man schon in der Antike die Abfassung des Eides zugeschrieben hat, erfahren wir aus zwei Platon–Stellen (Prot. 311 b/c; Phaidr. 270 c), daß er von der Insel Kos stammte und Arzt und Asklepiade war. Innerhalb der antiken biographischen Tradition wird in der Hippo-

---

thaeler bemüht sich Triebel-Schubert, die ihrer Vermutung nach zu stark berufsethisch fixierte Interpretation des Eides wieder mehr durch die Betrachtung seiner philosophisch-ethischen Komponenten zu bereichern, indem sie in Anknüpfung an ethische Definitionen bei Aristoteles den Eid mit der ethischen Diskussion des 4. Jh.s v. Chr. zu verbinden und im Sinne einer aristokratisch-konservativen Ethik zu deuten versucht.

[6] Vgl. Edelstein 3; Lichtenthaeler 15, 273.

[7] Vgl. ebd. 15 f., 303 ff.

[8] Vgl. ebd. 15, 26, 277.

[9] Vgl. ebd. 24. — Auch die Legende läßt Hippokrates u. a. bei dem Sophisten und Rhetoren Gorgias von Leontinoi (um 485–380 v. Chr.) in die Schule gehen; vgl. Lesky 547; Lichtenthaeler 24; Müri 44 f.

krates-Vita, die unter dem Namen des Soran von Ephesos[10] überliefert ist, berichtet, daß Hippokrates im Jahre 460 v. Chr. auf Kos geboren wurde und hochbetagt im thessalischen Larissa gestorben ist; die Angaben über das erreichte Lebensalter schwankten bereits zur Zeit der Abfassung dieser Vita zwischen 85 und 109 Jahren. Hippokrates entstammte einer schon vor ihm auf dem dorisch besiedelten Kos ansässigen Asklepiadenfamilie, die sich auf den Heilgott und Apollonsohn Asklepios zurückführte und mehrere Generationen vor und nach Hippokrates die ärztliche Tätigkeit auf der Insel ausübte. Er wurde wohl gemäß der damaligen ärztlichen Familientradition von seinem Vater Herakleides medizinisch ausgebildet und unternahm dann offenbar weite Reisen durch Griechenland und die angrenzenden Länder. Die Höhe seiner Wirksamkeit erreichte Hippokrates zur Zeit des Peloponnesischen Krieges, und schon zu Lebzeiten, spätestens bald nach seinem Tode, galt er, wie die Platon-Stellen zeigen, als großer Arzt.[11]

Gemäß der unter dem Namen Sorans von Ephesos überlieferten Vita unterrichtete Hippokrates vorbehaltlos „die, welche sich dazu eigneten, in der Medizin aufgrund des einschlägigen Eides“ (Müri 49). Seine bekanntesten Schüler waren seine beiden Söhne und vor allem sein Schwiegersohn Polybos.[13] Die „Asklepiade“[14], die berühmte medizinische Schule auf Kos, die untrennbar mit dem Namen des Hippokrates verbunden bleibt, auch wenn es ärztliche Tätigkeit dort bereits vor ihm gegeben hat, lag in ständigem Streit und Wettstreit mit der bedeutenden, vielleicht sogar älteren medizinischen Schule auf der Nachbarinsel Knidos.[15]

---

[10] Einer der vielseitigsten Vertreter antiker Medizin, der im 2. Jh. n. Chr. unter Trajan und Hadrian wirkte. Neben der erhaltenen *Vita Hippocratis*, einem Buch über Leben und Lehren der Ärzte, sind hauptsächlich seine Schriften zur Gynäkologie bekannt; vgl. Lichtenthaeler 28; Müri 45–51, 460 f.

[11] Vgl. Capelle 5; Diller 35; Kudlien 1169; Lesky 546 f.; Müri 44 ff.; Pohlenz 82 f.

[12] Übersetzung aus Soran von Ephesos, Vita Hippocratis: «ἀφϑόνως δὲ τοὺς ἐπιτηδείους ἐδίδασκε τὴν τέχνην μετὰ τοῦ προσήκοντος ὅρκου.» (zit. n. Müri 48).

[13] Vgl. Lesky 553; Müri 50 f.; Pohlenz 90 f.

[14] Nach Much (49) erhoben die Asklepiaden „wohl den Anspruch, die Auslese, die Eingeweihten, die Abkömmlinge des Asklepios zu sein“. In diesem Zusammenhang weist Much (48) besonders auf den Unterschied zu den Asklepieien hin: „Es waren das dem Asklepios geweihte Tempel, wo unter mysteriösen (beileibe nicht mystischen!) Maßnahmen vor allem auf hysterische und suggestiv beeinflußbare Krankheiten gewirkt wurde.“ — Zur Abgrenzung der hippokratischen Medizin von den Praktiken der Priester des Asklepioskultes s. auch Lesky 547; Lichtenthaeler 63.

[15] Vgl. Lesky 546 f. — Zur Rivalität der Asklepiaden von Kos und Knidos s. Much 50 f. Kudlien (1170) beschreibt die Unterschiede folgendermaßen: „Die beiden Schulen unterscheiden sich voneinander grundsätzlich dadurch, daß die Koer von der Konzeption einer Allgemeinerkrankung und einer Semeiotik mit individuellen Abwandlungen ausgingen, während die Knidier bestrebt waren, lokalisierte Einzelerkrankungen zu fixieren und diese in ein mehr oder weniger festes, umfassendes Schema zu stellen; ferner waren die Knidier viel therapiefreudiger . . . als die Koer.“; vgl. Diller 42 f.

Während in älterer Zeit der Beruf des Arztes in der Regel mit der Funktion des Priesters verbunden war, wurde zur Zeit des Hippokrates durch die ionische Wissenschaft und Aufklärungsbewegung des fünften Jahrhunderts allmählich die enge Nachbarschaft zwischen den Aufgabenbereichen des Priesters und Arztes aufgehoben.[16] Auch Hippokrates löste sich von der mythischen Priestermedizin und stellte die Frage nach dem Zusammenhang zwischen Ursache, Krankheit und Therapie: „Es gibt keine übernatürliche Krankheit, alle Krankheiten haben einen natürlichen Ursprung; den muß man kennen, dann wird man die meisten auch heilen können."[17] Aufgrund solcher Erkenntnis und der daraus entwickelten Methoden (s. u.) kann Hippokrates mit einer gewissen Berechtigung trotz wissenschaftlich arbeitender Ärzte vor ihm — wie etwa Alkmaion von Kroton, von dem Hippokrates sachlich und methodisch viel gelernt haben dürfte, — als eigentlicher Begründer der wissenschaftlichen Medizin angesehen werden.[18] Es gilt als gesichert, daß der historische Arzt Hippokrates seine Lehre auf theoretischen Grundlagen aufbaute und für alles einzelne die Ableitung aus allgemeinen Prinzipien forderte.[19] Zugleich lehrte er jedoch auch, daß jeder Krankheitsfall ein Fall für sich sei, dessen jeweilige Besonderheit der Arzt mit Hilfe seiner τέχνη zu ermitteln und zu behandeln hat.[20] In der hippokratischen Lehre wird die Tätigkeit des Arztes in der Gegenüberstellung zur τύχη (Zufall) mit dem Begriff der τέχνη bezeichnet, der zugleich Handwerk, Kunst und Wissenschaft des Arztes subsumiert und als Einheit faßt.[21] Bei seiner Arbeit, in der sich der hippokratische Arzt als Helfer der

---

[16] Vgl. Lesky 547.

[17] So formuliert Pohlenz (36, 85) das Programm, das aus den von ihm als authentisch hippokratisch aufgefaßten Schriften περὶ ἀέρων ὑδάτων τόπων — in der Regel als die Schrift ‚Von der Umwelt' bezeichnet — und περὶ ἱερῆς νόσου spreche; vgl. bes. Hippocr. Morb. Sacr. 1. 18 bei Müri 234 f., 266 ff. — Zur Frage der Echtheit und Datierung dieser beiden Schriften s. Diller 44; Kudlien 1171; Lesky 550 ff. — Zur Bedeutung einer ganzheitlichen Betrachtung der φύσις in Hippokrates' Lehre vgl. auch Plat. Phaidr. 270 c: ΣΩ. Ψυχῆς οὖν φύσιν ἀξίως λόγου κατανοῆσαι οἴει δυνατὸν εἶναι ἄνευ τῆς τοῦ ὅλου φύσεως; — ΦΑΙ. Ἔι μὲν Ἱπποκράτει γε τῷ τῶν Ἀσκληπιαδῶν δεῖ τι πιϑέσϑαι, οὐδὲ περὶ σώματος ἄνευ τῆς μεϑόδου ταύτης. Zur Diskussion der schwierigen Frage, was hier mit dem Ganzen (ὅλον) gemeint sei, dessen Erkenntnis nach Hippokrates für den Körper, nach Platon für die Seele tiefer reichende Einsichten ermöglichen soll, s. Diller 35; Lesky 547 f.; Pohlenz 74 f. — Zur Verwurzelung der hippokratischen Medizin im Begriff der φύσις, die sowohl als Allnatur des Kosmos wie auch als allgemeine und individuelle menschliche Konstitution verstanden wurde, deren Kräfte das Gesunde erhalten, das Gestörte wiederherstellen und stets auf das richtige Maß zielen, s. Lesky 553; Pohlenz 85.

[18] Vgl. Pohlenz 77, 81 ff., bes. 83, 92, 96.

[19] Vgl. Lesky 548.

[20] Vgl. Much 98 f.; Pohlenz 90.

[21] Vgl. Diller 50 f. — Lichtenthaeler (88 f.) bestimmt den Begriff der ärztlichen τέχνη zum einen als Dreiheit Wissenschaft (im modernen Sinne der Ätiologie, Nosologie und Pathologie) — ‚Kunst' — Technik, zum anderen als Dreigespann Erfahrung (Empirie) — Theorie — Praxis. Zur Voraussetzung einer so verstandenen τέχνη in der Annahme von Ordnung und Konstanz der φύσις, wie sie sowohl in den als echt geltenden Schriften des Hippokrates als auch im Geschichtswerk des Thukydides erkennbar ist und letztlich wohl im parmenideischen Gedanken von der Unwandelbarkeit des Seins und seiner Ordnung wurzelt, s. Lichtenthaeler 89.

alles umfassenden, auch das Individuelle bestimmenden φύσις (Natur) verstand, hatten Ätiologie und Prognose Vorrang vor dem Therapeutischen, dessen Möglichkeiten damals noch eng umschrieben waren.[22] Im Vordergrund der Therapie stand die Diätetik, worunter nicht wie heute die Regelung der Ernährung, sondern die Einstellung und Verbesserung der δίαιτα, der gesamten Lebensweise eines Menschen, zu verstehen ist.[23] Als oberstes ethisches Gebot der therapeutischen Bemühungen galt der Grundsatz „ὠφελεῖν ἢ μὴ βλάπτειν", „zu nützen oder doch nicht zu schaden", also die φύσις in ihren Heilungsbestrebungen zu unterstützen oder wenigstens nicht zu hemmen.[24]

2.3 Einleitung und Gliederung

Die Rahmensituation, in die das Schwören des originalen griechischen hippokratischen Eides eingebettet war, kann man sich nach LICHTENTHAELER etwa folgendermaßen vorstellen:
Ein familienfremder Medizin-Lehrling wollte in eine Ärztesippe eintreten, um in diesem Familienverband die ärztliche Kunst zu erlernen; ein privater Lehrvertrag (συγγραφή, lat. *pactum*) bestimmte die Rechte und Pflichten des Schülers. Da solche Privatverträge ohne jede rechtliche Verbindlichkeit waren, mußte die συγγραφή feierlich durch einen Eid bestätigt werden (lat. *contestatio*), wobei man sich mit einigem zeremoniellen Aufwand (Unterzeichnung des Vertrags, Eidleistung, Eidopfer, Handschlag) an die Götter als einzig verfügbare Zeugen, Bürgen und Richter wandte, die damit die für solche Konventionen noch nicht vorhandenen Rechtsinstanzen ersetzten.[25] Die für die Lebensbahn des Schülers oder Adepten bedeutsame Feierlichkeit wie das Schwören seines Berufseides mit der Unterschrift seines Lehrvertrags fand wohl an einem Altar statt — der „allen Göttern" oder Apollon oder Asklepios geweiht gewesen sein mochte —, dem sich der Eidleistende mit zum Himmel erhobenen Händen näherte. Auch der künftige Meister dürfte der kultischen Handlung zusam-

---

[22] Vgl. LESKY 553; POHLENZ 88 f.

[23] Vgl. SIGERIST, H.: Anfänge der Medizin, 1963, 308; MUCH 54. — Zum Einfluß der Lehren des Pythagoras auf Hippokrates gerade in der Betonung der Diätetik, die im pythagoreischen Sinne auf die Harmonie von Leib und Seele abzielt, s. EDELSTEIN 46; MUCH 48; POHLENZ 82.

[24] Vgl. Hippocr. Epid. (= ἐπιδημίαι) I 11: „ἀσκεῖν περὶ τὰ νοσήματα δύο, ὠφελεῖν ἢ μὴ βλάπτειν." — „Für die Behandlung der Krankheiten gilt zweierlei: nützen oder doch nicht schaden." (zit. n. MÜRI 10 f.). Vgl. auch Hippocr. Fract. (= περὶ ἀγμῶν) 30 bei MÜRI 12 f. und MUCH 85. — Von dem Werk mit dem Titel „Epidemien" gelten die Bücher I und III und das mit diesen engstens zusammenhängende ⟨προγνωστικόν⟩ als Bestandteile der ältesten koischen Schriftengruppe aus der Zeit um 410 v. Chr., die am ehesten Anrecht auf Hippokrates als Verfasser haben; vgl. KUDLIEN 1169; LESKY 552 (mit Verweis auf die Arbeit von H. DILLER, Ausdrucksformen des methodischen Bewußtseins in den hippokratischen Epidemien, Arch. f. Begriffsgesch. 9, 1964, 133–150). An der hier zitierten Stelle Epid. I 11 finden sich auch die Aufgaben des Arztes der Ätiologie, Diagnostik und Prognostik formuliert: Λέγειν τὰ προγενόμενα, γιγνώσκειν τὰ παρεόντα, προλέγειν τὰ ἐσόμενα, μελετᾶν ταῦτα. Zit. n. MÜRI 10).

[25] Vgl. LICHTENTHAELER 76.

men mit seinen Angehörigen, vielleicht auch mit den übrigen Schülern, die schon geschworen hatten, beigewohnt haben.[26]

Der Eid, den der Schüler bei dieser Gelegenheit schwor, gehört formal und funktionell zu einer bestimmten Gattung von Texten, die nicht notwendigerweise in literarischer Form existieren müssen und allgemein unter folgenden Aspekten definiert und beschrieben werden können:

„Der antike Eid ist das feierliche Bekräftigen einer Zusicherung, zumeist mit Anrufung einer höheren, göttlichen Macht" (LICHTENTHAELER 37). Unter dieser Definition subsumiert sich eine Vielzahl von Eidformen, die sich hauptsächlich unter zwei Gesichtspunkten funktional und formal klassifizieren lassen: Man kann zum einen zwischen assertorischen und promissorischen Eiden unterscheiden, zum andern zwischen öffentlichen und privaten, wobei sich auch verschiedene Kombinationen aus beiden Einteilungen ergeben.

„Der assertorische Eid beteuert die Wahrheit einer Aussage, gewöhnlich vor Gericht, und bezieht sich damit auf Vergangenes; der promissorische Eid beschwört die Aufrichtigkeit einer Zusage, eines Versprechens, und ist demnach zukunftsbezogen. Der Hippokratische Eid ist also ein typischer promissorischer Eid, ein Versprechenseid."[27] (LICHTENTHAELER 37). Da er im Rahmen einer Ärztesippe geschworen wird, ist er zugleich privatrechtlicher Natur, während andere Eide, sogenannte ὅρκοι νόμιμοι, wie etwa der attische Richtereid und der attische Ephebeneid, gesetzlich vorgeschrieben sind und somit öffentlichen Charakter haben.[28]

Die Bestandteile des antiken Eides sind in aller Regel: die Götteranrufung, das Thema und die Verwünschung. Zu deren jeweiligen Funktionen und Abfolge gibt LICHTENTHAELER (37) folgende Erläuterung: „Die Anrufung erhebt die Götter zu Zeugen des Ritus. Jeder ernsthafte antike Eid ist eine kultische Handlung; das ‚Thema' ist der eigentliche und jeweilige Anlaß zur Eidleistung und bestimmt auch deren assertorischen oder promissorischen Charakter sowie die Punkte, die eidlich zu bekräftigen sind; die Verwünschung ist der Fluch, den der Schwörende für den Fall des Eidbruchs, des Meineids, auf sich selbst herabruft.

Die Reihenfolge dieser drei Stücke wechselt von einem Eid zum anderen. Beim attischen Richtereid zum Beispiel stehen Götteranrufung und Selbstverwünschung zusammen am Ende des Dokuments; im attischen Ephebeneid fehlt die Verwünschung. Der Eid des Hippokrates besteht sogar aus vier Stücken, da sein Thema, der ‚Pflichtenkatalog', in zwei Teile zerfällt: den ‚Lehrvertrag' im engeren Sinn (2. Abschnitt), der die Rechte und Pflichten des Schülers seinem Meister gegenüber genau angibt, und den ‚Sittenkodex', der die Pflichten des Schülers gegenüber seinen Kranken und ihrer Umgebung festlegt und als eine kurze, zeitgerechte Zusammenfassung ärztlicher Deontologie auf höchster ethischer Ebene zu bezeichnen ist (3. bis 8. Abschnitt des ‚Eides')."

---

[26] Vgl. ebd. 42.

[27] Man beachte die zahlreichen futurischen Verbalformen des Eides.

[28] Vgl. LICHTENTHAELER 37.

So gliedert sich der Eid des Hippokrates in die vier Hauptteile:
— Z 1–3: Götteranrufung
— Z 4–10: Lehrvertrag } Thema: Pflichtenkatalog
— Z 11–26: Sittenkodex }
— Z 27–29: Verwünschung,
die wiederum in neun Abschnitte zerfallen: Die kürzeren Hauptteile Götteranrufung, Lehrvertrag und Verwünschung entsprechen jeweils einem Abschnitt, während sich der Sittenkodex in sechs Unterabschnitte fassen läßt. Bei der nun folgenden Interpretation soll der ‚Eid'-Text in der Abfolge seiner gattungsgemäßen Disposition erschlossen werden, wobei deutlich werden wird, daß zwischen diesen einzelnen Abschnitten eine Fülle von gedanklichen und kompositorischen Responsionen besteht.

3.4 Interpretationslinien

a) *Götteranrufung*

Der Eid beginnt mit einer feierlichen Anrufung der Götter und stellt somit von Anfang an die gesamte Ritualhandlung, in die er eingebettet ist, unter die Autorität und Aufsicht der Unsterblichen.[29]
An der Spitze der Götter, die der schwörende Lehrling der ärztlichen Kunst zu Zeugen seiner Verpflichtungen anruft, steht *Apollo,* griech. Ἀπόλλων, der gemäß den Vorstellungen der griechischen Religion als einer der zwölf obersten Götter auf dem Olymp thront.[30] Wenn er gerade in einem ärztlichen Eid als erste Gottheit angerufen wird, so ist das aufgrund seiner vielfältigen Beziehungen zur Heilkunst nicht zufällig: Zunächst einmal ist Apollon — zusammen mit seiner Zwillingsschwester Artemis — Anwalt der Reinheit und erscheint an all seinen Kultorten als Gott der Reinigungen und Sühnungen. Schon in homerischer Zeit ist Apollon außerdem der Gott der Musik und der Harmonie. Später erweitert sich diese Sphäre des Harmonisch-Musischen auch auf die Bereiche des Denkerischen und Ethischen: Apollon wird zum Schützer des Geisteslebens und der sittlichen Ordnung, der Maxime μηδὲν ἄγαν, des „Nichts zu sehr", das die Orientierung am rechten Maß jeder selbstherrlichen Willkür entgegensetzt. So verkörpert er stärker als irgendein anderer Olympier eine gewisse Erhabenheit der Gesinnung. Die wichtigste Kultstätte Apol-

---

[29] Vgl. Deichgräber 1933, 99; ders. 1955, 15; Lichtenthaeler 41. — Zur Bedeutung sowohl des Rituellen und Numinosen bei einer Eidleistung im allgemeinen wie auch des Religiösen und Mythologischen bei der konkreten Götteranrufung s. Lichtenthaeler 42 ff.

[30] Vgl. Lichtenthaeler 50. — Für den religiösen Horizont und die Begrifflichkeit des griechischen Eides ist ferner von Bedeutung, daß Apollon als Olympier Sohn des Zeus und damit auch Bruder der Zeustochter Δίκη ist, die zwar beide im Eid nicht namentlich genannt werden, jedoch als Schutzherr aller Eide Ζεὺς Ὅρκιος bzw. als Personifizierung des allumfassenden Rechtswillens des Zeus (Δίκη; vgl. den Begriff der ἀδικίη „Unrecht" Abschnitte [3], [7]) und als Stifter und Hüter der Ordnung in der Welt und den πόλεις („Städten"), in denen der Medizin-Schüler später seine ärztliche Kunst ausüben wird, auch ohne explizite Anrufung im Eid als indirekt apostrophiert und vergegenwärtigt vorzustellen sind; vgl. Lichtenthaeler 47, 50.

lons ist das Orakel in Delphi, wo er zu den Ratsuchenden durch den Mund der von ihm inspirierten Seherin Pythia spricht. Als Orakelgott nun ist Apollon überhaupt Gott der Weissagungen jeder Art; er kann die Gabe des Sehens verleihen, d. h. dem Arzt die Möglichkeit der Prognose eröffnen, so daß die Ärzte auch als Prognostiker unter seiner Obhut standen. Hippokrates selbst hat im Eingangskapitel seines „Prognostikon" eine Stelle aus dem ersten Gesang der „Ilias" übernommen, wodurch er von sich indirekt behauptet, daß er wie der homerische Seher Kalchas erkenne, „was ist, was sein wird oder zuvor war", so daß der Arzt offenbar mit dem Seher als Deuter von Erscheinungen und Künder der Zukunft parallelisiert wird.[31] Aber auch aus einem weiteren Grund sind die ersten Verse der „Ilias" für das Apollon-Verständnis im Bezug zur Heilkunst von Interesse: Kalchas wird nämlich um Hilfe angefleht, weil der erzürnte Ἀπόλλων ἑκατηβόλος, der „Schütze ins Weite" oder der „Ferntreffende", dem griechischen Heer von Troja zur Strafe für das μίασμα, die Befleckung der Achaier durch ihre Entgleisung gegenüber dem Ritus, mit Hilfe seiner Pfeile eine verheerende Seuche geschickt hat. Der Zorn Apollons und die Seuche lassen sich in der Ilias erst besänftigen, als das μίασμα, „die Befleckung", durch Reinigungs- und Sühnezeremonien und heilige Opfergaben beseitigt worden ist. Apollon besitzt also eine zweifache Macht: Er kann Krankheit als Bestrafung für eine „Befleckung" senden und sie dann im Sinne des „Reinigens" auch wieder heilen: Apollon ist demnach Todes- und Heilgott zugleich, woraus die besondere Bedeutung des Gottes für die Ärzte erhellt wird. Erst mit dieser letzten Eigenschaft Apollons wird verständlich, warum er im Eid nicht nur angerufen, sondern als *Apollinem medicum* (Z 1), griech. Ἀπόλλωνα ἰητρόν, d. h. in seiner Funktion als Arzt und Heilgott, beschworen wird: Durch die Apposition *medicus* (Z 2) wird Apollon primär in der Zuständigkeit seines Amtes als Arzt und damit als ein Schutzgott der Gemeinschaft der Mediziner angerufen, zu denen der Schwörende künftig gehören möchte.[32]

---

[31] Vgl. Hippocr. Prog. 1: προγινώσκων γὰρ [sc. ὁ ἰητρὸς] καὶ προλέγων παρὰ τοῖσι νοσέουσι τά τε παρεόντα καὶ τὰ προγεγονότα καὶ τὰ μέλλοντα ἔσεσθαι ...; (zit. n. MÜRI 106; s. auch Hippocr. Epid. I 11 bei MÜRI 10 und S. 21, Anm. 61) und Hom. II I 70: ὃς [i. e. Κάλχας] ἤδη τά τ᾽ ἐόντα τά τ᾽ ἐσόμενα πρό τ᾽ ἐόντα.

[32] Vgl. DEICHGRÄBER 1933, 99; ders. 1955, 15; LICHTENTHAELER 50—54.

Asklepios mit seiner Tochter Hygieia, röm. Kopie aus dem 4. Jh. v. Chr.

An zweiter Stelle folgt im Eid die Anrufung des *Aesculapius,* griech. Ἀσκληπιός, ein Sohn des Apollon und auch Heilgott wie sein Vater, gewissermaßen ein göttlicher „Berufsgenosse" Apollons, wie DEICHGRÄBER (1933, 99) ihn bezeichnet. Im Unterschied zu seinem Vater gehört Asklepios nicht zum Kreis der zwölf olympischen Götter, doch im Laufe der Entwicklung der griechischen Religion sticht er ihn in seinem Amt als Heilbringer allmählich aus und wird später, in nachklassischer Zeit, zum Inbegriff des Gottes der Heilkunde. In der „Ilias" erscheint Asklepios noch nicht als Gott, sondern als menschlicher Arzt, der aus dem thessalischen Trikka stammt und von dem Kentaur Cheiron in den Wirkungen der Heilkräuter unterwiesen worden ist. Im Gegensatz zu Paieon, dem Götterarzt, ist Asklepios als Arzt für die Sterblichen zuständig. Seine Söhne Machaon und Podaleirios sind ebenfalls ärztlich tätig, indem sie verwundete Helden chirurgisch und mit Hilfe von blutstillenden und schmerzlindernden Heilkräutern behandeln. In nachhomerischer Zeit wird Asklepios dann zum Heroen und Halbgott erhoben; bereits im „Homerischen Hymnus an Asklepios" gilt er als Sohn des Apollon und der Königstochter Koronis. Auf Asklepios berufen sich in der ärztlichen Tradition spätestens seit dem frühen 5. Jh. v. Chr. zwei Richtungen, die streng voneinander getrennt werden müssen: Die Priestermedizin der Asklepieien, die ihr Zentrum in Epidauros und in römischer Zeit in Pergamon hatten, therapierte mit Wunderkuren und magisch-rituellen Bräuchen, während die Asklepiaden, die sich vom später heroisierten und divinisierten Asklepios ableiteten und ihren ärztlichen Beruf innerhalb des γένος vom Vater auf den Sohn vererbten wie Asklepios auf Machaon und Podaleirios, eine eher rationale medizinische Praxis betrieben. In diesem letztgenannten Strang der ärztlichen Kunst ist wohl auch Hippokrates einzuordnen, den Platon im „Protagoras" (311b) als einen „koischen Asklepiaden" vorstellt. Falls der hippokratische Eid tatsächlich von diesem Hippokrates verfaßt worden wäre, ergäbe sich möglicherweise über das Element des Dorischen, das die Insel Kos mit Thessalien, dem Stammland der Dorer, verbindet, eine besondere Beziehung zwischen dem koischen Ärztegeschlecht und seinem divinisierten thessalischen Ahn- und Schutzherrn Asklepios, die dessen namentliche Anrufung im Eid zusätzlich rechtfertigen mag.[33]
Im Anschluß an Asklepios ruft der schwörende Mediziner-Lehrling die Göttinnen *Hygea,* griech. Ὑγίεια, und *Panacea,* griech. Πανάκεια, an, die — wie der vorausgegangene Asklepios — keine Olympier sind. Sie waren von Anfang an Heilgottheiten und wurden in der griechischen Mythologie im Laufe des 5. Jh.s v. Chr. zusammen mit Aegle, Akeso und Iaso zu Töchtern des Asklepios. Von den vielen Kindern des Asklepios werden im hippokratischen Eid nur Hygieia und Panakeia genannt. Bei der etymologischen Betrachtung ihrer Namen ergibt sich, daß Ὑγίεια unmittelbar auf „Gesundheit und Hygiene"

[33] Vgl. DEICHGRÄBER 1933, 101; LICHTENTHAELER 54–65 (mit Stellenangaben und -verweisen). — Zur „Bedeutung der Schlange im Asklepioskult" als „sichtbarer Ausfluß und Mittler der übernatürlichen Heilkräfte" des Asklepios als „chthonischer" Gottheit s. LICHTENTHAELER 58, 63.

hinweist, während ῾Πανάκεια (aus πᾶν, „all-" und ἄκος, „Heilmittel") so viel wie „Allheilerin" bedeutet, was auch in der „Panazee" als Allheil- und Wundermittel weiterlebt (vgl. auch das engl. „panacea" und franz. „panacée"). Im Sinne einer ätiologischen Deutung der mythischen Genealogie „zeugt" Asklepios im Eid offenbar nur die beiden Töchter Hygieia und Panakeia, weil die eine, übergreifende Medizin, die im Eid durch Apollon und Asklepios vertreten wird, damals im wesentlichen aus den durch diese beiden Göttinnen personal repräsentierten Wirkungsgebieten der Hygiene und der Therapie bestand: Hygieia fungiert für den präventiven Bereich zur Erhaltung der Gesundheit und Panakeia für den kurativen zur Behandlung von Krankheiten. Im Kontext des Eides wird auf die durch die Mythologie gegebene verwandtschaftliche Beziehung zwischen den Göttern auch dadurch Bezug genommen, daß die beiden Hilfsgottheiten ihren Vater Asklepios so begleiten, wie der künftige Schüler im Eid bei seinem Meister mithelfen wird. Wenn Hygieia also etwa mit Gesundheit und Hygiene gleichzusetzen ist und Panakeia mit Krankheit und deren Heilung, so wird Hygieia im Eid vor Panakeia genannt, weil sie einen höheren Rang einnimmt als ihre Schwester. Für die Griechen stand die Hygiene im Mittelpunkt der Medizin, wobei ὑγίεια im weitesten Sinn zu verstehen ist: Sie umfaßt die ἄσκησις, die „körperliche Übung" im agonalen Wettstreit mit dem Ziel des καλὸς κἀγαθός („schön und tüchtig") und die δίαιτα als Suche nach der bestmöglichen „Lebensweise" im rechten Maß bei Nahrung, Getränken, gymnastischen Übungen, Schlaf, geschlechtlichem Verkehr. Der δίαιτα kommt jedoch nicht nur im Bereich der präventiven Medizin, sondern auch in dem der kurativen eine bedeutende Rolle zu; die Diätetik bildet gemeinsam mit der Heilmittellehre und der Chirurgie (vgl. Abschnitte [3], [4] und [6] des Eides) das klassische Triptychon der Therapie. Deren mythische Repräsentantin Panakeia wird zwar durch die ‚präventive' Hygieia nicht unwichtig, doch tritt sie wohl auch schon deshalb im Eid hinter ihrer Schwester an Bedeutung zurück, weil man zur Zeit der Abfassung oft sehr geringe therapeutische Möglichkeiten hatte.[34]

Mit Apollon, Asklepios, Hygieia und Panakeia ist nun die gesamte ärztliche Götterfamilie vorgeführt, die im hippokratischen Eid vom schwörenden Schüler angerufen wird. Sie werden als Heilgötter apostrophiert und erfüllen als Schutzgötter der Ärzte und ihrer Kunst eine spezifische Funktion für den Eid als ärztlichen Berufseid. Es werden hier also diese vier Gottheiten namentlich beschworen, während in anderen antiken Eiden oft nur drei mit Namen genannt sind.[35] Aus dem nächsten Wort *iuro* (Z 1)[36] geht hervor, daß es sich hier

---

[34] Vgl. Lichtenthaeler 66–69.

[35] Vgl. Deichgräber 1933, 99; ders. 1955, 15; Edelstein 46; Lichtenthaeler 69 f.

[36] Im griechischen Original steht das entsprechende ὄμνυμι zur Hervorhebung des Schwurcharakters der sich anschließenden Worte an allererster Stelle des Eides noch vor der Götteraufzählung und bildet mit dem ὅρκον am Ende ein weitgespanntes Hyperbaton, dessen Umfang in der lateinischen Übersetzung durch die Umstellung von *iuro* (Z 1) und *iusiurandum* (Z 2) mehr ins Satzinnere beträchtlich verringert wird.

um einen Schwur oder um einen Eid handelt, und die vorangegangene Vielzahl der beschworenen Götter zeigt, daß man es mit einem besonders folgenschweren Gelöbnis zu tun hat. Die Bedeutsamkeit dieses Rituals wird noch dadurch hervorgehoben, daß die Götter nicht, wie in anderen antiken Eiden, einfach aufgezählt, sondern durch die Konjunktionen *et*, *-que* und *ac* (jeweils als Wiedergabe eines griechischen καί) verbunden werden, und die stilistische Betonung durch das Polysyndeton setzt sich sogar nach *iuro* noch fort: *deosque omnes itemque deas* (Z 1/2; wobei *-que* das griechische καί wiedergibt und *itemque* das griechische τε καί) — und alle Götter und auch alle Göttinnen (sc. rufe ich zu Zeugen an). Bei aller Kürze des Gesamtdokuments geht hier die Ausdrucksweise durch die fünfmalige Anknüpfung mit „und" auffallend in die Breite.[37]

Nach den vier namentlich genannten Heilgöttern wird noch die Götterschar als Ganzes sowohl angerufen als auch zu Zeugen erhoben (... *testes facio* ...,[38] Z 2). Dabei bedeutet die Wendung „alle Götter und auch alle Göttinnen" nicht „alle übrigen Gottheiten neben den vier ausdrücklich benannten", sondern mit dieser Formel sind vielmehr alle Götter überhaupt, ohne Einschränkung, gemeint. Durch die formelhafte Junktur „alle Götter und Göttinnen", die auch aus anderen antiken Eiden bekannt ist, wird zum einen äußerlich die Feierlichkeit des Gelöbnisses erhöht, worauf auch stilistisch die Fortführung des Polysyndetons verweist, zum anderen sichert sich damit inhaltlich-funktional der Schwörende dagegen ab, daß er einen der Götter vergißt, der sich dann erbost rächen könnte. Für die Adressaten des Eides, die den Medizin-Lehrling zur Ausbildung aufnehmen wollen, wird durch die Anrufung des vollzähligen griechischen Pantheons zugleich garantiert, daß sich der Schwörende keinen Schlupfwinkel für einen Meineid offenhalten will, da dem potentiellen Missetäter durch die Anrufung aller denkbaren numinosen Mächte jede Ausflucht versperrt wird.[39]

In der futurischen Infinitivaussage (nach den Verben des Schwörens *iuro* und hier auch *testes facio*) *me hoc iusiurandum et hanc contestationem pro viribus et iudicio meo integre servaturum esse*: (Z 2/3) formuliert der Schwörende im zweiten Teil des ersten Abschnitts in einer Art Überschrift den Inhalt dessen, wozu er die Götter als Bürgen angerufen und als Zeugen beschworen hat: Er verspricht, er werde *hoc iusiurandum*, „diesen Eid", *et hanc contestationem*,

[37] Vgl. LICHTENTHAELER 42.

[38] Im griechischen Text steht hier in der Unterordnung zum Hauptverb ὄμνυμι die Partizipialwendung ἵστορας ποιεύμενος. Der Partizipialausdruck ist wohl genau wie das Hauptverbum inhaltlich auf alle namentlich und nicht namentlich genannten Götter zu beziehen: vgl. LICHTENTHAELER 70. In der lateinischen Übersetzung wird allerdings durch die parataktische Auflösung das Hauptverbum *iuro* (Z 1) zu den mit Namen bezeichneten Göttern gestellt, während die ursprünglich untergeordnete Zeugenbeschwörung *testes facio* (Z 2) als ein weiteres Hauptverb mit der Wendung *deosque omnes itemque deas* (Z 1/2) verbunden wird. — Zum Gehalt des griechischen ἵστορας ποιεύμενος s. ebd. 70 f.

[39] Vgl. DEICHGRÄBER 1933, 99; ders. 15 f.; EDELSTEIN 46; LICHTENTHAELER 70. — W. BURKERT (Griechische Religion der archaischen und klassischen Epoche, Stuttgart/Berlin/Köln/Mainz 1977, 379) stellt fest: „... nur wer Götter ehrt, kann ... Vertragspartner sein."

„diese feierliche, vor Zeugen abgegebene Erklärung oder Versicherung", *integre servaturum esse,* „unverletzt einhalten", *pro viribus et iudicio meo,* „soweit es in seinem Vermögen und Urteil stehe".
Mit den Begriffen *iusiurandum* und *contestatio* werden die beiden Hauptverben *iuro* und *testes facio* aufgegriffen. Der Rückverweis des *iusiurandum* auf *iuro* entspricht dabei der griechischen *Figura etymologica* ὄμνυμι . . . ὅρκον, wobei allerdings die Sperrung der jeweils zusammengehörigen Worte im lateinischen Text sich weit weniger ausdehnt: Im Griechischen hat die Stellung des ὄμνυμι am Eidanfang und ὅρκον am Ende des ersten Abschnittes den Vorteil, daß sie es dem Autor ermöglicht, die ärztliche Götterfamilie und die gesamte Götterschar vorzuziehen und alle unsterblichen Zeugen und Bürgen an die Spitze des Eides zu stellen, stilistisch einen ‚Ring' durch den Gedanken des ‚Schwurs' zu bilden und auf den Begriff des ὅρκος gegen Ende ein besonderes Gewicht zu legen.[40]
Von dem lateinischen Hyperbaton hingegen wird ‚nur' die Gesamtheit der Götter umschlossen, ein gedanklicher Ring entsteht nicht, und der Begriff des *iusiurandum* scheint in seiner Stellung zu Beginn des AcI nicht sonderlich betont zu sein. Mit der Wiederaufnahme des zweiten Hauptverbs *testes facio* durch *contestationem* ergibt sich jedoch gegenüber der griechischen Vorlage eine gewisse Bedeutungsverschiebung. In der griechischen Junktur ὅρκον τόνδε καὶ συγγραφὴν τήνδε meint συγγραφή einfach, konkret und nüchtern den privaten Lehrvertrag zwischen einem Lehrer und einem Schüler, der die Rechte und Pflichten des Schülers bei dessen Eintritt in eine Ärztesippe zum Erlernen der ärztlichen Kunst bestimmt. Das in der συγγραφή schriftlich Festgelegte bildet den realen Bezugspunkt für die mündliche Eidleistung und stellt zugleich eine die Feierlichkeit überdauernde handgreifliche Urkunde dar. In der lateinischen Übersetzung wird zum einen der Bezug zur konkreten und realen Situation mit ihrem schriftlichen Dokument weniger deutlich, und zum anderen geht damit auch der zweite stilistische ‚Ring' durch die zwischen ὅρκον καὶ συγγραφὴν am Ende des ersten Abschnitts und συγγεγραμμένοις τε καὶ ὡρκισμένοις am Ende des zweiten gestiftete wörtliche Beziehung verloren.[41] *Ianus Cornarius* scheint jedoch bemüht, durch die Wahl von *contestatio* im Verweis auf *testes facio* den in der Übersetzung unvermeidbaren Verlust der Bezüge wenigstens auf stilistischer Ebene durch ein Äquivalent auszugleichen. Ein solches Bestreben könnte auch der Verwendung der beiden Demonstrativa *hoc* und *hanc* zugrunde liegen, die wie die griechischen Pronomina τόνδε und τήνδε gedanklich auf das Folgende vorausverweisen und stilistisch die Alliteration und das Polyptoton beibehalten. Auch die vorausgegangene Formulierung *deosque . . . deas* mag ein Versuch sein, Alliteration und Polyptoton des griechischen πάντας und πάσας durch etwas Gleichwertiges zu ersetzen.

Ähnlich verhält es sich wohl mit der Versicherung *me . . . integre servaturum esse* (Z 2/3), die das griechische ἐπιτελέα ποιήσειν reflektiert. Zum griechischen Ausdruck erläutert LICHTENTHAELER (71 f.): „τέλος bedeutet Ende, Ziel,

[40] Vgl. LICHTENTHAELER 74 f.
[41] Vgl. LICHTENTHAELER 75 f.

Zweck, ἐπιτελής will also sagen: ‚auf ein Ende, ein Ziel, auf einen Zweck hin'. Dem Schüler wird ein schönes Lebensende vor Augen geführt, wenn er seinem Eid treu bleibt. In Leben und ärztlicher Kunst strebt er eine ‚Vollendung' an. Er will alles ‚tun', ποιέειν, um dieses Ziel, diesen Zweck zu erreichen, ohne Schwäche, ohne Verzagen. Deshalb verspricht er, dem heiligen Eid und dem Lehrvertrag Folge zu leisten, ihnen vollauf Genüge zu tun. All dies wird mit dem einen Zeitwort ‚erfüllen' in der Übersetzung von ἐπιτελέα ποιήσειν ausgedrückt." Die lateinische Umsetzung mit *me integre servaturum esse* gibt sowohl den ‚teleologischen' wie auch den ‚pragmatischen' Charakter der originalen Aussage preis; so wird etwa der rote Faden des Tuns, Schaffens und Leistens, der — kenntlich am fünfmaligen ποιέειν — das griechische Dokument durchzieht, im Lateinischen nicht sichtbar. Doch die beiden Worte ἐπιτελέα ποιήσειν, die im Griechischen einen feststehenden Ausdruck bilden, erscheinen auch im Lateinischen als Junktur *integre servaturum esse,* die in eben dieser Verbindung genau wie im Griechischen im letzten Teil des Eides wieder aufgenommen werden (ἐπιτελέα ποιέοντι bzw. *integre servanti,* Z 27, wobei auch das *me* der futurischen Infinitivkonstruktion und *mihi* wieder auftauchen wird; s. u.). Hier am Anfang des Eides steht das Verbum in beiden Fassungen — im Unterschied zum jeweiligen Partizip Präsens am Ende — im Futur, weil der Schüler auf der Schwelle seiner Lehrzeit noch gar nicht daran denken kann, irgend etwas zu ‚erfüllen'; sein gesamtes berufliches Schicksal liegt für ihn noch in der Zukunft.[42]

Das Versprechen des Lehrlings, sein Gelöbnis zu erfüllen bzw. einzuhalten, wird jedoch nicht absolut gegeben, sondern durch die Worte *pro viribus et iudicio meo* (Z 2/3), griech. κατὰ δύναμιν καὶ κρίσιν ἐμήν, eingeschränkt. Es wäre ein Zeichen von Überheblichkeit, wenn der Schwörende seine eigene Unzulänglichkeit nicht auch in seinem Schwur mitberücksichtigen würde. Gerade Apollon, der eingangs als Zeuge und Richter Angerufene, ist auch der Gott des rechten Maßes, des μηδὲν ἄγαν, „Nichts im Übermaß", und der delphische Spruch Γνῶθι σαυτόν wendet sich auch an den Arztlehrling: „Erkenne dich selbst, erkenne deine Grenzen!". Hippokrates selbst gibt zu, daß etwa prognostische Fehler auch bei genauester Anwendung seiner methodischen Grundregeln der klinischen Vorausschau nicht ausgeschlossen sind, und im Eid wird im siebten Abschnitt durch die dort implizierte Differenzierung zwischen ‚vorsätzlich' und ‚unbeabsichtigt' (ἑκών bzw. *voluntarius* im Gegensatz zu ἄκων) die Möglichkeit ungewollter Verfehlungen angedeutet. Die beiden Begriffe, die die Tragweite des Versprechens einschränken, sind *vires* (griech. δύναμις) und *iudicium* (griech. κρίσις; im lat. Alliteration mit *iuro* und *iusiurandum,* Z 1/2). Bis zu einem gewissen Grade bilden sie zusammen ein Hendiadyoin (im Sinne von Synonymen, die durch Häufung einander bekräftigen), doch sind sie in ihrer Bedeutung nicht völlig identisch: *iudicium* gehört wie κρίσις zur intellektuellen Sphäre und betrifft Urteilsvermögen und -fähigkeit. Das Wort umfaßt hier wohl das Unterscheidungsvermögen bei der Prognosestellung der einzelnen klinischen Fälle wie bei der therapeutischen — diätetischen, pharmakologischen, chirurgischen — Indikation. Unter den *vires*

[42] Vgl. ebd. 71 f.: Wolf 235.

(griech. δύναμις, Sg.) des Arztes, die bei seiner Tätigkeit eine limitierende Funktion ausüben können, sind wohl seine angeborenen Eigenschaften wie Charakterstärke, Begabung, handwerkliche Geschicklichkeit, aber auch erworbene wie Erfahrung, fachliche Kompetenz, Autorität u. ä. zu verstehen. Am Schluß dieser Einschränkungsformel „nach meinem Vermögen und Urteil" steht auch das Wörtchen *meo* (griech. ἐμήν) nicht zufällig dort: Es heißt nicht verallgemeinert „nach menschlichem (ἀνθρωπίνην bzw. *humano*) Vermögen und Urteil", sondern der Schüler beruft sich beim Schwur auf seine ihm eigene, ihn von anderen Individuen unterscheidende Befähigung. Gerade die Hippokratiker haben innerhalb der κοινὴ φύσις ἁπάντων („gemeinsame Natur aller") die ἰδίη φύσις ἑκάστου („persönliche Natur eines jeden") innerhalb der allgemeinen Natur die besondere jedes einzelnen hervorgehoben, deren je verschiedenartige Prägung gleichermaßen bei jedem Kranken und Gesunden, also auch bei jedem Arzt vorauszusetzen ist. So gewann der Wortlaut des Eides, auch wenn er äußerlich stets gleichblieb, doch bei jeder neuen Eidleistung eine andere, individuell-persönliche Färbung.[43]
Mit der Anrufung der Götter als Zeugen für den Eid beginnt also eine Kulthandlung, die von einer bestimmten religiösen Grundhaltung und Gesinnung getragen ist. Der religiöse Hintergrund ist für den äußeren Rahmen der Eidleistung und ihrer Akzeptanz durch die Adressaten von entscheidender Bedeutung; denn Gottesfurcht gibt in Verhältnissen, in denen es an öffentlich-rechtlichen Instanzen zur Absicherung solcher Vereinbarungen fehlte, die beste Garantie für das Einhalten von Eiden. Weiterhin stellt diese Religion an jeden einzelnen die Erwartung, daß er sich um die Erfüllung seiner Pflichten bemüht (vgl. ἐπιτελέα ποιήσειν bzw. *integre servaturum esse,* Z 3; wobei allerdings in der lateinischen Version der Aspekt der tätigen Pflichterfüllung verlorengeht), erinnert ihn andererseits stets an seine Grenzen und warnt ihn vor deren Überschreitung (vgl. κατὰ δύναμιν καὶ κρίσιν ἐμήν bzw. *pro viribus et iudicio meo,* Z 2/3). So werden bereits im ersten Abschnitt des hippokratischen Eides in einer religiös fundierten Ethik die beiden Pole Pflichtbewußtsein und Selbstbeschränkung des menschlichen und ärztlichen Verhaltens formuliert.[44] Bei der weiteren Interpretation sei u. a. auf die Entwicklung dieser Maximen geachtet.

b) *Lehrvertrag*

Mit dem zweiten Abschnitt des Eides beginnt gattungstypologisch gesehen das eigentliche ‚Thema' des Eides, das hier in einem medizinischen ‚Pflichtenkatalog' besteht, der in den Abschnitten (2)–(8) alle Gelöbnisse des angehenden Lehrlings in konkreter Formulierung umfaßt. Dieser Pflichtenkatalog zerfällt seinerseits in zwei Teile: Abschnitt (2), der ‚Lehr- und Familienvertrag', betrifft die Stellung des Schwörenden in seiner Ausbildungs- und Berufsgemeinschaft; in ihm werden die Rechte und Pflichten des Schülers im Hinblick auf seinen Lehrer, dessen Söhne und die künftigen eigenen familienfremden Schüler festgelegt. Die Abschnitte (3)–(8) bilden den ‚Sittenkodex', der sich mit

[43] Vgl. DEICHGRÄBER 1955, 16; LICHTENTHAELER 72–74.
[44] Vgl. LICHTENTHAELER 78.

bestimmten Bindungen des Eidleistenden in bezug auf die Handhabung seines Gewerbes befaßt; dort sind die Pflichten des Schülers gegenüber den Kranken und ihrer Umgebung sowie sich selbst gegenüber im Umgang mit ihnen zusammengestellt.[45]

Der zweite Teil des Eides, mit dem Lehrvertrag im engeren Sinn, besteht wie der erste Eidteil der Götteranrufung aus einem einzigen Abschnitt.[46] Beide Teile sind syntaktisch eng miteinander verbunden, denn nach dem Hochpunkt bzw. Doppelpunkt am Ende von Abschnitt (1) wird die futurische Infinitivkonstruktion fortgeführt, die von den Verben des Schwörens im ersten Abschnitt abhängt. Demgegenüber sind die darauffolgenden Bestimmungen des Sittenkodex in den Abschnitten (3)–(8) syntaktisch durch die unabhängigen Prädikate in der ersten Person Singular Futur abgesetzt.

Der zweite Eidabschnitt beginnt mit dem Akkusativ *praeceptorem* (Z 4), dem „Lehrer oder Unterweiser“, der in der parallelen Stellung zu *Apollinem* (Z 1) am Anfang von Abschnitt (1) zugleich dessen Weiterführung und Kontrastfigur bedeutet: Der Gedanke gleitet von der Götterwelt zu der menschlichen Gemeinschaft, die Ärztesippe mit ihrer „patriarchalischen Ordnung“ (Deichgräber 1955, 18), in der der Medizinlehrling seinen Beruf erlernen wird; der Schwörende geht also von seinen religiösen Bezügen über zu seinen sozialen, für die das in Abschnitt (2) des Eides beschriebene Meister-Schüler-Verhältnis samt seinen Auswirkungen künftig eine wichtige Rolle spielen wird.[47]

Der *praeceptor* (Z 4) wird durch den Relativsatz *qui me hanc edocuit artem* (Z 4) näher bestimmt. Aus sprachlich-formaler Sicht ist hier zweierlei anzumer-

---

[45] Vgl. Deichgräber 1933, 100; ders. 1955, 18; Edelstein 45 f.; Lichtenthaeler 80. — Deichgräber (1933, 100, 103) teilt die hier als ‚Abschnitte (2)–(8) des Eides‘ bezeichnete Textpassage ein in den „Gildenvertrag“ und die „Pflichtenlehre“, Edelstein (11, 37, 45) in „Vertrag und Sittenkodex“, Lichtenthaeler (79 f., 113) in „Lehrvertrag und Sittenkodex“. — Edelstein (45 f.) sieht die Einheit der Vereinbarung über den Unterricht und der Vorschriften über das berufliche Verhalten in der Durchdringung von pythagoreischer Lehre.

[46] Vgl. Lichtenthaeler 80.

[47] Das griechische Aoristpartizip διδάξαντα ist vielfach als Ausdruck der Vorzeitigkeit zu ὄμνυμι aufgefaßt worden, woraus sich der Schluß ergab, der hier vorliegende Eid sei am Ende der Lehrzeit geschworen worden (vgl. Deichgräber 1933, 100 f.; ders. 1955, 19; Edelstein 45, 86, Anm. 161 f.). Dagegen gelangt Lichtenthaeler (84–87) aufgrund mehrerer einleuchtender Argumente zu der Ansicht vom „künftigen Lehrer“, der sich zum Zeitpunkt der Eidleistung anschickt, den familienfremden Schüler in die Lehre zu nehmen. Die Annahme, der Eid sei erst nach der Lehrzeit geschworen worden, steht etwa im Widerspruch zum Ende von Abschnitt (2), wo der Schüler unter Eid verspricht, sein Wissen und Können nur solchen eigenen Schülern weiterzugeben, die, wie er selbst, den Eid geschworen und den Vertrag unterzeichnet haben [vgl. ὄμνυμι . . . ὅρκον τόνδε καὶ συγγραφὴν τήνδε, Abschnitt (1) und μαθητῇσι συγγεγραμμένοις τε καὶ ὡρκισμένοις, Abschnitt (2)], d. h. er darf seine Lehre lediglich den rituell Vereidigten anvertrauen. Ferner geht aus der Formulierung in Z 7–9 hervor, daß bei den späteren Schülern des Schwörenden Eid und Vertrag vor der Lehre kommen, so daß der Schluß naheliegt, daß auch der eidleistende Schüler selbst vereidigt wird und den Vertrag zu unterzeichnen hat, bevor er in die Lehre geht. Die Verpflichtungen des Sittenkodex im Hinblick auf den Umgang mit Patienten sind in diesem Stadium durchaus schon sinnvoll, da in der antiken Medizin der Lernende dem Meister in der Praxis half (vgl. Edelstein 86, Anm. 162, mit Literaturhinweisen).

ken: Da der Relativsatz in eine AcI-Futur-Konstruktion eingebunden ist, müßte die Perfektform *edocuit* in der Abhängigkeit vom übergeordneten Verbum finitum im Präsens (*iuro, testes facio,* Z 1/2) wohl als Ausdruck des Vorzeitigkeitsverhältnisses verstanden werden. Gemeint ist aber nicht der Mann „der mich diese Kunst gelehrt hat" oder „gelehrt haben wird", sondern in der Wiedergabe des griechischen Partizips im Aorist τὸν διδάξαντα in seinem hier vorrangig ingressiven Aspekt „derjenige, der jetzt anfängt, mich diese Kunst zu lehren", oder, wie LICHTENTHAELER (84 f.) als Übersetzung vorschlägt, „mein künftiger Lehrer". Ferner ist bemerkenswert, daß der künftige *praeceptor,* der zu Beginn des zweiten Abschnitts genannt wird, im Singular erscheint: Im hippokratischen Eid steht also ein bestimmter Schüler einem einzigen Lehrer gegenüber. So folgert LICHTENTHAELER (86 f.), der Eid sei kein ‚Standes'- oder ‚Gildeneid', wie er gelegentlich bezeichnet wird, und der Schüler werde durch ihn auch nicht Mitglied eines ‚Ärztestandes' oder einer ‚Zunft'. Er trete vielmehr in eine Hausgemeinschaft ein, deren Oberhaupt eben sein künftiger Lehrer und Meister sei. Da dieser auch Söhne habe, die nach archaischem Brauch einst ebenfalls ärztlich tätig sein werden, könne man demnach den hippokratischen Eid am ehesten als „Sippen"- oder „Familieneid" klassifizieren.

Aus diesen ersten Worten des zweiten Abschnittes wird bereits das Wortfeld ersichtlich, dessen Begriffe den ganzen Abschnitt durchziehen und die Bezeichnung „Lehrvertrag" rechtfertigen mögen: *praeceptorem* und *edocuit* gehören zum Bereich des „Lehrens" und „Lernens", der in *discere* (Z 6), *edocturum, praeceptionem, auditionum* (Z 7), *disciplinae* (Z 7/8), *praeceptoris* (Z8) und *discipulos* (Z 8/9) wiederaufgenommen wird. Die *ars*, die der Lehrer vermittelt, kehrt in Z 6 wieder, und auch ihr Ergänzungsbegriff *vita* (Z 4) wird genannt (zu deren Bedeutung s. u.). Mit *ars* ist hier in der Wiedergabe des griechischen Wortes τέχνη die ärztliche Kunst im umfassendsten Sinne gemeint: Sie vollzieht sich auf den Gebieten Wissenschaft, Kunst, Technik oder auch Empirie, Theorie, Praxis mit all ihren Beziehungen zueinander. Auf dem Gebiet der Wissenschaft sind damit etwa die Fähigkeit des Arztes zu Diagnose, Prognose und therapeutischer Indikation einbegriffen; als „Kunst" im engeren Sinne offenbart sie sich in der Befähigung des Arztes zur κρίσις (bzw. zum *iudicium*), zur geistigen Durchdringung der einzelnen Krankheitsfälle und in seinem Geschick bei jedem handwerklichen Tun; als „Technik" im modernen Sinne umfaßt sie etwa die Krankenuntersuchung und das Abfassen von Krankengeschichten, die Herstellung und klinische Anwendung von Heilmitteln sowie alle chirurgischen Kunstgriffe. Die Auffassung von der Lehrbarkeit der ärztlichen τέχνη, die hier vorausgesetzt wird, mag durch sophistische Tendenzen im 5. Jh. v. Chr. beeinflußt sein.[48]

---

[48] Vgl. LICHTENTHAELER 87—90. — Auf Sophistisches könnte etwa auch die Aufteilung in παραγγελίη, ἀκρόησις und ἡ λοιπὴ ἁπάση μάθησις (bzw. *praeceptiones, auditiones* und die *reliqua tota disciplina,* Z 7/8) verweisen, da die Sophisten für ihre Vorlesungen gezwungen waren, den jeweiligen Unterrichtsstoff zu systematisieren, gewissermaßen ‚didaktisch aufzubereiten'; vgl. LICHTENTHAELER 90, s. u. — Zum Begriff der τέχνη in der hippokratischen Medizin s. auch S. 54, mit Anm. 58.

Die Art und Weise, in der der Schüler dieser medizinischen τέχνη bzw. *ars* und sein künftiger Lehrer fortan miteinander in Beziehung stehen werden, wird durch das erste Versprechen des Eidleistenden umrissen: [sc. *me praeceptorem*] *parentum loco habiturum* [sc. *esse*] (Z 4), bzw. griech. ἡγήσασθαι . . . τὸν διδάξαντα . . . ἴσα γενέτῃσιν ἐμοῖσι: Erste Verpflichtung des Schülers ist es, seinen Lehrer „gleichzuachten seinen Eltern". Durch den Ritus des Eides und Eidopfers werden also Lehrling und Meister auf die „engste und heiligste" Weise, die sich damals vorstellen ließ, miteinander verbunden; der Meister wird als eine Art Adoptivvater für den neuen und familienfremden Schüler fungieren. Die Aufeinanderfolge der Substantive *praeceptor, ars* und *parentes* bzw. ὁ διδάξας, τέχνη und γενέτης verdeutlicht, daß der Lehrer quasi zum „geistigen Erzeuger" des Schülers wird, weil dieser bei ihm die ärztliche Kunst lernen will.[49]

Aus dem Verständnis von einer antiken Familie als sakraler Einheit und Hausgemeinschaft ergibt sich, daß eine solche Aufnahme fremder Schüler in eine Ärztesippe weitreichende Bedeutung haben mußte. Die Konsequenzen für den Schüler, der verspricht, seinen Lehrer seinen leiblichen Eltern gleichzustellen, zeigen die folgenden Verpflichtungen, die sich aus dem Quasi-Familienverhältnis ableiten: [sc. *me*] *vitam communicaturum eaque, quibus opus habuerit, impertiturum* [sc. *esse*] (Z 4/5), griech. καὶ βίου κοινώσασθαι, καὶ χρεῶν χρηίζοντι μετάδοσιν ποιήσασθαι[50] — das Leben mit ihm zu teilen und ihm das, was er nötig hat, zuteil werden zu lassen. Die Teilnahme am Leben des Lehrers (. . . *vitam communicaturum* . . ., Z 4/5, bzw. . . . βίου κοινώσασθαι, . . .), zu der der Schüler sich verpflichtet, hat verschiedene Aspekte: Zunächst einmal trägt der Schüler zum Unterhalt des Lehrers bei, indem er vor Beginn der Lehre seinen μισθός bzw. seine *merces* (vgl. Z 7) entrichtet, also das Honorar, wovon nur die Kinder des Lehrers und später die eigenen Nachkommen des Schülers befreit sind (s. u.). Ferner umfaßt diese „Teilnahme" im Sinne einer sittlichen Verpflichtung die Gemeinschaft von Lehrer und Schüler in allem, was die ärztliche Kunst, *ars* bzw. τέχνη, betrifft: Aus anderen Schriften der Medizin geht hervor, daß der Adept z. B. den Meister auf seinen Reisen als Wanderarzt begleitet, ihm in der ärztlichen Werkstatt bei chirurgischen Eingriffen und bei der Herstellung von Heilmitteln behilflich ist, am Krankenbett von Fieberpatienten bleibt, die Durchführung der therapeutischen Maßnahmen überwacht u. a. Darüber hinaus bedeutet die Lebensgemeinschaft, die hier zwischen Lehrer und Schüler begründet wird, auch materielle Verpflichtungen, da der Schüler offenbar zeitlebens um das Wohlergehen sei-

[49] Vgl. Deichgräber 1933, 102; ders. 1955, 19; Edelstein 37; Lichtenthaeler 91–95.

[50] Im Griechischen wechselt das Objekt vom Akkusativ τόν διδάξαντα zum Dativ χρηίζοντι, der im Lateinischen in dem Relativsatz *quibus opus habuerit* aufgefangen wird; das Dativobjekt zu *vitam communicaturum* und *eaque . . . impertiturum* fehlt bzw. ist aus dem Akkusativ *praeceptorem* abzuleiten. — Die Homoioteleuta der lateinischen Infinitiv Futur-Endungen *-urum* mögen von *Cornarius* als Ersatz gedacht sein für die Stilmittel des griechischen Textes, etwa die Alliteration und das Polyptoton in χρεῶν χρηίζοντι und die zweimalige Verwendung von μετάδοσιν ποιήσασθαι im zweiten Abschnitt; vgl. Lichtenthaeler 95 f.

nes Meisters besorgt zu sein hat. Wenn der Meister Not leidet und der Hilfe bedarf (... opus habuerit, ..., Z 5, bzw.... χρεῶν χρηιζοντι...), kann er vom Schüler aufgrund seines Eides Hilfe erwarten, welcher Art auch immer die Hilfeleistungen jeweils sein mögen. Der griechische Begriff τὸ χρέος in der Wendung χρεῶν χρηίζοντι „das Notwendige benötigend", meint ein Etwas, das man jemandem schuldig ist im materiellen wie im moralischen Sinn. Darin zeigt sich deutlicher als im Lateinischen die Dankesschuld, die der Schüler seinem Lehrer erstattet, wenn er ihn im Bedarfsfall materiell versorgt. So wie die Kinder durch die Altersversorgung den betagten Eltern zurückzahlten, was sie von ihnen in der Kindheit und Jugend an Nahrung empfangen hatten, so erstatteten auch die quasi-adoptierten Schüler die Lehre der ärztlichen τέχνη bzw. *ars*, die ihnen der Meister vermittelt hatte. Das Bemühen um eine derart breite Absicherung der materiellen Versorgung des Lehrers auch über die eigenen Kinder hinaus durch die Schüler mag angesichts der geringen durchschnittlichen Lebenserwartung verständlich sein.[51]

Diese Pflichten des Schülers gegenüber seinem künftigen Meister, ihn gleichzuachten den eigenen Eltern und ihm lebenslang Hilfe zu gewähren, falls er Not leiden sollte, implizieren für den Schüler zugleich insofern Rechte, als er das Leben seines Lehrers teilen und die ärztliche Kunst von ihm erlernen darf. Auch die Pflichten, die in den folgenden Satzteilen des zweiten Eid-Abschnittes hinzukommen, sind zugleich mit gewissen Rechten des Schülers verbunden: *..., eos item qui ex eo nati sunt, pro fratribus masculis iudicaturum artemque hanc si dicere voluerint absque mercede et pacto edocturum, praeceptionum ac auditionum reliquiaeque totius disciplinae participes facturum,...* (Z 5–8) — „ebenso seine Nachkommen meinen Brüdern in männlicher Linie gleichzustellen und sie diese Kunst zu lehren, wenn sie sie erlernen wollen, ohne Entgelt und Vertrag, an Unterweisung und Vorlesung und der ganzen übrigen Lehre teilhaben zu lassen...". Aus dem Quasi-Familienverhältnis ergibt sich zunächst einmal als weitere Verpflichtung des Schülers, die Söhne seines Unterweisers den eigenen Brüdern in männlicher Linie gleichzustellen. Die ἀδελφεοὶ ἄῤῥενες, die *Cornarius* im Lateinischen als *fratres masculi* (Z 6) wiedergibt, bezeichnen im Horizont des griechischen Originaleides die Brüder, mit denen der Eidleistende den Vater gemeinsam hat; für die Griechen waren nämlich die verwandtschaftlichen Rechte für die männliche und weibliche Linie verschieden, und die männliche Geschlechterfolge, griech. κατ' ἀνδρογένειαν, hatte den Vorrang. Der Schüler verpflichtet sich also dazu, die Söhne seines Lehrers, der für ihn in gewisser Weise eine Vaterfunktion übernimmt, wie seine eigenen Brüder κατ' ἀνδρογένειαν zu behandeln.[52]

Während bei den ersten Pflichten des Schülers in bezug auf den Lehrer die Sorge um dessen Leben (*vita*, Z 4, bzw. βίος) im Vordergrund stand, sind jetzt

---

[51] Vgl. Deichgräber 1933, 102 f.; ders. 1955, 18 f.; Edelstein 41 f.; Lichtenthaeler 96–98. — Auch Edelstein (37–44) betont die Lehrer-Schüler-Gemeinschaft auf Lebenszeit, doch deutet er sie im rein esoterisch-pythagoreischen Sinne.

[52] Vgl. Deichgräber 1933, 102; ders. 1955, 20; Edelstein 42 f., 83 f., Anm. 152; Lichtenthaeler 99 f.

die Versprechen des Schwörenden im Hinblick auf die Nachkommen des Lehrers in erster Linie auf die ärztliche Kunst (*ars*, Z 6, bzw. τέχνη) und deren Vermittlung bezogen (... [sc. *me*] *artemque hanc... edocturum* [sc. *esse*], ... *disciplinae participes facturum* [sc. *esse*], ..., Z 6–8, griech. ..., καὶ διδάξειν τὴν τέχνην ταύτην, ..., ... μαθήσιος μετάδοσιν ποιήσασθαι...). Wenn der Meister früh starb, krank wurde oder aus sonstigen Gründen die eigenen Söhne nicht mehr in die Lehre nehmen konnte, dann hatte der Schüler an seine Stelle zu treten als ihr neuer Vater und Lehrer — sofern die ‚Adoptivbrüder' selber dies wünschten (... *si discere voluerint*..., Z 6, griech. ..., ἢν χρηίζωσι μανθάνειν, ...): Die Einschränkung zeigt, daß dieser Wunsch nicht immer bestehen mußte. Der Schüler hatte diese Pflicht zu erfüllen *absque mercede et pacto* (Z 6/7, griech. ..., ἄνευ μισθοῦ καὶ συγγραφῆς, ...), „ohne Entgelt und Vertrag". Die Söhne des Lehrers waren also von Bezahlung und Vertrag befreit, die der familienfremde Lehrling jeweils seinem Lehrer leisten mußte. Das *pactum*, der Vertrag, ist eine Übersetzung der griechischen συγγραφή, die im ersten Abschnitt des Eides mit *contestatio* (Z 2) wiedergegeben worden war. Durch diesen Wechsel in der Wortwahl wird in der lateinischen Version nicht deutlich, daß es sich jeweils um den gleichen schriftlichen Vertrag handelt, der zum einen in der Situation der Eidleistung von dem neueintretenden Lehrling zu unterzeichnen ist, und von dem zum andern die Söhne des künftigen Meisters gegenüber diesem Schüler als potentiellem künftigem Lehrer entbunden sind.[53]

Die polysyndetische Aufzählung der Formen der Unterweisung (... *ac* ... *-que*..., Z 7, bzw. ... τε καὶ .. καὶ ...) bildet die Nahtstelle zwischen den Pflichten des Schülers und seinen impliziten Rechten: Der Schüler ist einerseits verpflichtet, die ärztliche *ars* (Z 6 bzw. τέχνη) vollständig in den Formen der *praeceptiones*, der *auditiones* und der gesamten *reliqua disciplina* an die Söhne seines Lehrers weiterzugeben, und ist andererseits auch berechtigt, den Unterricht in diesen drei Formen nicht nur an die Söhne seines Lehrers und seine eigenen zu vermitteln, sondern darüber hinaus auch an fremde Schüler (..., *tum meos, tum praeceptoris mei filios, immo et discipulos*, ..., Z 8/9). Die im Lateinischen mit *praeceptiones* (Z 7) wiedergegebene griechische παραγγελίη bedeutet im Plural im allgemeinen so viel wie Maximen, Ratschläge, Richtschnuren, folgerichtig angeordnete Kunstvorschriften zur erfolgreichen Durchführung einer Kunstleistung („Kunst" im Sinne von τέχνη bzw. *ars*), worunter durchaus auch die ethischen Grundsätze des Eides verstanden sein können. Bei der ἀκρόασις, die *Cornarius* mit *auditiones* (Z 7) übersetzt, darf man wohl an eine Unterrichtsform von mündlichen Vorlesungen denken,

---

[53] Vgl. Deichgräber 1933, 102 f.; ders. 1955, 20; Edelstein 42 f.; Lichenthaeler 98–100. — Auch die von Lichtenthaeler (98 f.) herausgearbeiteten besonderen Beziehungen zwischen βίος und τέχνη, die sich im griechischen Text durch die zweimalige Wiederholung der Junktur μετάδοσιν ποιήσασθαι und des Verbums χρηίζειν in Abschnitt 2 ergeben, gehen in *Cornarius'* Übersetzung von μετάδοσιν ποιήσασθαι zuerst mit [sc. *me*] *communicaturum* [sc. *esse*] (Z 4/5) und dann mit [sc. *me*] *participes facturum* [sc. *esse*] (Z 8) bzw. von χρηίζοντι/χρηίζωσι zum einen mit *opus habuerit* (Z 5), zum andern mit *voluerint* (Z 6) verloren.

und die gesamte λοιπὴ μάθησις bzw. *reliqua disciplina* (Z 7/8) könnte etwa den praktischen Teil der ärztlichen Ausbildung bezeichnen.[54]
Die familienfremden Schüler, an die der Eidleistende später die *ars* bzw. τέχνη weitergeben darf, müssen sich ihm durch den schriftlichen Vertrag und den ärztlichen Eid so verpflichtet haben (. . ., *immo et discipulos, qui mihi scripto caverint et medico iureiurando addicti fuerint,*[103] . . ., Z 8/9), wie der Schwörende es gerade selber in seinem Eid und der Unterzeichnung des Vertrages tut: Mit der Junktur *scripto caverint* (Z 9, bzw. συγγεγραμμένοις) wird auf die griechische συγγραφή aus dem ersten und zweiten Abschnitt zurückverwiesen, die im Lateinischen bereits als *contestatio* (Z 2) und *pactum* (Z 7) angesprochen ist, und mit *iureiurando* (Z 9, bzw. ὡρκισμένοις)[55] wird das *iusiurandum* (Z 2, bzw. der ὅρκος) wieder aufgegriffen. Dabei wird leider stilistisch die ringförmige Struktur der griechischen Formulierung, die sich durch die chiastische Wiederaufnahme von ὅρκον und συγγραφήν am Ende des ersten Abschnitts durch συγγεγραμμένοις und ὡρκισμένοις am Ende des zweiten ergibt, in der lateinischen Übersetzung durch den Wechsel von *contestationem* (Z 2) zu *scripto caverint* (Z 9) nicht sichtbar. Von den drei relevanten Dingen Eid, Vertrag und Bezahlung werden immer nur Begriffspaare genannt: Z 2: Eid und Vertrag, Z 7: Entgelt und Vertrag, Z 9: Vertrag und Eid. Es ist nicht auszuschließen, daß auch dies stilistische Gründe haben könnte, da die dreifache Nennung von Eid, Vertrag und Honorar als zu schwerfällig hätte empfunden werden können. Der Vertrag wird jedoch stets angeführt: Er bildet die Brücke zwischen den drei Stellen.[56]
In diesem umfangreichen zweiten Abschnitt des Eides mit dem Lehrvertrag werden also drei Ärztegenerationen erwähnt: zunächst der Lehrer, seine leiblichen Söhne und die von ihm quasi-adoptierten Schüler, dann deren eigene Söhne und quasi-adoptierten Schüler. Analog dazu war auch im ersten Abschnitt von drei Generationen in einer Götterfamilie die Rede gewesen: Apollon, sein Sohn Asklepios und die beiden „Enkel“ Hygieia und Panakeia. Es handelt sich also in gewissem Sinne um zwei Genealogien, wobei die zweite, menschliche, unter der Obhut der ersten, göttlichen, lebt und arbeitet[57]. Die Nennung der Söhne des Lehrers in Z 8 ist im Grunde überflüssig, da sie bereits vorher in Z 4/5 als mögliche spätere Schüler des Eidleistenden erwähnt werden, doch mögen den Autor des Eides zweierlei Motive zu dieser Wiederholung bewogen haben, ein formal stilistisches und ein inhaltliches: Kurz vor

---

[54] Vgl. Deichgräber 1955, 20 f.; Edelstein 43; Lichtenthaeler 101–103. — Zum sophistischen Einfluß, auf den hier die Vorstellung von der Lehrbarkeit der ärztlichen τέχνη verweisen mag, s. auch S. 34 mit Anm. 96. — In der Untergliederung der Lehre sieht Edelstein (43) allerdings eine „pythagoreische Einteilung“.

[55] Der adjektivische Zusatz *medico* zu *iureiurando* (Z 9) gibt die griechische Wendung ὡρκισμένοις νόμῳ ἰητρικῷ wieder. Zum spezifischen Bedeutungsgehalt des νόμος ἰητρικός s. Lichtenthaeler 80. 104. — Daß die eidliche Verpflichtung der späteren Schüler des Eidleistenden vor Eintritt in die Ausbildung abgeschlossen sein muß, bringt im Lateinischen die Form *(medico iureiurando) addicti fuerint* (Z 9) recht gut zum Ausdruck. — S. auch S. 33, Anm. 95.

[56] Vgl. Lichtenthaeler 75. 81. 101. 104. — S. auch S. 30. 33, Anm. 95

[57] Vgl. Lichtenthaeler 103 f. — Zum „genealogischen Denken“ der Griechen s. Deichgräber 1955, 26 f.

dieser Stelle werden drei Unterrichtsformen aufgezählt (Z 7/8), und so mochte es aus Gründen der stilistischen Symmetrie reizvoll erscheinen, den Schwörenden auch auf seine drei Schülergruppen (Z 7/8) hinzuweisen. Andererseits bietet die summarische Auflistung aller Schülergruppen insgesamt inhaltlich einen scharfen Kontrast zu den Leuten, die der Eidleistende nicht ausbilden darf: *alium vero praeter hos nullum* (Z 9/10), griech. ἄλλῳ δὲ οὐδενί — außer diesen sonst niemand; d. h. außer den eigenen Söhnen, denen des Lehrers und vertraglich und eidlich verpflichteten familienfremden Schülern darf der neue Adept niemanden unterrichten. *Nullum* (Z 10, bzw. οὐδενί) steht auffallend ganz am Ende dieses einen langen Satzes, der die beiden ersten Abschnitte umfaßt, und betont dadurch um so deutlicher die Absperrung der Ärztegemeinschaft gegen alle zur Ausbildung nicht Zugelassenen. Mit dieser Abgrenzung nach außen, über deren Hintergründe verschiedene Ansichten geäußert werden, endet der zweite Abschnitt des Eides, der mit dem eigentlichen Lehrvertrag zusammenfällt.[58]
Während im ersten Abschnitt des Eides der Akzent auf der Eidleistung als solcher lag, die den Schüler mit den Göttern verband, ist jetzt im zweiten Abschnitt der Vertrag in den Mittelpunkt getreten, der den Schüler zu seinem Lehrer in Beziehung setzt. Bei der Bedeutung, die die Aufnahme eines Lehrlings in eine Ärztefamilie hatte, war es unerläßlich, daß die Unterzeichnung der συγγραφή bzw. des *pactum* in die Eidleistung eingebettet und damit zur Absicherung rituell unter den Schutz der Götter gestellt wurde. Der Vertrag befaßt sich aber nicht nur mit dem Unterricht der ärztlichen Kunst und den damit verbundenen Pflichten und Rechten, bei denen der Meister, seine Söhne und familienfremde Lehrlinge zu berücksichtigen sind (Abschnitt 2), sondern formuliert auch die Regeln für die ärztliche Praxis mit ihren Bezugspersonen des Arztes, der Patienten und ihrer Umgebung (Abschnitte 3–8). Die Richtlinien für den Bereich der Ausübung der ärztlichen Kunst sind aber wiederum in das Verhältnis der Mitglieder der ärztlichen Familie eingefügt, da die Verpflichtungen, die der Schüler seinen Kranken und ihrer Umgebung gegenüber eingeht, nicht allein sein persönliches Schicksal bestimmen, sondern gleichzeitig das Ansehen des Ärztegeschlechtes, bei welchem er in die Lehre gegangen ist. Nach den Bedingungen des ärztlichen Unterrichts im erweiterten Familienverband sollen also nun die ethischen Grundsätze der ärztlichen Praxis betrachtet werden, die den Schwörenden schon in der Ausbildungszeit, vor allem aber während der gesamten Lebenslaufbahn, in der er seine Kunst selbständig ausübt, begleiten werden.[59]

---

[58] Vgl. Deichgräber 1955, 20–22; Edelstein 43 f.; Lichtenthaeler 104–106. — Edelstein (43 f.) sieht in der Forderung, das Wissen nur einem geschlossenen, gewählten Personenkreis mitzuteilen, ein Indiz für die Herkunft des hippokratischen Eides aus der pythagoreischen Lehre; Deichgräber (1955, 20–22) und Lichtenthaeler (104–106) wenden sich jedoch gegen die Auffassung von einer esoterischen Geheimlehre: Nach Deichgräber (ebd.) handle es sich um den Schutz des Berufsgeheimnisses der Asklepiaden als eines Ordens, den ein besonderes Wissen kennzeichne und der möglicherweise seine Parallele bei den Pythagoreern habe, nach Lichtenthaeler (ebd.) um die Wahrung der Werkstattgeheimnisse, die der Ärzteclan — wie jedes Handwerk — von der fachlichen Umwelt abgesperrt habe.

[59] Vgl. Lichtenthaeler 108–110.

c) *Sittenkodex*

Mit dem nächsten Wort der lateinischen Übersetzung des hippokratischen Eides *ceterum* (Z 11) beginnt der dritte Hauptteil des Gelöbnisses, den man gern als „Sittenkodex“ bezeichnet. Gegenüber den beiden ersten Hauptteilen ist er in mehrfacher Hinsicht abgetrennt: Während Götteranrufung und Lehrvertrag, die zwei ersten Abschnitte und zugleich Hauptteile des hippokratischen Eides, in Form eines einzigen Satzes syntaktisch eine Einheit bilden, beginnt mit dem dritten Abschnitt ein neuer Satz, der von sechs weiteren bis zum Schluß gefolgt wird (s. S. 25. 32). Die Einleitung *ceterum* (Z 11), mit der *Cornarius* die griechische Partikel τε (διαιτήμασί τε . . ., Abschnitt 3) in der Anknüpfung an den zweiten Abschnitt (ἡγήσασθαί τε . . .) zum Ausdruck bringt, zeigt, daß die Pflichtenlehre des Eides in der Form eines Kataloges mit einer Aufzählung von ethischen Gelöbnissen fortgeführt wird: Nachdem im zweiten Abschnitt, dem Beginn des Pflichtenkataloges, der Schwörende dem *praeceptor* (Z 4), dem Lehrer, dessen Söhnen und späteren eigenen Schülern gegenübergestanden hat, sieht er sich jetzt *ad aegros* (Z 11, bzw. καμνόντων), vor den Kranken, deren Umgebung und vor sich selbst im Umgang mit ihnen. Die Gedankenkette, die bei den Göttern im ersten Abschnitt begonnen hatte und in die Welt der Sterblichen hinübergeglitten war, setzt sich also hierarchisch fort, indem sie nun innerhalb der Menschenwelt von dem Lehrer zu den Kranken übergeht. Die neuen Verpflichtungen, die der Eidleistende eingeht, sind auf die *aegri sanandi* (Z 11), auf die Heilung der Kranken bezogen (*Ceterum quod ad aegros attinet sanandos*, . . ., Z 11), d. h. es geht nicht mehr um die ärztliche Kunst im Unterricht wie im vorigen Abschnitt, sondern um die ärztliche *ars* bzw. τέχνη als Praxis. Während der zweite Abschnitt in seinen Grundaussagen durchaus auch für andere Berufe und andere τέχναι bzw. *artes* hätte formuliert sein können, werden jetzt im Sittenkodex — mit Ausnahme des wieder allgemein gehaltenen fünften Abschnitts — spezifisch ärztliche Regeln formuliert.[60]

Nach dem dritten Abschnitt, der durch τε bzw. *ceterum* nach dem vorausgegangenen Lehrvertrag den zweiten Teil des Eidthemas einleitet, werden alle weiteren Verpflichtungen des Sittenkodex als Bestandteile des Pflichtenkatalogs im griechischen Eid durch die Partikel δέ angefügt, wofür in der lateinischen Übersetzung *(neque/nec) vero* (Abschnitte 4, 6, 8), *porro* (Abschnitt 5) und *autem* (Abschnitt 7) erscheinen. Die ethischen Gelöbnisse setzen sich insgesamt aus einer alternierenden Reihe von Geboten und Verboten zusammen. Die positiv formulierten Abschnitte 3, 6 und 7 sind Gebote; Verbote die mit Negationen einsetzenden Abschnitte 4 und 6, Abschnitt 8 bildet einen Sonderfall (s. u.).[61]

---

[60] Vgl. Lichtenthaeler 113–115.
[61] Vgl. ebd. 114 f.

— Diätetik. Gebot, stets zu nutzen, nie zu schaden

Nach Götteranrufung und Lehrvertrag im engeren Sinn bringt der dritte Eid-Abschnitt am Kopf des Sittenkodex also den ersten ethischen Lehrsatz des hippokratischen Eides, der die ärztliche Praxis betrifft (... *quod ad aegros attinet sanandos*, ..., Z 11). Formal handelt es sich um einen einzigen Satz, dessen zwei Hauptsatzteile mit zwei einander ergänzenden ethischen Geboten zusammenfallen. Die beiden Prädikate des Hauptsatzes stehen — wie alle weiteren Prädikate des Sittenkodex — im Futur. Ein jedes bildet den Kern eines Versprechens und erklärt sich in diesem ‚promissorischen' Sinne gedanklich aus *iuro* (Z 1) bzw. ὄμνυμι, ich schwöre, im ersten Abschnitt. Inhaltlich verspricht der Eidleistende im dritten Abschnitt, die Diätetik zum Nutzen seiner Patienten anzuwenden und Schaden und Unrecht von ihnen fernzuhalten. Die enge Verbindung zwischen diesen beiden Geboten wird stilistisch durch die ringförmige Verkettung mit Hilfe der chiastischen Stellung von Prädikaten und antithetischen Nutzen- und Schadens-Begriffen in Objekten bzw. adverbialen Zusätzen unterstrichen (erstes Gebot: ... [A] *constituam* ... [B] *commodam* ..., Z 11/12, griech. ... [A] χρήσομαι[62] [B] ἐπ' ὠφελείῃ ...; zweites Gebot: ..., [B] *omneque detrimentum et iniuriam* ... [A] *prohibebo* ..., Z 12/13, griech. ... [B] ἐπὶ δηλήσει δὲ καὶ ἀδικίῃ [A] εἴρξειν).[63]
Der erste Hauptteil des Satzes handelt vom diätetischen Teil der therapeutischen τέχνη bzw. *ars* und gebietet dem eidleistenden familienfremden Schüler, seinen künftigen Patienten eine diätetische Lebensweise zu deren Vorteil zu verordnen (..., *diaetam ipsis* [i.e. *aegris*] *constituam* ... *commodam*, ..., Z 11/12, griech. διαιτήμασί τε χρήσομαι ἐπ' ὠφελείῃ καμνόντων ..). Die Diätetik (von griech. δίαιτα, im griech. Eid im Plural διαιτήματα gebraucht) umfaßte nicht nur die Ernährung, sondern die gesamte Lebensweise im weitesten Sinne. Hier im medizinischen Zusammenhang ist wohl alles mitzudenken, was nicht zu den Arzneimitteln und der Chirurgie gehört, also neben den Speisen und Getränken etwa Physiotherapie, Bäder, Einreibungen, Heilgymnastik u. ä., da solche therapeutischen Maßnahmen damals eng mit der Ernährung verbunden waren, beispielsweise bei Fieberkrankheiten. Medizingeschichtlich gesehen, tritt die Diätetik später auf als Chirurgie und Pharmakotherapie; im hippokratischen Eid wird sie jedoch vor den Grundsätzen für Heilmittel und Chirurgie genannt, die erst im vierten bzw. sechsten Abschnitt folgen (s. u.). Die Betonung der Diätetik war ein Spezifikum der koischen, hippokratischen Schu-

---

[62] Es handelt sich jedoch nicht um einen vollendeten Chiasmus, da im griechischen Eid das Dativobjekt mit der Partikel διαιτήμασί τε dem zugehörigen Verbum χρήσομαι, das mit εἴρξειν am Ende des Abschnitts den Ring bildet, noch vorgeschaltet wird. *Cornarius* imitiert diese Stellung offenbar durch die Voranstellung von *diaetam ipsis* vor *constituam* (Z 11) am Beginn des ersten Gebotes, gestaltet aber zusätzlich noch ein Hyberbaton, indem er das ganze erste Gebot durch die zusammengehörigen Worte *diaetam* ... *commodam* (Z 11/12) rahmt.

[63] Vgl. LICHTENTHAELER 114 f. 117. 123.

le, und schon in klassischer Zeit wurde ihr Aufgabenkreis so erweitert, daß sie die gesamte Lebensführung in kranken wie in gesunden Tagen bestimmte.[64] Bei dem Gebot, die diätetischen Maßnahmen zum Nutzen der Patienten zu verordnen, wird wie im ersten Eid-Abschnitt eine Einschränkung gemacht: *pro facultate et iudicio meo* (Z 11/12) bzw. etwas abweichend *pro viribus et iudicio meo* (Z 2/3), im Griechischen jeweils κατὰ δὺναμιν καὶ κρίσιν ἐμήν. Diese Wiederaufnahme verbindet den Sittenkodex mit der Götteranrufung und stellt somit auch den zweiten Teil des Pflichtenkatalogs unter die Aufsicht der Unsterblichen.[65] Während im ersten Abschnitt diese Junktur auf das Einhalten der Pflichten des gesamten Eides bezogen war, geht es jetzt im dritten Abschnitt um die für den Patienten vorteilhafte diätetische Verordnung. So meint etwa die κρίσις, die *Cornarius* mit *iudicium* wiedergibt, als Urteil bzw. Urteilsfähigkeit im ersten Abschnitt des Eides (Z 3) die Verstandesschärfe, die vom Schüler erwartet wird, um dem gesamten Pflichtenkatalog des Eides in den Grenzen des ihm Möglichen zu genügen; im dritten Abschnitt (Z 12) aber wird an diese Urteilsfähigkeit appelliert, um in der ärztlichen Praxis unter allen Umständen das Wohl der Kranken zu sichern. Der Begriff der ärztlichen κρίσις ist hier als Urteil über Diagnose, Therapie und Prognose nach vorheriger Prüfung unter rationalen Kriterien eines als solchen bekannten vielseitigen und verwickelten klinischen Befundes zu verstehen. Fehler in der klinischen Beurteilung der Einzelfälle können trotz allem nicht ausgeschlossen werden. Die koische, hippokratische κρίσις stellt an den Arzt hohe Ansprüche, aus denen ihm Verpflichtungen erwachsen, die nicht immer leicht in die Tat umzusetzen sind, und im Bewußtsein dieser Schwierigkeit gilt nun auch hier im dritten Eid-Abschnitt das Versprechen nur im Rahmen der individuellen (... κρίσιν ἐμήν ... bzw.... *iudicio meo* ..., Z 12) Selbstbeschränkung durch die Möglichkeiten des jeweiligen Arztes.[66]

Nachdem im ersten Satzteil des dritten Abschnittes der Eidleistende versprochen hat, die diätetischen Mittel stets zum Vorteil seiner Patienten anzuwenden, tritt im zweiten Satzteil antithetisch das Gebot hinzu, die Patienten vor Schädigung und Unrecht zu bewahren: *omneque detrimentum et iniuriam ab eis prohibebo* (Z 12/13). Schaden und Unrecht drohten dem Patienten vor allem durch sich selber, wenn er etwa Diätfehler beging, oder auch unter Umständen

---

[64] Vgl. Lichtenthaeler 116 f. — Edelstein (21 f., 67 f., Anm. 54) sieht in der Reihenfolge 1. Diätetik, 2. Pharmakologie und 3. Chirurgie jedoch die der verschiedenen Teilgebiete der Heilkunst in der pythagoreischen Lehre.

[65] Leider wird diese Verkettung, die die einzelnen Teile des griechischen Eides aneinanderrückt, von *Cornarius* durch den Wechsel von *pro viribus* (t 2) zu *pro facultate* (11/12) nicht zum Ausdruck gebracht.

[66] Vgl. Deichgräber 1955, 23–25; Lichtenthaeler 118–123. — Zur kritischen Distanz von der Leistungsfähigkeit der eigenen Methode denke man etwa auch an — den möglicherweise zeitgenössischen — Thukydides, der für seine Historiographie die archäologische Methode entdeckt (vgl. I 8,1: Rückschluß von Grabbeigaben auf Delos und die zu seiner Zeit noch übliche Bestattungsart der Karer auf die frühere karische Besiedelung der Insel) und sie zugleich in ihrer Tragweite auch wieder einschränkt (vgl. I 10,2: Warnung vor vorschnellem Rückschluß der archäologischen Überreste Spartas und Athens auf deren frühere Machtmöglichkeiten).

durch seine Familie und Umgebung, die gelegentlich vorsätzlich oder unbeabsichtigt den wehrlosen Kranken ins Verderben (*detrimentum,* Z 12, bzw. δήλησις) stürzen oder sonst ein Unrecht (*iniuria,* Z 12, bzw. ἀδικίη) an ihm verüben mochten. Der angehende Schüler verpflichtet sich jedoch durch seinen Schwur, gemeinsam mit dem Patienten der Krankheit Widerstand zu leisten und alle schädlichen Einflüsse für dessen Gesundheit abzuwehren.[67]

Der Grundsatz, allen Patienten zu nützen und jeden Schaden von ihnen abzuwehren, der dem sogenannten hippokratischen Motto „ὠφελέειν ἢ μὴ βλάπτειν" — „nützen oder wenigstens nicht schaden" entspricht, steht also am Anfang des ganzen Sittenkodex und gilt über den dritten Abschnitt hinaus auch für alle weiteren Sätze. Der eidleistende Schüler hat sich um die ὠφελείη, die bei *Cornarius* im Adjektiv *commodus* (Z 12) ihren Widerhall findet, also um den Nutzen der Kranken in jeder Hinsicht und ohne irgendeine Einschränkung zu bemühen. So sind es in erster Linie die Forderungen der ärztlichen τέχνη (bzw. *ars*) und das objektive Wohl seiner Patienten, die der Schwörende verspricht, im Auge zu behalten.[68]

---

[67] Vgl. LICHTENTHAELER 125–127. — Gegen die von DEICHGRÄBER (1955, 24) und WOLF (236) vertretene Auffassung, der Eidleistende verspreche hier, sich selber von Schädigung und Unrecht fernzuhalten, wendet LICHTENTHAELER (126) zu Recht ein, daß die Verfehlungen, die den Patienten seitens der Ärzte drohen, in den Eid-Abschnitten 7 und 8 zur Sprache kommen und dort erschöpfend behandelt werden. Nach EDELSTEIN (22–25) sei mit diesem Gelöbnis in Entsprechung zu einer Grundannahme der pythagoreischen Diätetik zum Ausdruck gebracht, daß der Arzt seinen Patienten vor dem Schaden und dem Unrecht schützen müsse, das er sich selbst zufügen kann, wenn seine Ernährung nicht richtig gewählt sei. — Zu den abstrakten Denkkategorien in den griechischen Begriffen des „Nutzens" und „Schadens" und in der allgemeinen Formulierung von „den Leidenden", die an die thukydideischen Abstraktionen erinnern mögen, s. LICHTENTHAELER 129 f.

[68] Vgl. LICHTENTHAELER 124; WOLF 236 f. — Zum δίκη-Gedanken im Horizont des griechischen Eidoriginales, der in dem Versprechen der Abwehr jeder ἀδικίη (Unrecht) aufklingt, s. LICHTENTHAELER 125. — Zur Verbindung zwischen Gerechtigkeitsgesinnung und „opheletischem" Prinzip im Sinne einer „altruistischen" Idee im Eid s. WOLF 241 f. — TRIEBEL-SCHUBERT (255–258) versucht, die Trennung nach Schaden und Nutzen bzw. ἀδικίη und δίκη/δίκαιον mit der ethischen Diskussion des 4. Jh.s v. Chr. in Verbindung zu bringen. Demnach finde sich hier im hippokratischen Eid die ethische Definition der proportionalen Gerechtigkeit wieder, die gerechtes Handeln in der Mitte zwischen Nützlichem und Schädlichem bestimme (vgl. Aristot. eth. Nic. 1134a 7 f.). Da die Vorstellung von der geometrischen, d. h. aristokratischen Gleichheit, die hinter dem Begriff der ausgewogenen Mitte (Gerechtigkeit) bei Aristoteles stehe (vgl. eth. Nic. 1131b 12 ff.), mit einer aristokratischen Verfassungstheorie verbunden werde (vgl. Plat. leg. 757 b–d; Aristot. pol. 1301b 30; 1306b 22 ff.), gelangt TRIEBEL-SCHUBERT (257 f.) zur Ansicht, der Eid zeige eine aristokratisch-konservative Ethik, bei der sich der Anspruch des Arztes nicht — wie LICHTENTHAELER (124) herausstellt — auf die τέχνη, sondern auf seine ἀρετή richte, die er in βίος und τέχνη (vgl. Abschnitt 5) mit dem Ziel der δόξα (vgl. Abschnitt 9) durch gerechtes Handeln gegenüber dem Patienten verwirkliche.

Heilmittel. Verbot der Beihilfe zu Selbstmord und Abtreibung

In dem zweiten Abschnitt des Sittenkodex (vierter Abschnitt des Eides) werden die Grundsätze der Heilmitteltherapie behandelt. In dieser Stellung spiegelt sich in gewisser Weise die seit der griechischen Klassik geltende Hierarchie der therapeutischen Disziplinen wider, in der die Pharmakotherapie (Abschnitt 4) der Diätetik (vgl. Abschnitt 3) folgt und den Vorrang vor der Chirurgie (vgl. Abschnitt 6, s. u.) hat. Im Vergleich zu den auf die Diätetik bezogenen, recht allgemein gehaltenen Versprechen vom Bemühen um den Nutzen für den Kranken und Abwehr von Schaden und Unrecht wird nun mit den konkreten Verboten zur Verabreichung von bestimmten Mitteln zu Selbstmord- und Abtreibungszwecken — ähnlich wie bei den Abschnitten 6 und 8 (Verbot des Blasensteinschnittes bzw. Mahnung zur Schweigepflicht) und im Gegensatz zu den Abschnitten 5 und 7, die wieder breiter angelegt sind (s. u.) — ein eher spezieller Punkt des Eides ausgesprochen. Dennoch hängt der vierte Abschnitt mit dem vorangegangenen dritten gedanklich eng zusammen: Im zweiten Satzteil des dritten Abschnitts hat sich der angehende Arzt verpflichtet, jede Schädigung und jedes Unrecht von seinen Patienten abzuwehren, wobei die Bedrohung für die Patienten von sich selbst und von ihrer Umgebung her zu sehen war; im vierten Abschnitt, der dem Arzt jede ärztliche Beihilfe zu Selbstmord und Keimtötung verbietet, geht die Gefährdung wiederum von den Patienten selber oder von ihren Nächsten aus. In diesem Sinn ist der vierte Eid-Abschnitt nur ein Sonderfall des dritten. Ferner besteht der vierte Abschnitt aus einem Doppelverbot nach dem Doppelgebot im dritten. Während im griechischen Text die beiden Teile jeweils, im dritten und im vierten Abschnitt, chiastisch gestaltet sind, wird in der lateinischen Übersetzung des vierten Abschnitts die chiastische Struktur des Originales mit οὐ δώσω am Anfang und δώσω am Ende des vierten Abschnitts durch die pointierte Anapher *dabo* jeweils am Ende von jedem der beiden Teile des vierten Abschnitts (Z 15 und Z 16) ersetzt.[69]

Neque vero ullius preces apud me adeo validae erunt, ut cuipiam venenum sim propinaturus neque etiam ad hanc rem consilium dabo (Z 14/15). Es werden aber niemandes Bitten bei mir so viel Eindruck machen, daß ich irgend jemandem ein Gift zu trinken geben werde[70] noch werde ich auch dazu Anleitung geben. — Mit dem ersten Versprechen des vierten Abschnitts unterwirft sich der Schwörende des griechischen Originaleides dem Verbot der ärztlichen

[69] Vgl. EDELSTEIN 11; LICHTENTHAELER 133–135. — Zu den speziellen Responsionen zwischen Abschnitt 4 und 6 und dem unter dem Blickwinkel des Allgemeinen und Konkreten spiegelbildlichen Verhältnis zwischen den Abschnitten 3/4 einerseits und den Abschnitten 6/7 andererseits s. u. S. 100.

[70] Der Konj. Präs. der Coni. Periphrast. Act. *propinaturus sim* (Z 14/15) dient hier als Umschreibung für die Bezeichnung der Nachzeitigkeit im konjunktivischen (hier: konsekutiven) Nebensatz; es schwingt darin gewiß auch eine voluntative Nuance mit („willens sein/bereit sein“).

Hilfe bei Selbstmord.[71] Für den Suizid aus welchem Anlaß auch immer — etwa bei unerträglich gewordenen Schmerzen und qualvollen Leiden (d. h. „Euthanasie" im modernen Sinne), bei Lebensmüdigkeit, Liebeskummer, verletztem Ehrgefühl, schwerer Körperverstümmelung, Geistesstörung u. ä. — war in der Antike die Einnahme eines Gifttrankes die am häufigsten gewählte Todesart. Die bevorzugten Giftmittel zur Herstellung des Trankes, der einen sanften und schmerzlosen Tod bereiten sollte, waren vor allem Wasserschierling und Eisenhut, die man von Pharmakopolen, Giftmischern, aber auch bei den Ärzten bekommen konnte. Die moralische Bewertung des Freitods differierte je nach Art der Gesellschaft, den jeweiligen Orten und Epochen. LICHTENTHAELER (138) verweist darauf, daß der Selbstmord aus religiöser Sicht zwar — wie jeder gewaltsame Tod — als ein μίασμα, eine Befleckung, gegolten habe, unter bestimmten Umständen jedoch rituell gereinigt werden konnte, und die Philosophen jedenfalls, namentlich die Platoniker, später auch die Aristoteliker, Stoiker und Epikureer, standen dem Selbstmord recht tolerant gegenüber.

Die Vielfältigkeit der Haltungen gegenüber dem Suizidproblem und die Tatsache der relativen Häufigkeit des Selbstmords in der Antike, die auf eine allgemeine Bereitschaft der Ärzte zur Beihilfe zum Freitod schließen läßt, kontrastieren nun in gewisser Weise mit der kompromißlosen und unmißverständlichen Forderung (man beachte die Häufung der Negationen!) des Eides, daß der Arzt niemandem, auch nicht auf Bitten eines Leidenden oder dessen Umgebung hin, ein tödliches Gift zu trinken geben dürfe (*Neque vero ullius preces apud me adeo validae erunt, ut cuipiam venenum sim propinaturus* ..., Z 14/15, griech. οὐ δώσω δὲ οὐδὲ φάρμακον οὐδενὶ αἰτηθεὶς θανάσιμον, ...), er also auch nicht im Speziellen zum Helfer bei — modern gesagt — „Euthanasiefällen" werden und darüber hinaus sogar nicht einmal von sich aus zum Freitod Anleitung geben dürfe (... *neque ad hanc rem consilium dabo.*, Z 15, griech. ..., οὐδὲ ὑφηγήσομαι συμβουλίην τοιήνδε ...). Für den Horizont des griechischen Eides resümiert LICHTENTHAELER (140), daß dieses Versprechen außerhalb der ärztlichen Norm seines Zeitalters gelegen habe; das darin enthaltene Verbot bringe keine Durchschnittsethik zum Ausdruck, sondern diene eher als Zeugnis für die Gesinnung einer Minorität, die im Rahmen von altadlig-patriarchalischen Vorstellungen einen hohen Anspruch an die Verhaltensweisen ihrer Mitglieder gestellt habe.[72]

---

[71] Die Frage, ob der griechische Eid verlange, die φάρμακα θανάσιμα, die tödlichen Medikamente auf keinen Fall den Patienten zu geben, auch auf deren Verlangen nicht (αἰτηθείς), oder aber Dritten, die darum baten und anschließend den Betroffenen die Gifte verabreichten, d. h. also letztlich die Frage, ob es um Beihilfe zum Selbstmord oder zum Mord gehe, entscheidet LICHTENTHAELER (136 f.) in Übereinstimmung mit EDELSTEIN (11 f.) mit guten Gründen für die erste Alternative. Leider ist die lateinische Übersetzung für diese Auffassung irreführend, da aus der Doppelung *ullius* (*preces*, Z 14) und *cuipiam* (Z 14, als Dativobjekt zu *propinare*) nicht hervorgeht, daß es ein und dieselbe Person ist, die um Mittel zum Selbstmord bittet bzw. durch Angehörige bitten läßt — und der Arzt diese Mittel nicht geben darf.

[72] Vgl. EDELSTEIN 12–15. 17; LICHTENTHAELER 135–141. — Nach DEICHGRÄBER (1933, 107 f.) gebe diese erste Bestimmung des vierten Eid-Abschnittes, die seiner Ansicht nach auf den Giftmord und als dessen Sonderfall auf den durch Gift herbeigeführten

Im Rahmen seiner kontextuellen Betrachtung des Eides äußert LICHTENTHAELER (141–143) zunächst einmal die Vermutung, daß die Beihilfe zum Selbstmord kaum einen uneingeschränkten Nutzen für den Patienten habe bedeuten können, so sehr auch unter Umständen der Kranke oder seine Umgebung darum bitten mochten, so daß sich dieses erste Verbot des vierten Abschnitts als ein Spezialfall des Versprechens des unmittelbar vorhergehenden dritten Abschnitts, nämlich allein zum Nutzen der Kranken zu wirken und jeden Schaden und jedes Unrecht von ihnen abzuwehren, woher es auch komme, von ihrer Umgebung oder von ihnen selbst, ergebe. Außerdem sei der Tod damals in den religiösen Vorstellungen stets mit Unreinheit verquickt gewesen; vor allem der gewaltsame Tod habe eine „Befleckung", ein μίασμα, dargestellt. Wenn der Arzt bei einem gewaltsamen Tod mithalf, habe er zum einen sein Leben und seine Kunst befleckt und zugleich insofern eine Hybris begangen, als er sich Rechte der Götter angemaßt und selbstherrlich über Leben und Tod der Patienten entschieden habe. Mit solcher Befleckung und Maßlosigkeit habe er sich jedoch dem Anspruch des an erster Stelle des Eides apostrophierten Gottes Apollon widersetzt, dessen Einfluß für Leben und Kunst des Arztes im nächsten Abschnitt in aller Deutlichkeit in den Mittelpunkt des Eides gerückt werde. Die Kriterien für das Versprechen des Arztes seien demnach in erster Linie in diesem religiösen Bereich zu suchen, der ihm ‚apollinische' Reinhaltung und Selbstbeschränkung sowie ein Streben nach gerechter Handlungsweise (im Sinne der Abwehr von ἀδικίη bzw. *iniuria*, 12/13) auferlegte, daneben aber auch in der Auffassung von seiner τέχνη bzw. *ars*: Der hippokratische Arzt habe sich als ὑπηρέτης τῆς τέχνης verstanden, als „Diener seiner Kunst, nicht seiner Patienten, und die τέχνη bzw. die *ars* habe für den Arzt den entscheidenden Maßstab gebildet, nicht etwa die Nächstenliebe wie später bei den Christen und Mohammedanern.

Selbstmord sowie auf die Beihilfe zu beiden bezogen sei, nur ein allgemein anerkanntes, auch allgemein kodifiziertes Gesetz wieder. Später deutet DEICHGRÄBER (1955, 25–27) den ersten Teil dieses Gelöbnisses nur noch auf die Beihilfe zum Selbstmord und erkennt in dem eidlichen Versprechen der Verweigerung von Beihilfe zu Selbstmord und Abtreibung die Distanzierung von bestimmten Handlungen, die keineswegs alle ausdrücklich in kodifizierten Gesetzen als verboten bezeichnet gewesen seien. — EDELSTEIN (14–20) sieht den Gegensatz zwischen der Härte der „pharmakologischen Vorschriften" des Eides und der damals alltäglichen Wirklichkeit von Selbstmord und Abtreibung; er zieht daraus den Schluß, daß der Eid diesbezüglich Vorstellungen widerspiegelt, die nur einer Minderheit von Ärzten eigen waren und bestimmt diese Minderheit als die der Pythagoreer, da etwa in bezug auf den Selbstmord die philosophische Lehre des Pythagoras die einzige gewesen sei, die den Selbstmord als Verstoß gegen den Fluß des Lebens als höchstes Gut verurteilt und somit konsequenterweise auch den Arzt zur Unterlassung von Hilfe und Anregung zu einem Suizid verpflichtet habe. — Einwände gegen die Pythagoreisierung dieses Gelöbnisses s. bei LICHTENTHAELER 141. — Zu anderen Positionen, wonach etwa das Verbot im Eid zur Beihilfe bei Selbstmord in Anbetracht der realen Verhältnisse nur ein ideales Vorbild ohne allzu große Verbindlichkeit dargestellt habe, oder aber — ganz im Gegenteil — dieses Versprechen zu seiner Zeit nichts Außergewöhnliches bedeutet, sondern die ärztliche Norm kodifiziert habe, da die Ärzte sich im Unterschied zu den Nicht-Ärzten dem Suizid gegenüber allgemein zurückhaltend verhalten hätten, s. bei LICHTENTHAELER 139.

Diese Motivationen führt LICHTENTHAELER auch zur Erklärung an für das Verbot der Beihilfe zur Abtreibung, das mit dem Verbot der Beihilfe zum Selbstmord im hippokratischen Eid formal[73] und inhaltlich nah beieinander liegt. Der zweite Teil des vierten Abschnitts lautet: *Similiter autem neque mulieri quicquam ad corrumpendum conceptum vel fetum dabo* (Z 15/16), griech. ὁμοίως δὲ οὐδὲ γυναικὶ πεσσὸν φθόριον δώσω. LICHTENTHAELER (144) verweist auf die inhaltliche Korrespondenz der beiden Teile des vierten Abschnitts, die beide gefährdetes Leben im Blick haben — erst an dessen Ende beim Freitod, dann an dessen erstem Beginn bei der Fruchtabtreibung — und die beide dem Arzt die Beteiligung an der jeweiligen Bedrohung des Lebens verbieten.[74] Wie bei dem Problem des Selbstmordes zeigt sich auch im Hinblick auf die Frage nach der Zulässigkeit der Abtreibung eine gewisse Diskrepanz zwischen dem im Eid ausgesprochenen Verbot einerseits und der landläufigen Praxis und den philosophischen Anschauungen andererseits.[75] Als Gründe für das unmißverständliche Verbot des Eides nennt LICHTENTHAELER (144) zum einen, daß ein durch ärztlichen Eingriff bewirkter Schwangerschaftsabbruch ebensowenig wie die Beihilfe zum Selbstmord einen reinen Nutzen für die Betroffenen im Sinne des dritten Abschnitts habe bedeuten können; zum andern, daß im strengen religiösen Sinne auch der willkürlich herbeigeführte Tod eines Ungeborenen ebenso wie der Selbstmord als eine Form eines gewalt samen Todes als ein μίασμα („Befleckung") gegolten habe, und zwar für die Mutter wie für den Arzt als Komplizen, so daß der Arzt durch die Beihilfe zur Schwangerschaftsunterbrechung gegen die in der Anrufung an Apollon implizierten und im fünften Abschnitt formulierten Forderungen an sein Leben und seine Kunst verstoßen hätte.

---

[73] Im griechischen Eid sind die formal-stilistischen Bezüge der beiden Teile des vierten Abschnitts durch Chiasmus mit Wiederholung von δώσω am Anfang und Ende, Isokolon und Gegenüberstellung von θανάσιμον, todbringend, mit φθόριον, (keim-)vernichtend, deutlicher als in *Cornarius'* Übersetzung, in der nur *dabo* (Z 16) aus Z 15 anaphorisch aufgenommen wird; vgl. LICHTENTHAELER 143.

[74] Dabei geht LICHTENTHAELER offenbar davon aus, daß der Embryo vom Augenblick der Empfängnis an während der gesamten Schwangerschaft als ungeborenes Leben gegolten habe. In Anbetracht der Spekulationen über den Augenblick der Belebung und Beseelung des menschlichen Embryos bei den Vorsokratikern und den attischen Philosophen ist diese Auffassung jedoch nicht ganz unproblematisch. Für die Platoniker und später die Neuplatoniker und Stoiker etwa begann das Leben erst mit der Geburt, da die Seele dann von außen in den Körper eintrete; s. dazu etwa EDELSTEIN 16 f.; 18 f.; 63 f., Anm. 30; 65, Anm. 42.

[75] So sahen etwa Platon (rep. 459 d/e; vgl. auch rep. 461 c; leg. 740 d) und Aristoteles (pol. 1335 b 20 ff.) in der Abtreibung ein Mittel zur Begrenzung der Bevölkerungszahl, doch gibt Aristoteles schon als ethische Beschränkung die Forderung vor, daß zum Zeitpunkt der Abtreibung Wahrnehmung (αἴσθησις) und Leben (ζωή) noch nicht begonnen haben dürften (pol. 1335 b 23 ff.). — S. dazu etwa EDELSTEIN 18 f. 65, Anm. 39–42. — TRIEBEL-SCHUBERT (258–260) bringt die bei Aristoteles (gen. an. 736 b 14 ff.) erkennbare biologische Vorstellung von der — zumindest potentiellen — Beseelung des Fötus in Zusammenhang mit seiner für das 4. Jh. v. Chr. ungewöhnlichen Reserviertheit der Abtreibung gegenüber, die bei ihm zugleich auch mit dem Begriff des ὅσιον (pol. 1335 b 23 ff.) verknüpft ist, und sieht hier den ethischen Hintergrund für die Eid-Abschnitte 4 und 5, in denen die Einstellung zum Leben als einem göttlichen und daher unverletzlichen Wert wie bei Aristoteles sichtbar werde.

Der πεσσὸς φϑόριος des griechischen hippokratischen Eides meint ein einfaches Vaginalzäpfchen, das den Frauen zur Vernichtung des keimenden Lebens verabreicht wurde. Daneben war in der Antike auch ein πεσσὸς ἄτοκος bekannt, also ein Pessar als Mittel zur Empfängnisverhütung, und in den anderen medizinischen Schriften wird ein Getränk mit den gleichen Eigenschaften (ἀτόκιον) erwähnt. Der originale hippokratische Eid handelt jedoch ausdrücklich vom Pessar als Abtreibungsmittel. Die lateinische Humanisten-Übersetzung hebt diese Beschränkung auf, indem dort der πεσσὸς φϑόριος in *quicquam ad corrumpendum conceptum vel fetum* (Z 16) expliziert wird, also die Anwendung eines Mittels verboten wird, das sowohl den aufgenommenen Samen wie auch die bereits entstandene Leibesfrucht vernichten, d. h. zur Empfängnisverhütung wie auch zur Abtreibung dienen kann. Inwieweit sich dabei schon ein fortgeschrittenes Bewußtsein um die Problematik des Beginns des menschlichen Lebens niedergeschlagen haben könnte, müßte man anhand der einschlägigen Schriften aus dem 16. Jahrhundert untersuchen. Der πεσσὸς φϑόριος des griechischen Eides war nur eines von vielen Abtreibungsmitteln der Antike und wird hier vermutlich aus mehreren Gründen stellvertretend genannt: Zum einen handelt der vierte Abschnitt von der Heilmittellehre (zwischen der Diätetik im dritten und der Chirurgie im sechsten Abschnitt), und der πεσσός war ein solches φάρμακον bzw. *venenum* (Z 14). Sodann war das Pessar unter den vielen Abtreibungsverfahren dasjenige, das am meisten die ärztliche ‚Kunst' in Anspruch nahm, ausgerechnet die τέχνη bzw. *ars* also, die der Schüler gemäß dem fünften Abschnitt ἁγνῶς δὲ καὶ ὁσίως bzw. *caste et sancte* (Z 17) bewahren sollte. Drittens gibt es eine deutliche Parallele zwischen dem Einführen eines Pessars im vierten und dem Blasensteinschnitt im sechsten Abschnitt, da beide Eingriffe an den Geschlechtsorganen durchgeführt wurden. So mag sich aus diesen thematischen und gedanklichen Bezügen zu kompositorisch nahestehenden Eid-Abschnitten die Nennung des Pessars als Stellvertreter für alle Abortivmittel erklären lassen.[76]

Neben den bereits genannten Motiven, die im Horizont des Originaleides die Verbote zur Beihilfe zu Selbstmord und Abtreibung erhellen mögen, weist Lichtenthaeler noch auf einen weiteren möglichen Beweggrund hin, der vorrangig die Abtreibung betrifft, sofern sie als die Vernichtung keimenden Lebens aufgefaßt wurde. Er hängt mit dem zusammen, was schon für den ersten Abschnitt im Hinblick auf die Götter und für den zweiten in bezug auf das Ärztegeschlecht mit den Worten Deichgräbers als das „genealogische Denken" des altadeligen Ärztegeschlechts bezeichnet worden ist. Unter diesem Aspekt ist der Eingriff der Abtreibung als willkürlicher, von Menschenhand durchgeführter Abbruch der natürlichen und von den Göttern beschützten Reihe der Generationen empfunden worden, so daß die mit Absicht herbeigeführte Schwangerschaftsunterbrechung als eine Hybris gegen die Haus- und Familienreligion der alten Adelsgeschlechter habe verurteilt werden müssen. Ähnlich wie bei dem Verbot der Beihilfe zum Selbstmord darf dies allerdings nicht darüber hinwegtäuschen, daß Abtreibung und Selbstmord zur landläufi-

[76] Vgl. Lichtenthaeler 144–146.

gen Praxis gehörten. Wenn sich hier der angehende Arzt jeder Beihilfe zur Abtreibung promissorisch versagt, so scheint dahinter wiederum ein hoher Anspruch zu stehen, der aus der Adelsethik der Ärztegeschlechter erwachsen ist. Jedenfalls ist der Eidleistende mit den Gelöbnissen des vierten Abschnitts weit über die alltäglich praktizierten Normen hinausgegangen und hat für die Erfüllung auch Nachteile wie etwa den Verzicht auf zusätzliche Einkünfte in Kauf genommen.[77]

— Das zentrale Gebot der Lauterkeit und Redlichkeit

Der fünfte Eid-Abschnitt enthält ein allgemein gehaltenes Einzelgebot, das in der Anordnung nach dem strengen, auf konkrete Punkte der ärztlichen Kunst bezogenen Doppelverbot des vierten Abschnitts die zwischen Geboten und Verboten alternierende Abfolge der Einzelbestimmungen des Sittenkodex fortsetzt. Thematisch unterbricht Abschnitt 5 die hierarchische Reihe der therapeutischen Disziplinen, die in den Eid-Abschnitten 3 (Diätetik), 4 (Pharmakotherapie) und 6 (Chirurgie) behandelt werden, und kommt auf diese Weise in etwa in der Mitte zwischen der Götteranrufung im ersten und der Selbstverwünschung im neunten Abschnitt im Zentrum des Dokumentes zu stehen. In dieser kompositorisch hervorragenden Stellung bringt der fünfte Eid-Abschnitt als einziges Versprechen von allgemeiner Tragweite innerhalb des gesamten Pflichtenkatalogs etwas von dem Geist und der Gesinnung zum Ausdruck, in denen die eher speziellen und technischen Verpflichtungen des Sittenkodex gelobt werden.[78] Deichgräber (1955, 27) bezeichnet den Satz deshalb als „Höhepunkt des Eides", Wolf (235) als „zentrale Säule", die die Höhe des Ganzen bestimme.
Porro caste et sancte vitam et artem meam conservabo. (Z 17), griech. ἁγνῶς δὲ καὶ ὁσίως διατηρήσω βίον τὸν ἐμὸν καὶ τέχνην τὴν ἐμήν. — Beide Fassungen beginnen — abgesehen von der einleitenden Partikel[79] — mit zwei

[77] Vgl. Deichgräber 1933, 108 f.; ders. 1955, 25–27; Edelstein 11. 14 f.; Lichtenthaeler 146–149. — Nach Ansicht Edelsteins (18–20) gebe das Verbot zur Beihilfe bei der Fruchtabtreibung genau wie das zur Beihilfe bei Selbstmord pythagoreische Lehren wieder, da die Pythagoreer als einzige griechische Philosophen den Embryo vom Augenblick der Empfängnis an für ein belebtes Wesen hielten, so daß sie die Abtreibung — gleich zu welchem Zeitpunkt sie durchgeführt wurde — als Vernichtung eines lebenden Wesens ohne Einschränkung hätten ablehnen müssen. — Einwände gegen den Versuch einer eindeutigen Zuweisung auch dieses eidlichen Versprechens allein an den Pythagoreismus formuliert Lichtenthaeler (149), ohne jedoch Einflüsse pythagoreischer Ethik auf den Eid völlig ausschließen zu wollen. — Zu dem Argument von der in der Antike üblichen und nicht als Frevel empfundenen Praxis der Kindesaussetzung in bestimmten Fällen, das teils gegen die Auffassung eines religiösen μίασμα der Abtreibung, teils gegen das „genealogisch-patriarchalische Denken" als Motive für das Abtreibungsverbot des Eides angeführt wird, s. Lichtenthaeler 147; Triebel-Schubert 259.

[78] Vgl. Lichtenthaeler 153 f. — Die etwa bei Edelstein (5. 7. 16) verkannte Eigenständigkeit von Abschnitt 5 als vollwertigem neuem Eid-Abschnitt ist aus der Partikel δέ, die *Cornarius* mit *Porro* (Z 17) wiedergibt, ersichtlich, die ihn gleichberechtigt neben die Abschnitte 4, 6, 7 und 8 an Abschnitt 3 als ein weiteres Element des Sittenkodex anreiht.

[79] Vgl. Lichtenthaeler 154. — Zur Bedeutung von διατηρήσω als zentralem Wort des 5. Abschnittes und damit des ganzen Eides s. bei Lichtenthaeler 154. 160.

Adverbien zum futurischen Prädikat der Promisse, denen im griechischen Original in einem ‚inneren Parallelismus' oder einem ‚inneren Ring' um das in die Mitte gerückte Prädikat διατηρήσω die beiden Objekte βίον und τέχνην am Satzende entsprechen. In der lateinischen Version sind die Aussageakzente etwas verlagert, da nach den beiden Adverbien die beiden Objekte *vitam* und *artem* in zentrierter Stellung plaziert sind und das Prädikat *conservabo* den Schluß bildet.[80]

Die deutsche Übersetzung des griechischen Adverbienpaares ἁγνῶς καὶ ὁσίως läßt sich nicht von der Tendenz der jeweiligen Eid-Exegese ablösen: Weist man es der religiösen oder sakralen Sphäre zu, so wird es gern mit „rein und heilig" wiedergegeben; deutet man es innerhalb einer profanen, beruflich-ärztlichen Interpretation, so wird es etwa mit „integer und rechtschaffen" übersetzt. Sowohl die griechischen wie auch die von *Cornarius* verwendeten lateinischen Adverbien *caste* und *sancte* ermöglichen von ihrem Bedeutungsspektrum beide Auffassungen. LICHTENTHAELER (155–157) bemüht sich nun mit Hilfe einer kontextuellen Analyse um eine angemessene Mittellösung zwischen diesen beiden Extremen: Aus der sukzessiven Betrachtung der ersten vier Eid-Abschnitte gewinnt er für die beiden Begriffe βίος und τέχνη, lat. *vita* und *ars* (Z 17), auf die das Adverbienpaar stilistisch bezogen ist, das Ergebnis, daß beide Begriffe im Eid sowohl nüchterne, rational-profane als auch religiöse Komponenten haben; insbesondere läßt sich wohl mit einer gewissen Plausibilität aus dem zweiten Abschnitt der berufliche-profane Aspekt der dort zweimal genannten τέχνη (bzw. *ars,* Z 4 und Z 6) und des einmal erwähnten βίος (bzw. der *vita,* Z 4) ermitteln und aus der Rückbindung des zweiten Abschnitts an den ersten die Einbettung dieser beruflich-ärztlichen Sphäre in die göttliche folgern. Durch einen Vorausblick auf die Weiterentwicklung der Begriffe βίος und τέχνη[81] und ihrer weltlichen und religiösen Beziehungsebenen in den noch nicht behandelten Eid-Abschnitten 6 bis 9 sucht LICHTENTHAELER (157 f.) dieses Ergebnis weiter zu stützen. Die Verbindung der beiden Komponenten des Profanen und des Religiösen im Eid konkretisiert LICHTENTHAELER (158 f.) nun für die Ärzte in dem Sinn, daß sie ihrer beruflichen Tätigkeit nüchtern und mit rationalem Wissen und Können nachgegangen, zugleich jedoch in der Einbindung in ein patriarchalisch strukturiertes Ärztegeschlecht mit seiner überkommenen Familien- und Staatsreligion verwurzelt

---

[80] DEICHGRÄBER (1955, 27) übersetzt die Adverbjunktur ἁγνῶς καὶ ὁσίως mit „heilig und rein", EDELSTEIN (16) mit „in Reinheit und Heiligkeit", WOLF (235) mit „rein und heilig", der genannte Übersetzungsvorschlag der profanen Deutung geht zurück auf F. KUDLIEN, Zwei Interpretationen zum Hippokratischen Eid, Gesnerus 35 (1978) 253 ff.; vgl. LICHTENTHAELER 155.

[81] Die Betonung von βίος und τέχνη (bzw. *vita* und *ars*) und ihrem innigen Zusammenhang ist eines der Leitmotive des Eides; jeder der Begriffe wird viermal erwähnt (βίος: Abschnitt 2. 5. 8. 9, bzw. *vita*: Z 4. 17. 25. 28, τέχνη: Abschnitt 2. 5. 9, bzw. *ars*: Z 4. 6. 17. 28), zweimal sind sie unmittelbar nebeneinandergestellt (Abschnitt 5. 9, bzw. Z 17. 28); vgl. LICHTENTHAELER 87. — Ein Widerhall dieses Leitmotivcharakters findet sich in *Cornarius'* Übersetzung darin, daß dort statt des Prädikats eben die Junktur *vitam et artem* in den Mittelpunkt des fünften Abschnitts und damit des gesamten Eides gerückt ist.

gewesen seien; so habe man sie sich als in heimatliche Kulte und Riten fest eingebettete vorbildliche Praktiker vorzustellen.

Aus den beiden geistigen Sphären des Profanen und des Religiösen, die LICHTENTHAELER mit Hilfe der Betrachtung der Leitbegriffe βίος und τέχνη aus dem Eid gewinnt, ergibt sich dann für die Übersetzung der Adverbien ἁγνῶς und ὁσίως, die durch die Verkoppelung mit diesen beiden Leitbegriffen im fünften Abschnitt auch an den durch sie evozierten geistigen Bereichen im Eid partizipieren, zunächst einmal die Ablehnung von „heilig" (≈ ἱερῶς), da der Eid nicht hieratisiert und sakralisiert werden dürfe; „integer und rechtschaffen" hingegen lasse die religiöse Sphäre nicht mitanklingen. Die Wiedergabe von ἁγνῶς, das eine bestimmte Gesinnung bezeichne, mit „rein" scheint LICHTENTHAELER zu stark auf das Religiöse abzuzielen, so daß er „lauter" vorschlägt, das beide Aspekte berücksichtige. Für ὁσίως, das ein Verhalten meine, das „rechtens" ist vor den Göttern (Zeus, Dike und Apollon) und den Menschen, wählt LICHTENTHAELER „redlich".[82] Die Begriffe der lateinischen Version *caste et sancte* (Z 17) scheinen nach Ausweis von GEORGES (s. vv.) eine solche Wiedergabe mit „lauter und redlich" nicht auszuschließen, so daß sie hier übernommen sei.

Für die griechische Junktur ἁγνῶς καὶ ὁσίως sei noch auf den ‚Homerischen Hymnus an Apollon' (121) mit der Formulierung „ἁγνῶς καὶ καθαρῶς" verwiesen, die für die Ausdrucksweise des Eides das Modell geboten haben mag. Dieser Anklang an den Apollonhymnus, die Verwendung von ἁγνός als typisches Epitheton für Apollon und die kompositorische Korrespondenz des Abschnittes 5 als Kernstück und geistiges Zentrum des Eides mit dem Abschnitt 1, an dessen Anfang eben gerade Apollon apostrophiert wird, mögen DEICHGRÄBERS Bezeichnung der Geisteshaltung des Eides als „apollonische Ethik" rechtfertigen.

---

[82] Vgl. LICHTENTHAELER 159 f. 333 f. — EDELSTEIN (16. 20) kommt in seiner Untersuchung zu dem Ergebnis, daß zumindest der von ihm in der Wiedergabe von ὁσίως gewählte Begriff der „Heiligkeit" auf Normen höherer Art deute, diese jedoch nicht in der damals verbreiteten Religion ihren Ursprung haben könne; seiner Ansicht nach seien hier „Reinheit und Heiligkeit der pythagoreischen Lebensform" gemeint, der der Schwörende sich weihe. — WOLF (235 f.) hebt für diesen ethischen Grundsatz des Eides, den er mit dem Schlußabschnitt in Verbindung bringt, allein die religiöse Herkunft aus der Göttererfahrung und gläubigen Bindung hervor, die auf den Anspruch heiliger Reinhaltung an den Schwörenden abziele. — TRIEBEL-SCHUBERT (257) sieht in der auffallenden Mittelstellung des ganzen Satzes und seiner besonderen stilistischen Hervorhebung einen weiteren Hinweis auf die „ausgewogene Mitte der proportionalen Gerechtigkeit", die als aristotelisches Konzept einer aristokratisch-konservativen Ethik hier vorausgesetzt sein könne.

— Chirurgie. Verbot des Blasensteinschnittes

Nach dem ‚apollinischen' Mittelsatz mit seinem ausgesprochen allgemein gehaltenen Gebot, das wohl genauso auch für andere Berufseide hätte formuliert werden können, folgt mit dem sechsten Abschnitt in Fortsetzung der alternierenden Anordnung von Geboten und Verboten des Sittenkodex wiederum ein deutliches Verbot in bezug auf einen speziellen Punkt der ärztlichen Tätigkeit. Die letzte unter den Bestimmungen des Eides zu den verschiedenen therapeutischen Disziplinen bringt nun nach den ‚Diätetik'- und ‚Pharmakotherapie'-Abschnitten 3 bzw. 4 noch die ‚Chirurgie' in den Blick. Neben dieser thematischen Abrundung fallen an diesem sechsten Eidabschnitt die zahlreichen stilistischen und gedanklichen Bezüge zum Abschnitt 4 auf: Im Griechischen etwa beginnen beide Abschnitte mit der Negation οὐ und einem ersten futurischen Prädikat, gefolgt von der anreihenden Partikel δέ und einer die Negation fortführenden Konjunktion οὐδέ. In der lateinischen Übersetzung erscheint immerhin in beiden Abschnitten die gleiche einleitende Negation (*Neque/Nec vero,* Z 14 und Z 18), und über das Griechische hinausgehend wird sogar das im vierten Abschnitt doppelt verwendete Prädikat *dabo* (Z 15 und Z 16) auch im sechsten Abschnitt noch einmal wörtlich aufgenommen (Z 19). Strukturell sind die beiden Abschnitte jeweils zweigliedrig gebaut, doch statt des Doppelverbotes des Abschnittes 4 erscheint jetzt in Abschnitt 6 zunächst ein Verbot und dann eine durch δέ bzw. *sed* (Z 18) eingeleitete Opposition. Gedanklich sind die beiden Abschnitte durch den Charakter des strengen punktuellen Verbots (Verbot jeder Beihilfe zu Selbstmord und Abtreibung bzw. Verbot des Blasensteinschnitts) miteinander verwandt, das sich zudem jeweils in einem der beiden Satzteile auf Eingriffe am Unterleib und an den Zeugungsorganen — der vierte auf die weiblichen, der sechste vornehmlich auf die männlichen — bezieht. So bildet der sechste Abschnitt gemeinsam mit dem vierten gewissermaßen einen ersten Ring um das Mittelstück des Dokumentes, der aufgrund der auch sonst schon innerhalb der einzelnen Eid-Abschnitte beobachteten Ringstrukturen auch für die anderen Eid-Abschnitte untereinander eine ringartige Komposition um den ethischen Grundsatz des fünften Abschnittes herum erwarten läßt.[83]

[83] Vgl. Lichtenthaeler 134. 166 f. — Mit Recht wendet sich Lichtenthaeler (166 f.) mit Hilfe seiner aus der Kompositionsanalyse gewonnenen Argumente gegen Deichgräber, der zwar im Jahre 1933 (99, mit Anm. 11; 109) noch diesen sechsten Eid-Abschnitt in seinem überlieferten Text beibehalten will, ihn übersetzt und interpretiert, im Jahre 1955 (8 f.; 39, Anm. zu S. 8 ff.) jedoch diesen Passus ausläßt, da jede Sicherheit fehle, ihn im Zusammenhang des Eides zu erklären, und er auch in späteren Fassungen oft fehle. Laut Lichtenthaeler (179) sei Deichgräber allerdings in seiner letzten Ausgabe aus dem Jahre 1983 wieder zu seiner ursprünglichen Meinung zu diesem Punkt zurückgekehrt.

Nec vero calculo laborantes secabo, ... (Z 18), griech. οὐ τεμέω δὲ οὐδὲ μὴν λιθιῶντας, ..., — der sechste Eid-Abschnitt verbietet also nur einen einzigen chirurgischen Eingriff, den Blasensteinschnitt, diesen allerdings uneingeschränkt.[84] Blasensteine treten heute nur noch relativ selten auf, doch in der Antike und bis weit in die Neuzeit hinein waren sie eine häufige Plage, die sich in Symptomen wie Schmerzen, Harndrang, Blutungen, Fieber, plötzlichem Abbrechen des Harnstrahls u. ä. äußerte. Entfernt wurden sie durch einen Dammschnitt, d. h. einen Schnitt in der Gegend zwischen After und äußeren Geschlechtsteilen. Der Eingriff war schmerzhaft und äußerst risikoreich; beim Herausziehen der Blasensteine etwa konnten Verletzungen mit verheerenden Folgen wie Verengungen der Harnröhre, Bildung von Harnfisteln, Blutungen, Sekundärinfektionen, Venenentzündungen und Rektumverwundungen u. ä. auftreten; außerdem bestand beim Eingriff am Mann die Gefahr, die Samenleiter zu beschädigen, mit der möglichen Konsequenz der Zeugungsunfähigkeit.[85] In Anbetracht dieser Operationsgefahren lassen sich mit LICHTENTHAELER verschiedene Gründe für das kategorische Verbot des Eides vermuten: Zum einen war der Blasensteinschnitt wohl nur in seltenen Fällen ein reiner Nutzen für den Patienten, der Schaden in Form eines noch größeren Übels als Folge des Eingriffs mochte oft überwiegen. So mußte für den hippokratischen Arzt mit der für ihn geltenden Maxime des „ὠφελέειν ἢ μὴ βλάπτειν" — „nützen oder wenigstens nicht schaden", die im dritten Abschnitt in der Forderung ἐπ' ὠφελείῃ καμνόντων anklingt und auch im folgenden siebten Abschnitt wiederkehren wird (lat. *ob utilitatem aegrotantium,* Z 20), ein solcher Eingriff außerhalb des im Rahmen seiner τέχνη bzw. *ars* liegenden Vertretbaren lie-

[84] LICHTENTHAELER (165) übersetzt die griechische Formulierung mit „Nie und nimmer werde ich bei (Blasen-)Steinkranken den Schnitt machen, ...", was sich grammatikalisch aus der verstärkten Negation οὐ ... οὐδὲ ... erkläre, die noch durch die gerade in Eidschwüren und Versprechen gebräuchliche beteuernde Affirmationspartikel μὴν bekräftigt werde; vgl. DEICHGRÄBER 1933, 99, mit Anm. 11; LICHTENTHAELER 166 f. Diese Auffassung ist die traditionelle und liegt offenbar auch *Cornarius'* Übersetzung zugrunde. — Seit EDELSTEINS Eid-Untersuchung aus dem Jahre 1943 werden jedoch gelegentlich andere Interpretationen vorgetragen, die sich grammatikalisch auch vertreten lassen. EDELSTEIN (7. 29. 72 f., Anm. 89) etwa faßt οὐδὲ μὴν im Sinne einer Verstärkung „nicht einmal" und übersetzt „Ich will das Messer nicht gebrauchen, nicht einmal bei Steinleidenden", womit seiner Ansicht nach „... mit dem einen genannten Beispiel [i. e. dem Blasensteinschnitt] ... der Eid die Chirurgie im ganzen aus dem Aufgabenbereich des Arztes ausschließen [sc. will]" (28) und „... der Arzt ausdrücklich die operative Chirurgie im ganzen ablehnt" (29). Da die pythagoreische Schule als einzige Ärzteschule die Chirurgie weniger hoch eingeschätzt habe als Diätetik und Pharmakologie, sei nach EDELSTEIN (29–31) auch die Bestimmung des Eides, von jeder chirurgischen Tätigkeit Abstand zu nehmen, nur vom Pythagoreismus her verstehbar, wobei er als Motiv für das Verbot vermutet, daß nach Ansicht der pythagoreischen Ärzte ihre Reinheit und Heiligkeit durch den Gebrauch des Messers in blutigen Operationen befleckt werde. — Einwände gegen diese Deutung EDELSTEINS und Diskussion einer weiteren von der traditionellen Auffassung abweichenden Übersetzung („ich werde nicht schneiden, jedenfalls Steinleidende nicht, ...") und Erklärung, die von F. KUDLIEN (op. cit., 257 ff.) vorgeschlagen worden ist, s. bei LICHTENTHAELER 168–171.

[85] Vgl. LICHTENTHAELER 165 f. 175. 178.

gen.[86] Zum andern mochte im Hinblick auf den möglichen Verlust der Zeugungsfähigkeit, der auch keine ὠφελείη bzw. kein *commodum* (vgl. Z 12) oder keine *utilitas* (Z 20), sondern eher eine ἀδικίη bzw. *iniuria* (Z 12 und Z 21) bedeuten mochte und somit zu den Gelöbnissen aus dem dritten und siebten Abschnitt in Widerspruch geriet, auch das „genealogische Denken" eine gewisse hemmende Rolle spielen, das LICHTENTHAELER bereits als denkbares Motiv für das Verbot der Beihilfe zur Abtreibung angeführt hatte (s. S. 46 f.).[86] LICHTENTHAELER (335) resümiert, daß sich für den auf hoher ethischer Ebene wirkenden hippokratischen Arzt und Chirurgen also ein einziger operativer Eingriff, der Blasensteinschnitt, verboten habe, da er mit ihrer Auffassung von βίος und τέχνη (vgl. Abschnitt 5) bzw. *vita* und *ars* (Z 17), wie sie gerade zuvor im Mittelsatz des Eides ausgesprochen worden ist, nicht vereinbar gewesen sei.

Wenn für den künftigen Arzt auch die Rücksicht auf τέχνη bzw. *ars* und βίος bzw. *vita* mitsamt ihren profan-berufsethischen und religiösen Implikationen den Vorrang hat, so muß er sich dennoch mit den Belangen des Leidenden, den er nicht von seiner Qual befreien darf, auseinandersetzen: *sed viris chirurgiae operariis eius rei faciendae locum dabo* (Z 18 f.), griech. ... ἐκχωρήσω δὲ ἐργάτῃσιν ἀνδράσι πρήξιος τῆσδε. — Der Eidleistende verspricht im zweiten Teil des sechsten Abschnittes, die Steinleidenden den „werkenden Männern" zu überlassen, die mit dieser Angelegenheit (sc. der Steinoperation) vertraut sind. Über die Konnotation dieser ἐργάται ἄνδρες bzw. der *viri chirurgiae operarii* (Z 18) und der πρῆξις ἥδε bzw. *ea res* (Z 18) herrschen verschiedene Ansichten. EDELSTEIN (27. 31) etwa hält diese „werkenden Männer" für Chirurgen, deren Arbeit von der der pythagoreischen Ärzte, die sich im Rahmen ihrer verfeinerten Reinheitsvorschriften nur mit Diätetik und Pharmakotherapie befaßt haben sollen, geschieden gewesen sei, für die aber — als Nicht-Pythagoreer — die Ausführung des Steinschnitts offenbar als zulässig erachtet worden sei. So sei es eine Forderung der Menschlichkeit und des Mitleids mit den Leidenden gewesen, die Behandlung mit einer gewissen Aussicht auf Erfolg diesen Fachleuten zu überlassen, um den Patienten nicht etwa der Gefahr des Suizids auszusetzen. LICHTENTHAELER (169–172. 175–177. 180. 335) wendet jedoch ein, daß es zumindest zu der Zeit, in die er die Abfassung des Eides datiert (420–400 v. Chr.; im Unterschied zu EDELSTEINS Ansatz der Abfassung in der 2. Hälfte des 4. Jh.s v. Chr.), noch keine Spezialisierung innerhalb der ärztlichen Kunst gegeben habe, die praktischen Ärzte also zugleich

---

[86] Die Vermutung, daß sich der Schwörende zu solchem risikoreichen ‚Gemetzel' nicht erniedrigen durfte, weil es eine Schändung der ärztlichen Kunst und des Lebens gewesen wäre, geht auf den Chirurgieprofessor und Hippokratesexegeten JOSEPH ELÉONOR PETREQUIN (Chirurgie d'Hippocrate I, Paris 1877, 192 ff.) zurück; vgl. LICHTENTHAELER 172. 175 f. 335. — Die Hypothese, die die Gefährdung der Zeugungsunfähigkeit in Rechnung stellt, fußt auf JULIUS HIRSCHBERG (Vorlesungen über Hippokratische Heilkunde, Leipzig 1922, 30) und mag durch die Erklärung ÉMILE LITTRÉS (op. cit. [s. S. 21], IV 617–620) angeregt sein, wonach hier nicht die Lithotomie, sondern die Kastration dem Schüler untersagt werde; vgl. DEICHGRÄBER 1933, 109; LICHTENTHAELER 178 f. 335. — LICHTENTHAELER (175. 179) weist jedoch darauf hin, daß die Behauptungen PETREQUINS und HIRSCHBERGS nicht mehr als Konjekturen bleiben.

internistisch wie chirurgisch tätig gewesen seien. Seiner Ansicht nach seien hier mit den „werkenden Männern" „Lithotomen", fahrende Steinschneider, gemeint, die zu den Randfiguren der damaligen Gesellschaft gezählt und als niedriges Gesindel keine Unehre zu befürchten gehabt hätten, wenn ihnen etwa ein Eingriff mißlungen war. Da sie nicht als Vertreter der hochangesehenen ärztlichen τέχνη mit ihren anspruchsvollen Implikationen, sondern einer als minderwertig konnotierten πρῆξις gegolten haben sollen, habe der Eidleistende abfällig versprochen, die von stärksten Schmerzen Geplagten zu diesen zweitrangigen „Werkern" „abzuschieben" (ἐκχωρήσω). Damit habe der hippokratische Arzt einerseits den Ansprüchen seiner τέχνη mitsamt ihrer im Eid zum Ausdruck kommenden ethisch-religiösen Forderung nach Selbstbeschränkung auf die dem Arzt gesteckten Grenzen genügt und andererseits den Bedürfnissen der Leidenden insofern Rechnung getragen, als er sie an Leute verwies, die immerhin über eine gewisse Erfahrung bei der Durchführung des Eingriffs verfügten, die den Patienten gelegentlich habe zugute kommen können.

Das von Lichtenthaeler (177) behauptete „Respektlose" gegenüber dem Gewerbe dieser fahrenden Steinschneider ist jedoch aus den Begriffen des ἐκχωρεῖν und der πρῆξις nicht unmittelbar ersichtlich, und auch *Cornarius* scheint den zweiten Abschnitt des sechsten Eid-Abschnittes nicht in dieser Weise verstanden zu haben; seine lateinische Übersetzung könnte man wohl als Gelöbnis des Schwörenden wiedergeben, „den handwerkenden Männern diese Angelegenheit (sc. den Blasensteinschnitt) zu überlassen", wobei die Formulierung von den *viri chirurgiae operarii* (Z 18) die Vorstellung von einer eigenständigen Gruppe der nicht-ärztlich chirurgisch Tätigen nahezulegen scheint, die im Mittelalter und der Frühneuzeit etwa durch die Barbiere und Chirurgen repräsentiert waren.[87] Man könnte jedoch mit Edelstein (25–29) davon ausgehen, daß von den Ärzten, für die der Eidschwur galt, die Steinleidenden chirurgischen Fachleuten überlassen, vielleicht sogar „kollegial anvertraut werden"[88] sollen.

Jedenfalls läßt sich aus diesem Abschnitt wie auch aus dem vierten die Erkenntnis gewinnen, daß der hippokratische Arzt um berufsethischer Maximen und religiöser Rücksichten willen auf Tätigkeiten verzichtete, die er hätte ausüben können. Die Werte, um deretwillen er sich somit u. a. wohl auch nicht unerhebliche Erwerbsquellen verschloß, haben jedoch nichts mit Nächstenliebe und Barmherzigkeit oder Philanthropie o. ä. Motiven zu tun, die erst in späteren geistigen und religiösen Strömungen wie etwa in der Stoa, im Christentum oder in der Aufklärung ethische Valenz gewinnen.[89]

---

[87] vgl. Lichtenthaeler 169.

[88] So laut Lichtenthaeler (177. 371, Anm. 458) Deichgräber in seiner letzten Ausgabe von „Der Hippokratische Eid" (Stuttgart 1983, 39 f.). — Im Jahre 1933 hat Deichgräber (109) die „später so genannten Lithotomen" als „Spezialisten" bezeichnet, denen die schwierige Operation des Blasensteins zu überlassen sei, um den Schutz der Fortpflanzungsfähigkeit zu verbürgen.

[89] Vgl. Deichgräber 1933, 109; Lichtenthaeler 176. 181.

— Gebot, stets zu nutzen, nie zu schaden. Sexuelle Zurückhaltung

In Fortsetzung der alternierenden Abfolge von Geboten und Verboten wird nun im siebten Abschnitt des Eides (~ fünften Punkt des Sittenkodex) nach dem uneingeschränkten Verbot des Blasensteinschnittes im sechsten ein ebenso unmißverständliches Gebot ausgesprochen. So wie mit Abschnitt 4 ein konkretes Doppelverbot auf das allgemein gehaltene Doppelgebot des Abschnittes 3 gefolgt war, so geht nun im spiegelbildlichen Verhältnis das auf einen speziellen Aspekt der ärztlichen Tätigkeit gerichtete Verbot des sechsten Abschnitts dem einen breiteren Geltungsbereich beanspruchenden Gebot des siebten voraus. Im Gedanklichen und Begrifflichen zeigen sich starke Anlehnungen an den dritten Eid-Abschnitt, so daß nach dem Ring der Abschnitte 4 und 6 mit den konkreten Verboten um den zentralen Mittelsatz in Abschnitt 5 herum nun offenbar ein weiterer Ring aus den Abschnitten 3 und 7 mit ins Allgemeinere gewendeten Geboten gebildet wird.[90]

Strukturell läßt sich auch der siebte Abschnitt in zwei Hauptteilen fassen, dessen erster ein allgemeines Versprechen enthält: *In quascumque autem domos ingrediar, ob utilitatem aegrotantium intrabo, ab omnique iniuria voluntaria inferenda et corruptione cum alia . . ., . . . abstinebo, . . .,* (Z 20–22), griech. ἐς οἰκίας δὲ ὁκόσας ἂν ἐσίω, ἐσελεύσομαι ἐπ᾽ ὠφελείῃ καμνόντων, ἐκτὸς ἐὼν πάσης ἀδικίης ἑκουσίης καὶ φθορίης τῆς τε ἄλλης . . . — Die Beziehungen zum dritten Abschnitt reichen bis hin zu wörtlichen Wiederaufnahmen der zentralen Begriffe, die allerdings im Griechischen deutlicher hervortreten als in der lateinischen Übersetzung: Der Schwörende verspricht wiederum etwas zu tun „zum Nutzen der Leidenden" (vgl. ἐπ᾽ ὠφελείῃ καμνόντων, Abschnitt 3, lat. dort in *ad aegros attinet sanandos, . . . commodam,* Z 11/12, aufgelöst, hier in deutlicherer Entsprechung mit *ob utilitatem aegrotantium,* Z 20, wiedergegeben), und ergänzt den ‚Nutzen-Gedanken' durch den Gegenbegriff des „Unrechts", ἀδικίῃ (vgl. ἀδικίῃ, Abschnitt 3, lat. *iniuria,* Z 12 und Z 21). Während es im dritten Abschnitt jedoch einerseits um den Nutzen der Kranken ging, auf den der Arzt bei der Diätetik zu achten habe, andererseits um Schaden und Unrecht (δήλησις und ἀδικίῃ bzw. *omneque detrimentum et iniuria,* Z 12), die den Patienten durch sich selber oder ihre Umwelt drohen, so ist jetzt der siebte Abschnitt allein auf das Verhalten des Arztes bezogen, der zum einen den Kranken Nutzen bringen soll, zum anderen in der Gefahr steht, selber willentlich Unrecht oder Schaden (πάσῃ ἀδικίῃ ἑκουσίῃ und φθορίῃ bzw. *omnis iniuria voluntaria* und *corruptio,* Z 21) an den Patienten zu verüben.[91] Unter dem Gesichtspunkt der Abwehr von Schaden und

[90] Vgl. LICHTENTHAELER 183.

[91] Vgl. LICHTENTHAELER 183. 188. 203. 335 f. — Durch die Stellung von ἀδικίῃ bzw. *iniuria* (Z 21) im dritten Abschnitt nach und im siebten Abschnitt vor dem ‚Schadens'-Begriff wird stilistisch gesehen die Ringstruktur zwischen diesen beiden Punkten des Eides durch eine Art von Chiasmus noch weiter intensiviert. — Die LICHTENTHAELERSCHE (184 f.) Erörterung der grammatikalischen Frage, ob φθορίης als Gen. Sg. Fem. eines Adjektivs oder eines Substantivs aufzufassen sei, führt vor allem mit Hilfe stilistischer Argumente plausibel zu der Entscheidung für das letztere. Die Wiedergabe von φθορίῃ durch *corruptio* (Z 21) in der lateinischen Übersetzung läßt vermuten, daß *Cornarius* den Begriff ebenfalls als Substantiv verstanden haben dürfte.

Unrecht für die Kranken ergibt sich innerhalb des Sittenkodex somit die gedankliche Abfolge, daß der künftige Arzt zunächst recht allgemein im ‚Diätetik'-Abschnitt (3) den Schaden abzuwehren verspricht, der von den Patienten selber bzw. ihren Angehörigen ausgeht, sich dann in zwei Verbotsabschnitten an konkreten Punkten der ärztlichen Tätigkeit in den Bereichen der Pharmakotherapie (Selbstmord und Abtreibung, Abschnitt 4) und Chirurgie (Blasensteinschnitt, Abschnitt 6) vor Schaden warnt, den er selber mit seiner Tätigkeit unterstützen bzw. bewirken kann, und sich schließlich im ersten Teil des siebten Abschnitts nun noch einmal verallgemeinert mit diesem Anspruch an seine eigene Person befaßt.[92]

Das Versprechen des Eidleistenden, sich von Unrecht und Schädigung in bezug auf die Kranken fernzuhalten, ist durch die einleitende Ortsbestimmung an die Situation gebunden, in der der Arzt das Haus der Patienten betritt. Für das Verständnis des Abschnittes ist dies deswegen erwähnenswert, weil vor dem Hintergrund des griechischen Eides mit der Ortsangabe der οἰκία (bzw. der *domus,* Z 20) ein Bereich umrissen wird, der mit der Abgrenzung eines Geheges mit Garten, Hof, Haus und Hausaltar nicht nur eine soziale, sondern auch eine religiöse Schranke bedeutete, die in der Familien- und Hausreligion der griechischen Antike mit stärksten Tabus behaftet war. Das Überschreiten der Schwelle eines fremden Hauses, die das Familiäre von allem Öffentlichen abschloß, war in gewisser Weise ein religiöser Ritus, und der Arzt tat es in der Regel wohl hauptsächlich bei bettlägerigen Fieberpatienten, während er ambulante und chirurgische Fälle auf dem Marktplatz oder in der von ihm eingerichteten Werkstätte behandelte.[93]

Die erste der Pflichten, die in diesem Abschnitt für den Arzt formuliert wird, der eine οἰκία bzw. eine *domus* (Z 20) betreten hat, entspricht gedanklich ganz der bereits als ‚hippokratisches Motto' für den dritten Abschnitt genannten Maxime, seinem Patienten zu nutzen und nicht zu schaden: „ὠφελέειν ἢ μὴ βλάπτειν". Während der einleitende Hinweis auf die Situation des Betretens eines Hauses den Schwörenden an die damit vorgegebenen religiösen Bindungen erinnern mochte, werde nun laut Lichtenthaeler zunächst mit dem Appell an das Nutzenwollen (und -müssen) eine eher rational-profane, berufsethische Komponente für das sittliche Verhalten des Arztes angesprochen, die ihn verpflichte, Wissen und Erfahrung, fachliches und auch handwerkliches Können, ein nüchtern-realistisches Urteil (κρίσις, bzw. *iudicium)* und überhaupt Ziel und Zweck seiner Bemühungen am objektiven Nutzen der Patienten nach den Normen der ärztlichen τέχνη (bzw. *ars*) auszurichten.[94] Der zweite Teil des aus Abschnitt 3 bekannten Doppelgebotes habe durch den Begriff der ἀδικίη (bzw. der *iniuria,* Z 21) neben dem rational-juristischen Aspekt auch einen religiösen, auf die göttlich — von Zeus und Δίκη — gelenk-

[92] Vgl. Lichtenthaeler 188. 336.
[93] Vgl. Deichgräber 1955, 29; Lichtenthaeler 186 f. 203. 336.
[94] Vgl. Lichtenthaeler 188 f. 203 f. 336.

te Weltordnung verweisenden Anteil. Eine vorsätzliche ἀδικίη würde also einen Verstoß gegen das Gelöbnis des fünften Abschnitts mit seinen doppelten, berufsethischen und religiösen, Anforderungen bedeuten.[95]
Das allgemeine Versprechen des Eidleistenden in bezug auf sein eigenes Verhalten, sich von jeder *iniuria voluntaria inferenda* (Z 21) fernzuhalten bzw. ἐκτὸς ἐὼν von jeder ἀδικίη ἑκουσίη zu sein, wird nun im zweiten Teil des siebten Abschnitts noch durch ein spezifizierendes Anhängsel erweitert: Der Begriff des Unrechts wird zunächst wie im ‚Diätetik-Abschnitt' durch den Gedanken des Schadens ergänzt, bei dem jedoch der konkrete Aspekt des ‚Venerischen' herausgegriffen und expliziert wird: *ab . . . corruptione cum alia, tum praesertim operum veneriorum abstinebo, sive muliebria sive virilia, liberorumve hominum aut servorum corpora mihi contigerint curanda* (Z 20–23), griech. ἐκτὸς ἐὼν . . . φθορίης τῆς τε ἄλλης καὶ ἀφροδισίων ἔργων, ἐπί τε γυναικείων σωμάτων καὶ ἀνδρείων, ἐλευθέρων τε καὶ δούλων. Der Schwörende verspricht ausdrücklich, sich von sexuellem Kontakt mit Frauen, Männern, Freien und Sklaven — als einer Sonderform von *iniuria* und *corruptio* bzw. von ἀδικίη und φθορίη fernzuhalten. In *Cornarius'* Übersetzung wird dies Gelöbnis durch den Zusatz (sc. *corpora*) *mihi contigerint curanda* auf die *corpora* derer beschränkt, die dem Arzt als Patienten mehr oder weniger ausgeliefert sind, während die griechische Originalfassung schärfer im Hinblick auf alle σώματα, die der Arzt bei seinem Hausbesuch antrifft, also auch auf die Umgebung des Kranken bezogen werden kann. In der privaten Sphäre der οἰκίαι bzw. der *domus* seiner Patienten, die unter dem besonderen Schutz der Götter steht, darf der Arzt also seine bevorzugte Stellung auch nicht durch Übergriffe auf die körperliche Integrität[96] der Kranken bzw. auch ihrer Mitbewohner mißbrauchen. Daß dabei nicht nur Frauen und Männer, sondern auch Freie und Sklaven gleichberechtigt nebeneinander genannt werden, mag laut LICHTEN-

---

[95] Vgl. DEICHGRÄBER 1955, 28–30; LICHTENTHAELER (191) verweist für die Formulierung des Originaleides ἐκτὸς ἐὼν πάσης ἀδικίης auf die wörtliche Übereinstimmung mit einem Spruch des megarischen Dichters und typischen Vertreters der dorischen Adelsethik Theognis (6./5. Jh. v. Chr.): „ἐκτὸς ἐὼν ἀδίκων . . . ἔργων" (744) und ordnet diese Eid-Wendung der sakralen Sphäre zu. — Aus dem Zusatz ἑκουσίη zu ἀδικίη bzw. *voluntaria* zu *iniuria,* Z 21) und der damit implizierten Unterscheidung von „vorsätzlich" und „nicht vorsätzlich" folgert LICHTENTHAELER (191–195. 204. 336) für den Hintergrund dieses Eid-Abschnittes ein im Vergleich zu dem Rituellen indogermanischer Herkunft, dem hesiodischen δίκη-Begriff und der dorischen Adelsethik ‚modernes' Rechtswesen, innerhalb dessen sich jeder einzelne als eine auf sich selbst gestellte und eigenverantwortliche, geistig und ethisch mündige Person herausschäle. — Daß mit der impliziten Antithese von „willentlich" und „unwillentlich" auch die Möglichkeit unbeabsichtigter Verfehlungen eingeräumt wird, wurde bereits erwähnt.

[96] Nach LICHTENTHAELER (204) weise auch der Begriff der σώματα (bzw. der *corpora,* Z 23) auf die mit dem ‚modernen' Rechtswesen zusammenhängende neue Auffassung der Person und die Vorstellung der mit ihr wesenhaft verbundenen Integrität hin; s. auch ebd. 197 f.

THAELER (201–204. 336) auf sophistische, vielleicht auch pythagoreische Einflüsse zurückgehen.[97]

— Gebot der Schweigepflicht

Der nächste Satz des Eides ist durch die einleitende Partikel δέ bzw. *vero* (Z 24) parallel zu den vorausgegangenen Abschnitten in der Anreihung an Abschnitt 3 als eigenständiger Teil des Sittenkodex gekennzeichnet. In der Formulierung als Gebot fällt er jedoch im Anschluß an das „Nutzen-und-nicht-schaden"-Gebot des siebten Abschnittes aus der alternierenden Reihe von Geboten und Verboten heraus. Mit diesem achten Eid-Abschnitt wird aber nicht nur der Gebotscharakter des siebten fortgesetzt, sondern auch dessen Grundgedanke: Das Versprechen, die Geheimnisse der Patienten nicht auszuschwatzen, erscheint — ebenso wie das Einschiebsel am Ende von Abschnitt 7 mit dem Gebot der sexuellen Zurückhaltung — als eine weitere Spezifikation des Gelöbnisses, den Patienten zu nützen und nicht zu schaden. Mit dem Blick auf einen speziellen Punkt des ärztlichen Verhaltens wird in Abschnitt 8 die wechselweise Abfolge zwischen allgemeinen (Abschnitte 3, 5, 7) und scharf begrenzten (Abschnitte 4. 6) Versprechen im Sittenkodex beibehalten.[98]

Für die Frage, weshalb der ärztlichen Schweigepflicht als Teilaspekt von Abschnitt 7 ein eigener Eid-Abschnitt eingeräumt werde, gibt LICHTENTHAELER formale und inhaltliche Gründe an: Unter dem formal-kompositorischen Aspekt läßt die bereits für die Abschnitte 4 und 6 bzw. 3 und 7 festgestellte (und auch für die Abschnitte 1 und 9 geltende) Ringstruktur bei der Annahme eines bewußten Gestaltungswillens des Eid-Verfassers auch enge Entsprechungen zwischen den Abschnitten 2 und 8 erwarten. In der Tat enthalten beide Eid-Abschnitte in der griechischen Original-Fassung das Verbum ἡγήσασθαι: im zweiten Abschnitt ‚achtet' der Schüler seinen künftigen Lehrer der ärztlichen Kunst (sc. seinen Eltern gleich; ἡγήσασθαί τε τὸν διδάξαντά με τὴν τέχνην . . . ἶσα γενέτῃσιν ἐμοῖσι, . . .), im achten hingegen das, was er im Leben der Menschen erfährt (sc. als heilige Geheimnisse; ἄρρητα ἡγεύμενος εἶναι τὰ τοιαῦτα). In der lateinischen Übersetzung wird jedoch leider die Wortwiederholung und die damit möglicherweise angedeutete kompositorische Beziehung zwischen den Abschnitten 2 und 8 nicht sichtbar (*Praeceptorem qui me hanc edocuit artem, parentum loco habiturum . . .*, Z 4, und *ea . . . tamquam arcana apud me continebo.*, Z 25/26). Zugleich finden, so LICHTENTHAE-

---

[97] Vgl. LICHTENTHAELER 184. 195–205. 336. — EDELSTEIN (31–35) glaubt in der Verbindung des Gerechtigkeitsbegriffs mit dem der Enthaltsamkeit ein Charakteristikum der Pythagoreer zu erkennen. Auch andere in diesem Abschnitt zutage tretenden Prinzipien — wie die sexuelle Enthaltsamkeit, die Gleichwertigkeit des Mannes und der Frau, die Gleichrangigkeit von Freigeborenen und Sklaven bei der Ausübung sittlicher Pflichten — stimmten laut EDELSTEIN (ebd.) allein mit den Idealen der pythagoreischen Ethik überein. — Einwände gegen diese ausschließliche Zuweisung an den Pythagoreismus, ohne etwa derartige Einflüsse völlig negieren zu wollen, s. bei LICHTENTHAELER 199–201.

[98] Vgl. LICHTENTHAELER 207 f. 337.

LER (208), „die Werkstattgeheimnisse im 2. Abschnitt einen echten Widerhall in der ärztlichen Schweigepflicht im 8.". Das Herausfallen aus der alternierenden Abfolge von Geboten und Verboten mag sich daraus erklären, daß der Sittenkodex mit einem Gebot beginnen und einem Gebot enden sollte. Jedenfalls könnte in den Ringkompositionsabsichten des Eid-Autors der Wunsch nach einem formalen Gegenstück zum zweiten Abschnitt einerseits und der Abrundung des Sittenkodex andererseits eine gewisse Rolle bei der Abfassung des achten gespielt haben.[99]

Gewichtiger mag jedoch der inhaltliche Grund sein, den LICHTENTHAELER (209) für die eigenständige, in Anbetracht von Abschnitt 7 überflüssig erscheinende Formulierung des achten Eid-Abschnittes in der besonderen „epochalen Bedeutung" dieses Gebotes vermutet, da hier „zum erstenmal überhaupt in der gesamten Medizingeschichte die ärztliche Schweigepflicht deutlich und klar zur Sprache gebracht" werde. Der Bereich, der der Schweigepflicht unterliegen soll, ist sehr viel weiter gespannt als der des heutigen Schweigegebots (s. u.): Im hippokratischen Eid umfaßt er alle möglichen Geheimnisse, während und außerhalb der ärztlichen Versorgung (*inter curandum, ad medicandum non adhibitus,* Z 24/25, bzw. ἐν ϑεραπείῃ, ἄνευ ϑεραπείης, Abschnitt 8), alles, was der Arzt sieht und hört (bei *Cornarius* auch noch „erfährt", *cognovero,* Z 25) und die *vita hominum* (Z 25, bzw. den βίος ἀνϑρώπων, Abschnitt 8) — nicht allein der Kranken — betrifft und verschwiegen werden muß. Als Motive seien damals die Rücksicht auf die δίκη (vgl. ἀδικίῃ in Abschnitt 7, bzw. *iniuria,* Z 21) und auf die von den Göttern geschützten σώματα (vgl. Abschnitt 7, bzw. *corpora,* Z 23) der Menschen mit ihren Integritätsansprüchen leitend gewesen. Gegenüber diesem primär religiösen Maßstab bei der Beachtung der Schweigepflicht stehen nach Ansicht LICHTENTHAELERS (209 f.) für dieses heute immer noch, wenn auch in modifizierter Form (s. u.) geltende Gebot eher Kategorien der Rechtsprechung, menschliche Gefühle wie Mitleid und Barmherzigkeit und Furcht vor einem Vertrauensbruch im Verhältnis Arzt/Patient im Vordergrund.[100]

— Verwünschung

Nach Abschluß des Sittenkodex und damit auch des Pflichtenkatalogs als Eidthema folgt nun als vierter und letzter Hauptteil (neunter und letzter Abschnitt des Eides die Selbstverwünschung oder -verfluchung des Schwörenden, die in enger Beziehung zu dem anderen Rahmensatz des Eides, der Götteranrufung im ersten Hauptteil bzw. Abschnitt steht: Im Anfangsabschnitt werden die namentlich genannten Heilgötter und „alle Götter" als Zeugen angerufen,

---

[99] Vgl. LICHTENTHAELER 207 f. 337.

[100] Vgl. DEICHGRÄBER 1955, 28–30; LICHTENTHAELER 209 f. 337. — Durch die im griechischen Eid verwendeten Begriffe des σιγᾶν (lat. *tacere,* Z 26) und der ἄρρητα (lat. *arcana,* Z 26) wird die religiöse Sphäre des Gelöbnisses noch verstärkt; vgl. LICHTENTHAELER 210 f. — Die Rückführung des Gebotes der Verschwiegenheit auf die Sphäre der griechischen Religion stellt LICHTENTHAELER (211) einleuchtend gegen EDELSTEINS (35 f.) Herleitung allein aus der pythagoreischen Philosophie.

und im Endabschnitt erwartet der eidleistende Schüler in unpersönlicher Formulierung von denselben — seit dem ersten Abschnitt im Eid durchgängig als Zeugen, Bürgen und Richtern präsenten — Göttern Segen oder Fluch als Belohnung oder Bestrafung seines Lebens als Mensch und Arzt.[101]
Hoc igitur iusiurandum mihi integre servanti et non confundenti... (Z 27), griech. ὅρκον μὲν οὖν μοι τόνδε ἐπιτελέα ποιέοντι καὶ μὴ συγχέοντι... Mit *igitur* (bzw. οὖν) wird zunächst einmal nach der Aufzählung der — durch die verschiedenen Verbindungspartikeln verknüpften — sieben vorangegangenen Gelöbnisse die Schlußfolgerung eingeleitet, die der Schüler daraus zu ziehen hat, oder, in den Worten LICHTENTHAELERS (216), „die ganze Substanz des Eides im Geist des Schwörenden noch einmal zusammengerafft, bevor er dazu übergeht, die Selbstverfluchung auszusprechen."[102]
Mit der Übersetzung *Hoc... iusiurandum mihi integre servanti* (Z 27) greift Cornarius direkt auf die Worte des ersten Abschnitts... *me hoc iusiurandum... integre servaturum esse* (Z 2/3) zurück und imitiert damit die im griechischen Original vorliegende begriffliche Anknüpfung an den ersten Abschnitt (ὄμνυμι... ἐπιτελέα ποιήσειν... ὅρκον τόνδε..., Abschnitt 1 und ὅρκον μὲν οὖν μοι τόνδε ἐπιτελέα ποιέοντι..., Abschnitt 9). Die Satzteile, die inhaltlich auf die Erfüllung des Eides bezogen sind, bilden am Ende des ersten Abschnitts und am Anfang des letzten einen Rahmen um den gesamten Pflichtkatalog in der Mitte des Eides und verdeutlichen die bereits mehrfach beobachtete kompositorische Ringstruktur um den Mittelsatz des Eides herum auch für die Abschnitte 1 und 9. Syntaktisch gesehen, erscheint der Doppelausdruck jedoch gemäß dem jeweiligen Sinnzusammenhang variiert: Im ersten Abschnitt wird durch die von den Verben des Schwörens abhängige Infinitiv-Futur-Konstruktion der Eidleistende als Schüler vorgestellt, der seine ganze berufliche Zukunft, für die seine Gelöbnisse Geltung haben, noch vor sich sieht; im neunten Abschnitt hingegen versetzt sich der Schwörende im Partizip Präsens (mit kondizionalem Nebensinn) gedanklich in eine ferne Gegenwart und macht sich mit dem ihm dann Zustoßenden vertraut, falls er seinen Schwur erfüllt. Durch die Hinzufügung *et non confundenti* (Z 27, bzw. καὶ μὴ συγχέοντι) wird der gleiche Gedanke zur stärkeren Betonung in anderer Form noch einmal wiederholt.[103]
Wer seinen Eid unverletzt einhält und ihn nicht bricht, darf von den Unsterblichen Gutes hoffen...; *contingat* (Z 27), bzw. εἴη, ist als verbale Wunschform das Schlüsselwort des Abschnitts: Auch wenn der Arzt seinem Eid sein Leben lang treu bleibt, wird er nur dann von den Göttern seine Wünsche erfüllt bekommen, wenn es ihnen gefällt; mehr von ihnen zu erwarten, wäre von seiten des Schwörenden eine Überhebung.[104]

101 Vgl. LICHTENTHAELER 207 f. 213. 337.
102 Vgl. ebd. 215 f.
103 Vgl. ebd. 216 f.; WOLF 235.
104 Vgl. LICHTENTHAELER 217. 337.

Der erste Wunsch, den der Eidleistende hegt, wenn er innerhalb der ihm gesteckten Grenzen nach Maß des eigenen Vermögens und Urteils (vgl. *pro viribus et iudicio meo,* Z 2/3, bzw. κατὰ δύναμιν καὶ κρίσιν ἐμὴν, Abschnitt 1) seinen Versprechen vollauf Genüge leistet, ist der Erfolg im Leben und in der ärztlichen Kunst (... *mihi ... contingat et vita et arte feliciter frui* ..., Z 27/28, bzw. ... μοι ... εἴη ἐπαύρασθαι καί βίου καὶ τέχνης ...). Bei dem Verlangen nach „Erfolg im Leben" mag durchaus auch an materielle Güter wie Vermögen, Haus- und Landbesitz, bei dem Streben nach „Erfolg in der Kunst" an die agonale Situation gedacht sein. Wie im Mittelsatz mit seiner apollinischen Ethik werden auch hier noch einmal die beiden Bereiche des Wirkens des Arztes, *vita* und *ars* bzw. βίος und τέχνη, zu einer Einheit zusammengeführt (s. S. 48, mit Anm. 129).[105]

Der zweite Wunsch des Schwörenden für den Fall, daß er seine Gelöbnisse einhält, übersteigt die eher persönliche Sphäre des *vita et arte feliciter frui* (Z 28) und ist stärker auf die Ziele des in Leben und Kunst erfolgreichen Arztes im Hinblick auf die Reaktion anderer Menschen seiner Person gegenüber gerichtet: ... *mihi ... contingat ... et apud omnes homines in perpetuum gloriam meam celebrari* (Z 28/29), griech. ... μοι ... δοξαζομένῳ παρὰ πᾶσιν ἀνθρώποις ἐς τὸν αἰεὶ χρόνον. (Syntaktisch sind die beiden Wünsche in der lateinischen Übersetzung parallel gestaltet, im Griechischen ist der zweite dem ersten partizipial untergeordnet)." — Der angehende Schüler ersehnt örtlich (*apud omnes homines,* Z 28, bzw. παρὰ πᾶσιν ἀνθρώποις) und zeitlich (*in perpetuum,* Z 28, bzw. ἐς τὸν αἰεὶ χρόνον) unbegrenzten Ruhm (*gloria,* Z 28, bzw. δόξα, bekundet in δοξαζομένῳ). Der Erfolg des Arztes in Leben und Ausübung seiner τέχνη bzw. seiner *ars* bietet ihm Gelegenheit und Möglichkeit, zu δόξα bzw. *gloria* zu gelangen.[106]

---

105 Vgl. Deichgräber 1955, 16; Lichtenthaeler 218–219. 338; Wolf 235.

106 Vgl. Lichtenthaeler 219–225. 338. — Deichgräber (1933, 104–106, hier: 106) sieht in der Schlußbitte des Eides um Erfolg im Leben und in der Kunst und um Ruhm bei allen Menschen bis in alle Ewigkeit den reinsten Ausdruck der lebendigsten Seite des ionischen medizinischen Denkens, für das ein rein utilitaristisches Werten von großer Bedeutung gewesen sei. Der Weg zur Antwort auf die Frage nach den Motiven für die Einzelbestimmungen des Eides ergebe „sich aus der Überlegung, daß die dem Nützlichkeits- und δόξα-Ideal untergeordnete Berufsauffassung immer orientiert bleiben muß an der δόξα der Umgebung, an den Anschauungen der Menge, denen der Arzt sich anschließen muß, wenn er nicht Anstoß erregen will". Nach seiner Überprüfung der Gelöbnisse unter diesem Aspekt kommt Deichgräber (1933, 110 f., hier: 111) jedoch zu dem Ergebnis, daß sich zumindest in einem Teil der Bestimmungen eine Haltung zeige, „die nicht vom Erwerbsinteresse und nicht vom Gesichtspunkt des Ansehens, des guten Rufes diktiert wird, in der vielmehr nur die ethische Gesinnung als Ausgangspunkt in Frage kommt". — Viele Jahre danach bezeichnet Deichgräber (1955, 16 f.) — wohl in Kenntnis der Edelsteinschen Untersuchung (s. u.) — mit einem vermutlich von Edelstein (47) übernommenen und später von Lichtenthaeler (218–220) aufgegriffenen Verweis auf Solons „Musenelegie" Ruf und Ruhm bei allen Menschen bis in die Ewigkeit als „selbstverständliche Wunschziele" der Griechen. — Laut Edelstein (46–48, hier: 47) seien die Wünsche des Schlußabschnittes des Eides „kennzeichnend für das griechische Verlangen nach Ruhm, für den antiken Glauben an ewigen Ruhm auf dieser Erde als Ansporn zu

Lichtenthaeler (220 f. 338) weist darauf hin, daß dieser Wunsch nichts mit Prahlsucht zu tun habe, sondern einem existentiellen Bedürfnis entspringe, da für den Griechen, der von einem Jenseits nur verschwommene Vorstellungen gehabt habe, der diesseitige Nachruhm die einzig denkbare und sicherste Form des Nachlebens gewesen sei. Der Weg zu dieser unbegrenzten *gloria* bzw. δόξα des Schwörenden des Originaleides habe also gemäß den griechischen religiös-ethischen Vorstellungen über die Erfüllung der eidlichen Bestimmungen im Rahmen des ihm Möglichen zur ἀρετή und von dort zur δόξα geführt.[107] Erst mit den allerletzten Worten des Eides folgt die ‚Selbstverwünschung' oder ‚-verfluchung' im engeren Sinn: *Transgredienti autem et peieranti his contraria eveniant.* (Z 29), griech. . . ., παραβαίνοντι δὲ καὶ ἐπιορκέοντι τἀναντία τούτων. Falls der Schüler seinen Eid übertritt und meineidig wird, soll das Gegenteil von dem, was er zuvor gewünscht hat, geschehen. Durch ein Hendiadyoin wird hier mit den beiden synonymen Partizipien, die parallel zu *integre servanti* und *non confundenti* (Z 27, bzw. ἐπιτελέα ποιέοντι und μὴ συγχέοντι) auf *mihi* (Z 27, bzw. μοι) bezogen sind, der Gedanke der möglichen Nicht-Erfüllung des Eides betont. In Anbetracht der teilweise recht hohen Ansprüche der Gelöbnisse des Pflichtenkatalogs (Abschnitte 2–8) mochte die Gefahr eines Eidbruches verhältnismäßig groß sein und der Schwörende für diesen Fall die eingangs als Zeugen apostrophierten Götter — neben dem wohl auch als präsent gedachten Ζεὺς Ὅρκιος und seiner Tochter Δίκη — als strafende Richter fürchten. Die weitreichenden Folgen der göttlichen Strafen werden jedoch nicht expliziert, sondern gedrängt in *his contraria* (Z 29, bzw. τἀναντία τούτων) zusammengefaßt, so daß man sie aus den vorangegangenen positiven Wünschen heraus allgemein als Mißerfolg in Leben und Kunst verstehen könnte. Das sinnschwere Heraufbeschwören dessen, was den Eidbrüchigen treffen konnte, erfüllte wohl im Rahmen der Kulthandlung, in die die Eid-

---

allen guten Taten". Der Edelsteinschen (46–48) Zuweisung auch dieses letzten Eidteiles an die pythagoreische Lehre mit der Begründung, daß auch die Pythagoreer das Verlangen nach Ruhm eines Menschen in der künftigen Zeit billigten und nur solchen Ruhm ablehnten, der in der Anerkennung bei der großen Menge bestehe, begegnet Lichtenthaeler (220) berechtigterweise mit dem Hinweis auf die Eid-Formulierung παρὰ πᾶσιν ἀνθρώποις (bzw. *apud omnes homines,* Z 28). — Wolf (237. 241 f.) wendet sich gegen die „Utilitarismus-Version" Deichgräbers aus dem Jahre 1933 und hebt demgegenüber den Ruhmwillen als ethisch autarkes Begehren und Ausdruck eines wesenhaft griechischen Verhaltens ab. In seiner ausführlichen Interpretation des letzten Eid-Abschnittes geht Wolf (233–247) von einer formalen Bezeichnung des δόξα-Begriffes aus („Alle Bedeutungsschichten, die in δόξα zusammengefaßt sind, bezeichnen ein reflexives Ereignis auf ein Tun als mit dessen Vollzug erreichte, und zwar an den menschlich-interpersonalen Bezug geknüpfte Wirkung, die wie auch immer intendiert, darin in Verhältnis steht.", Wolf 238) versucht von dort δόξα-Anspruch und ethischen Anspruch im Eid zu differenzieren.

[107] Vgl. Lichtenthaeler 215. 225. — Das lateinische *autem* (Z 29) gibt die griechische Partikel δέ wieder, die im Originaleid zusammen mit μέν den Schlußabschnitt des Eides antithetisch strukturiert.

leistung eingebettet war, eine gewisse Abschreckungsfunktion mit dem Ziel, den Schwörenden noch einmal abschließend zu motivieren, die diversen Versprechen einzuhalten.[108]

Der neunte Abschnitt ist also thematisch und gedanklich durch die Unterordnung unter die Aufsicht der Götter mit dem ersten Abschnitt so verbunden, daß diese beiden Rahmenteile des Eides den äußersten Ring um den apollinischen Mittelsatz des Eides herum bilden. In Anbetracht der anderen Ringstrukturen der Abschnitte 2 und 8, 3 und 7 sowie 4 und 6 mit dem fünften Eid-Abschnitt im Zentrum wäre für die einzelnen Punkte des Eides vielleicht auch eine Abfolge der Abschnitte 1, 2, 3, 7, 4, 6, 8, 9 mit dem „geistigen Dach“ von Abschnitt 5 am Ende denkbar. Die im Eid vorgeführte Aufeinanderfolge entspricht aber nicht nur der Gattungstypologie mit der Götteranrufung am Anfang (Abschnitt 1), dem Eidthema in der Mitte (Abschnitte 2-8) und der Verwünschung am Ende (Abschnitt 9), sondern spiegelt gedanklich auch in gewisser Weise den Lebensweg des Schülers wider: Von der Anrufung der Unsterblichen (Abschnitt 1) über die Schwelle seiner Lehrzeit (Abschnitt 2) zu den Geboten und Verboten, die er zeitlebens zu befolgen hat (Abschnitte 2–8) bis hin zu der Segens- und Fluchformel, die ihm den Ertrag seines Gesamtverhaltens in Leben und Kunst gegen Ende seiner irdischen Laufbahn vor Augen führt.[109] Sowohl diese gedanklich sinnvolle Abfolge der einzelnen Gelöbnisse, ihre Integration in die durch die Gattung vorgegebenen Kompositionsmerkmale, die vielfältigen ringförmigen, parallelen und chiastischen Strukturen der Eid-Abschnitte in sich und untereinander sowie die sonstige stilistisch-rhetorische Ausarbeitung der Einzelteile mögen das Dokument als Produkt eines bewußten Gestaltungswillens des Verfassers ausweisen, das nicht nur eine inhaltliche Betrachtung lohnend macht.

Die hier in den Einzelteilen ausführlich gestaltete, durch den Vergleich mit dem griechischen Original fundierte Darstellung des Eides läßt sich anhand des folgenden Aufbau-Schemas veranschaulichen. Sie zeigt vor allem die Ringkomposition und die zentralen Stellen des Textes:

[108] Vgl. Deichgräber 1955, 17; Lichtenthaeler 216. 225–228. 338.
[109] Vgl. Lichtenthaeler 38.

DER HIPPOKRATISCHE EID

religiös | profan | berufs-ethisch

- I (Z 1—6) **Götteranrufung**
  Anrufung der Unsterblichen
  ↓
- II (Z 7–20) **Lehrvertrag:** Pflichten gegenüber dem Lehrer und seiner Familie
  Schwelle der Lehrzeit
  ↓
- III (Z 21–25) **Sittenkodex:** Pflichten gegenüber den Kranken und ihrer Umgebung
  Gebote und Verbote, die zeitlebens zu befolgen sind
  Diätetik. Gebot, stets zu nutzen, nie zu schaden
- IV (Z 26–31) Heilmittel.
  Verbot der Beihilfe zu Selbstmord und Abtreibung
- V (Z 32 f.) Das zentrale Gebot der Lauterkeit und Redlichkeit
- VI (Z 32–35) Das unbedingte Verbot des Blasensteinschnittes
- VII (Z 36–41) Gebot, stets zu nützen, nie zu schaden
- VIII (Z 42–46) Das kategorische Gebot der Schweigepflicht
  ↓
- IX (Z 47–50) **Verwünschung**

Thema: Pflichtenkatalog

4. Zusammenfassende Würdigung des Textes

4.1 Die Aussage-Schwerpunkte im Aufbau des Textes

Die sprachlichen Elemente des Textes, die sich graphisch durch textlinguistische Markierungen (Leitbegriffe, Sach- und Bedeutungsfelder) herausheben lassen, zeigen seinen klaren Aufbau und lassen die thematische Substanz der einzelnen Abschnitte deutlich hervortreten:

Der Eid des Hippokrates. Aufgaben und Pflichten des Arztes

I 1 *Götteranrufung*

Apollinem medicum *et* **Aesculapium Hygeam***que ac* **Panaceam iuro** **deos***que* **omnes** *itemque* **deas testes facio** me *hoc* iusiurandum et *hanc* contestationem pro viribus et iudicio meo integre servat*urum* esse:

II 2 *Lehrvertrag*

Praeceptorem qui me hanc edocuit artem parentum loco habit*urum* vitam communicat*urum* eaque, quibus opus habuerit, impertit*urum*; eos item, qui ex eo nati sunt, pro fratribus masculis iudicat*urum* artemque hanc si discere voluerint absque mercede et pacto edoct*urum*, praeceptionum ac auditionum reliquaeque totius disciplinae participes fact*urum*, *tum* meos, *tum* praeceptoris mei filios, immo et discipulos, qui mihi scripto caverint et medico iureiurando addicti fuerint, alium vero praeter hos nullum.

III 3–8 *Sittenkodex*

(3) Ceterum quod **ad aegros** attinet **sanandos** diaetam ipsis constituam *pro facultate et iudicio* meo commodam, omneque detrimentum et iniuriam ab eis prohibe*bo.*

(4) Neque vero ullius preces apud me adeo validae erunt, ut cuipiam venenum sim propinaturus neque etiam ad hanc rem consilium *dabo.* Similiter autem neque mulieri quicquam ad corrumpendum conceptum vel fetum *dabo.*

(5) Porro caste et sancte vitam et artem meam conserva*bo.*

(6) Nec vero calculo laborantes seca*bo,* sed viris chirurgiae operariis eius rei faciendae locum *dabo.*

(7) In quascumque autem domos ingrediar, ob utilitatem aegrotantium intra*bo*, ab omnique iniur*ia* voluntar*ia* inferend*a* et corruptione cum alia, tum praesertim operum veneriorum abstine*bo*, sive muliebria sive virilia, liberorumve hominum aut servorum corpora mihi contigerint curanda.

(8) Quaecumque vero inter curandum vid*ero* aut audiv*ero*, immo etiam ad medicandum non adhibitus in communi hominum vita cognov*ero*, ea siquidem efferre non contulerit, tace*bo* et tamquam arcana apud me contine*bo.*

IV 9 *Verwünschung*

Hoc igitur iusiurandum mihi integre servanti et non confudenti **contingat** et vita et arte *f*eliciter *f*rui et apud omnes homines in perpetuum gloriam meam celebrari. Transgredienti autem et peieranti his contraria **eveniant.**

a) Die **Götteranrufung** ist bestimmt von den Eidesformeln *iuro — testes facio* und *hoc iusiurandum et hanc contestationem facio.* Vor den für die Medizin zuständigen Gottheiten, aber auch vor allen Göttern wird beteuert, daß der Eid eingehalten wird, soweit dies nach den Fähigkeiten und dem Urteilsvermögen des Eidleistenden möglich ist. Die absolute Gültigkeit relativiert sich am Maß des einzelnen Menschen, seinem ‚technischen' Vermögen und seinem ethischen Bewußtsein. Der Eid soll „nach bestem Wissen und Gewissen" eingehalten werden.

b) Der **Lehrvertrag** ist vorherrschend bestimmt von Wörtern und Wendungen, die die ärztliche ‚Kunst' und deren Vermittlung bezeichnen (also *ars, discere, edocere* 2x, *praeceptio, auditio, praeceptor, disciputi, disciplinae*), ebenso von Ausdrücken der vertraglichen Regelung und der Verpflichtung gegenüber dem Lehrer (also *absque mercede et pacto, scripto cavere, iure iurando addici, loco parentum habiturum, vitam communicaturum, impertiturum* u. a.).

c) Der **Sittenkodex** konzentriert sich auf das Verhältnis Arzt und Patient, wobei Regeln sowohl für die Kranken wie auch für den Arzt formuliert werden; zum einen kommen Ausdrücke vor wie *ad aegros sanandos, ob utilitatem aegrotantium, corpora curanda, inter curandum, ad medicandum,* zum anderen ist der Begriff *vita* stark betont; das zeigt, daß im Zentrum des Eides, auf seinem Höhepunkt, Arztleben und Arztkunst *(vita et ars)* in ein verträgliches Verhältnis zueinander gebracht sind. Nur ein moralisch einwandfreies, religiösem Anspruch genügendes Leben des Arztes gewährleistet, daß er mit seiner ‚Kunst' das Leben der Patienten an sich und im Kontext seiner sozialen Bezüge angemessen betreut, dem Patienten also eine zuträgliche Lebensweise anordnet sowie Schaden und Unrecht von ihm fernhält. Das betrifft ebenso die Zurückhaltung in Bereichen, für die spezielle fachmännische Fertigkeit vonnöten ist, wie auch das integre Verhalten bei Hausbesuch und in der Einhaltung der Schweigepflicht.

d) Die **Verwünschung** zeigt wiederum Begriffe der Eidesleistung im Vordergrund: *iusiurandum servare, non confundere; ⟨iusiurandum⟩ transgredi, peierare.* Es geht um die Folgen für den Arzt, die sich aus der Einhaltung oder Nichteinhaltung der Regeln, „Gebote" ergeben sollen: Glück und Ruhm des Menschen stehen auf dem Spiel.

4.2 Die Bewertung des Textes

a) Der hippokratische Eid ist ein religiöser Text; er ist als promissorischer Eid aus der Glaubensüberzeugung des Schwörenden heraus geleistet worden. Den Ärzten hat er Gewähr gegeben für die materielle und moralische Sicherheit ihres Lebens, den Patienten für die bestmögliche ärztliche Versorgung („nach bestem Wissen und Gewissen"). Der Eid galt allen als heilig. Es liegt also ein **sakrosankter Text** vor.
b) Auf den hippokratischen Eid schwören die Ärzte seit Urzeiten; Generationen von Medizinern hielten und halten sich an die darin gebotenen Prinzipien ihrer beruflichen Arbeit. Dieses Dokument hat zeitlose Gültigkeit, auch wenn es heute auf den Kern reduziert und nur noch als Gelöbnis wirksam ist. Doch steht es in seiner Bedeutung und Wirkung der Bibel nahe; er wird deshalb ununterbrochen weiterüberliefert. Es liegt hier also ein **traditionsgefestigter Text** vor.
c) Der Eid-Text enthält harte, unverrückbare Wahrheiten, die das Ethos des Arztes bestimmen sollen. Die Maxime, die über allen Regeln steht, heißt: dem Kranken zu nützen und Schaden von ihm fernzuhalten. Demnach nicht Hilfe, nicht einmal Ratschlag zum Freitod, keine Mittel zur Empfängnisverhütung oder Abtreibung, Verbot der Schädigung des Eigentums der Patienten, des sexuellen Mißbrauchs der ihm zur Behandlung anvertrauten Menschen, ohne Unterschied des Geschlechts und des Standes, fast absolute Schweigepflicht in allem, was den Kranken und seine Lebenslage betrifft, Gebot der persönlichen Integrität, eines reinen und redlichen Verhaltens.
Die Wertorientierung, die sich hinter diesen Prinzipien mit Nachdruck zu erkennen gibt, erfaßt die Ehrfurcht vor dem Leben und die Achtung vor der Würde des Menschen; das sind Werte, die gerade heute gefordert werden und zutiefst in einer humanen Gesinnung verwurzelt sind. Es liegt hier also ein **humanistischer Text** vor.
Im ganzen formuliert der Text eine Geisteshaltung, die in vielen Punkten auch für damalige Verhältnisse neu und bahnbrechend war; er ist demnach epochal, insofern er die Epoche der medizinischen Wissenschaft vor etwa 2500 Jahren inaugurierte und diese seitdem als ihr moralischer Grundtext begleitet. Die Beschäftigung mit diesem Text konfrontiert mit vorrangigen existentiellen Problemen der Menschheit, da Leben und Würde des Menschen von wissenschaftlicher Seite vielfach bedroht sind. Deshalb ist die Forderung nicht abwegig, den Geltungsbereich des ärztlichen Ethos — wie es Walter Jens in seinem Artikel „Hippokrates und Holocaust" getan hat — auch auf andere Wissenschaftsbereiche auszudehnen. Der hippokratische Eid sollte in seiner Substanz für die Naturwissenschaftler und Technologen zum verbindlichen Moralkodex werden.

5. Literaturhinweise

CAPELLE, W.: Hippokrates. Der wahre Arzt, mit einem Essay über ‹Die Idee des Arztes und ihre Erneuerung› von K. JASPERS. — Zürich/Stuttgart 1959.

DEICHGRÄBER, K.: Die ärztliche Standesethik des hippokratischen Eides, in: H. Flashar, (Hrsg.), Antike Medizin. — Darmstadt 1971, 94–120 (= Quellen und Studien zur Geschichte der Naturwissenschaften und der Medizin 3 (1933) 79–99 (29–49)).

ders., Der Hippokratische Eid. — Stuttgart 1955.

DILLER, H.: Stand und Aufgaben der Hippokratesforschung. In: H. Flashar, (Hrsg.): Antike Medizin. — Darmstadt 1971, 29–51 (= Jb. Akad. Wiss. Lit. Mainz 1959, 271–287).

EDELSTEIN, L.: Der hippokratische Eid. Aus dem Englischen übersetzt von K. BARTELS, mit einem forschungsgeschichtlichen Nachwort von H. DILLER. — Zürich/Stuttgart 1969 (zuerst unter dem Titel ‚The Hippocratic oath. Text, translation and interpretation'. In: Suppl. Bull. Hist. Med. 1, Baltimore 1943).

FITZEK, A.: Geistige Grundlagen Europas. Lateinisches Lesebuch für die Oberstufe,
— Text. — Frankfurt/Berlin/Bonn/München [4]1968.
— Kommentar mit Literaturverzeichnis. — Frankfurt/Berlin/Bonn/München [4]1968.

HEGE, H.: Ärztliche Berufsordnung und Hippokratischer Eid, Bayerisches Ärzteblatt 42. Jg., 10/1987, 410–425.

KUDLIEN, F.: Artikel Hippokrates (8.). In: Der Kleine Pauly, Bd. 2. — München 1975, 1169–1172.

LESKY, A.: Geschichte der griechischen Literatur. — Bern/München [3]1971.

LICHTENTHAELER, CH.: Der Eid des Hippokrates. Ursprung und Bedeutung. — Köln 1984.

MUCH, H.: Hippokrates der Große. — Stuttgart/Berlin 1926.

MÜRI, W.: (Hrsg.), Der Arzt im Altertum. Griechische und lateinische Quellenstücke von Hippokrates bis Galen mit der Übertragung ins Deutsche. — München/Zürich [5]1986.

POHLENZ, M.: Hippokrates und die Begründung der wissenschaftlichen Medizin. — Berlin 1938.

TRIEBEL-SCHUBERT, CH.: Bemerkungen zum Hippokratischen Eid, Medizinhistorisches Journal 20, 3 (1985) 253–260.

THUROW, R.: Ziele und Methoden antiker Naturwissenschaft. Heidelberger Texte — Didaktische Reihe Bild 58–71.

WEBER, F. J.: Der hippokratische Eid. In: AU 36, 3 (1993), 37–48.

WOLF, J. H.: Der Wille zum Ruhm. Meditationen über den letzten Satz des hippokratischen Eides. In: Melemata, Festschrift W. LEIBBRAND. — Mannheim 1966, 233–247.

Anhang: Griechischer Text des Eides und deutsche Übersetzung

Ὅρκος

1. Ὄμνυμι (ὀμνύω?) Ἀπόλλωνα ἰητρὸν καὶ Ἀσκληπιὸν καὶ Ὑγίειαν καὶ Πανάκειαν καὶ θεοὺς πάντας τε καὶ πάσας, ἵστορας ποιεύμενος, ἐπιτελέα ποιήσειν κατὰ δύναμιν καὶ κρίσιν ἐμὴν ὅρκον τόνδε καὶ συγγραφὴν τήνδε·

2. ἡγήσασθαί τε τὸν διδάξαντά με τὴν τέχνην ταύτην ἶσα γενέτῃσιν ἐμοῖσι, καὶ βίου κοινώσασθαι, καὶ χρεῶν χρηΐζοντι μετάδοσιν ποιήσασθαι, καὶ γένος τὸ ἐξ αὐτοῦ ἀδελφέοις ἶσον ἐπικρινέειν ἄρρεσι, καὶ διδάξειν τὴν τέχνην ταύτην, ἢν χρηΐζωσι μανθάνειν, ἄνευ μισθοῦ, καὶ συγγραφῆς, παραγγελίης τε καὶ ἀκροήσιος καὶ τῆς λοιπῆς ἁπάσης μαθήσιος μετάδοσιν ποιήσασθαι υἱοῖσί τε ἐμοῖσι καὶ τοῖσι τοῦ ἐμὲ διδάξαντος, καὶ μαθητῇσι συγγεγραμμένοις τε καὶ ὡρκισμένοις νόμῳ ἰητρικῷ, ἄλλῳ δὲ οὐδενί.

3. διαιτήμασί τε χρήσομαι ἐπ' ὠφελείῃ καμνόντων κατὰ δύναμιν καὶ κρίσιν ἐμήν, ἐπὶ δηλήσει δὲ καὶ ἀδικίῃ εἴρξειν.

4. οὐ δώσω δὲ οὐδὲ φάρμακον οὐδενὶ αἰτηθεὶς θανάσιμον, οὐδὲ ὑφηγήσομαι συμβουλίην τοιήνδε · ὁμοίως δὲ οὐδὲ γυναικὶ πεσσὸν φθόριον δώσω.

5. ἁγνῶς δὲ καὶ ὁσίως διατηρήσω βίον τὸν ἐμὸν καὶ τέχνην τὴν ἐμήν.

6. οὐ τεμέω δὲ οὐδὲ μὴν λιθιῶντας, ἐκχωρήσω δὲ ἐργάτῃσιν ἀνδράσι πρήξιος τῆσδε.

7. ἐς οἰκίας δὲ ὁκόσας ἂν ἐσίω, ἐσελεύσομαι ἐπ' ὠφελείῃ καμνόντων, ἐκτὸς ἐὼν πάσης ἀδικίης ἑκουσίης καὶ φθορίης τῆς τε ἄλλης καὶ ἀφροδισίων ἔργων, ἐπί τε γυναικείων σωμάτων καὶ ἀνδρείων, ἐλευθέρων τε καὶ δούλων.

8. ἃ δ'ἂν ἐν θεραπείῃ ἢ ἴδω ἢ ἀκούσω, ἢ καὶ ἄνευ θεραπείης κατὰ βίον ἀνθρώπων, ἃ μὴ χρή ποτε ἐκλαλέεσθαι ἔξω, σιγήσομαι, ἄρρητα ἡγεύμενος εἶναι τὰ τοιαῦτα.

9. ὅρκον μὲν οὖν μοι τόνδε ἐπιτελέα ποιέοντι καὶ μὴ συγχέοντι εἴη ἐπαύρασθαι καὶ βίου καὶ τέχνης δοξαζομένῳ παρὰ πᾶσιν ἀνθρώποις ἐς τὸν αἰεὶ χρόνον, παραβαίνοντι δὲ καὶ ἐπιορκέοντι τἀναντία τούτων.

Der Eid des Hippokrates

1. Ich schwöre bei Apollon dem Arzt und Asklepios und Hygieia und Panakeia und allen Göttern und auch allen Göttinnen, sie zu Zeugen anrufend, daß ich nach meinem Vermögen und Urteil erfüllen werde diesen Eid und diesen (Lehr)vertrag:
2. Meinen künftigen Lehrer in dieser Kunst gleichzuachten meinen eigenen Eltern und das Leben mit ihm zu teilen und, falls er Not leidet, ihn mitzuversorgen und seine Nachkommen gleich meinen Brüdern in männlicher Linie zu halten und sie diese Kunst zu lehren, wenn sie diese erlernen wollen, ohne Entgelt und Vertrag, mit Vorschriften und auch mündlichem Unterricht und dem ganzen übrigen Lernstoff mitzuversorgen meine eigenen Söhne und die Söhne dessen, der mich unterrichten wird, wie auch Schüler, die den Vertrag unterzeichnet und auch den Eid geleistet haben nach ärztlichem Brauch, sonst aber niemand.
3. Die diätetischen Maßnahmen werde ich treffen zum Nutzen der Leidenden nach meinem Vermögen und Urteil, Schädigung und Unrecht aber von ihnen abwehren.
4. Nie werde ich irgendjemandem, auch auf Verlangen nicht, ein tödliches Mittel verabreichen oder auch nur einen Rat dazu erteilen; ebenso werde ich keiner Frau ein keimvernichtendes Vaginalzäpfchen verabreichen.
5. Lauter und redlich werde ich bewahren mein Leben und meine Kunst.
6. Nie und nimmer werde ich bei (Blasen-)Steinkranken den Schnitt machen, sondern sie zu den werkenden Männern wegschieben, die mit diesem Geschäft vertraut sind.
7. In wieviele Häuser ich auch einkehre, eintreten werde ich zum Nutzen der Leidenden, mich fernhaltend von allem vorsätzlichen Unrecht sowie jeder sonstigen Unzüchtigkeit, zumal von Werken der Wollust, an den Leibern von Frauen und Männern, Freien und Sklaven.
8. Was immer ich bei der Behandlung (der Patienten) sehe oder höre oder auch außerhalb der Behandlung im Leben der Menschen, soweit man es nicht ausschwatzen darf, werde ich darüber schweigen, solches als heiliges Geheimnis achtend.
9. Wenn ich also diesen meinen Eid erfülle und nicht zunichte mache, so möge mir Erfolg im Leben und in der Kunst beschieden sein, gerühmt bei allen Menschen bis in ewige Zeiten; wenn ich ihn aber übertrete und meineidig werde, das Gegenteil von alledem.

aus: LICHTENTHAELER, CH., Der Eid des Hippokrates. Ursprung und Bedeutung, Köln 1984, Beilage (ohne Paginierung)

Erasmus von Rotterdam

Krieg und Frieden

Die unendliche Geschichte des Menschen*

Bellum dulce inexpertis.
Der Krieg ist süß nur für die, die ihn nicht erfahren haben müssen.
Erasmus

1. Vorüberlegungen

1.1 Didaktische Begründung

„Der Krieg ist der Vater aller Dinge." Dieser Satz des griechischen Philosophen Heraklit ist zwar nicht auf die bewaffnete Auseinandersetzung von Menschen und Völkern geprägt. Er meint die auf den Gegensatz angelegte Dynamik des Seins und Weltgeschehens. Doch wird das Wort nicht selten sentenzenhaft außerhalb des ursprünglichen Zusammenhangs verwendet; es hat sich verselbständigt, um den Krieg im üblichen Sinne zu charakterisieren. Man weist ihm so die Verursacherrolle für alles zu. Der Krieg treibt, will man damit sagen, die Entwicklung der Menschheit voran, ist der Motor der Geschichte. Er ist, wie es der erste Analytiker des Krieges, der griechische Historiker Thukydides ausdrückte, zugleich der bittere Lehrmeister in allem.
Krieg ist offensichtlich mit der Existenz des Menschen untrennbar verbunden; er ist gewissermaßen eine Äußerung seiner Natur, die auf Aggression angelegt ist. Wie moderne Lehren über die Aggressionsanlage zeigen, ist dieser im Menschen verwurzelte Trieb nur mühsam zu bändigen. Menschen wie Völker, deren Selbstwertgefühl — man kann es Machtstreben, Überlegenheitssucht, Herrschaftsbegierde, Expansionstrieb, Wille zur Durchsetzung egoistischer Interessen nennen — sich ständig in Streit und Konflikt behaupten will, sind nur schwer in ihrer Triebstruktur in Schranken zu halten. Der Krieg aller gegen alle, der, wie es scheint, am Anfang stand[1], ist nur durch die zivilisierende Kunst des Menschen selbst, also kraft eines Aktes seiner Vernunft, von Zeit zu Zeit, zuweilen auf eine längere Strecke hin ausgesetzt, niemals aber beseitigt worden. Kunst hat sich gegen die Natur durchgesetzt.
Der Römer nennt den auf solche Weise kunstvoll oder künstlich geschaffenen Zustand *pax*, einen durch „Abmachung" (*pactio*) herbeigeführten vertragsmäßigen Zustand zwischen kriegführenden Parteien, der Sieger und Besiegte bin-

---

* Dieses Projekt folgt in den bearbeiteten Texten großenteils einem Vorschlag von Rüdiger Hobohm, den er in einer fachdidaktischen Seminararbeit (1989) gemacht hat.

[1] Vgl. dazu etwa: SCHERER, K. R.: Der aggressive Mensch. Ursachen der Aggression in unserer Gesellschaft. — Königstein/Ts. 1979, bes. 213 ff.. Vgl. dazu allerdings auch FROMM, E.: Anatomie der menschlichen Destruktivität. — Hamburg 1986, 236 ff. — POPPER, K. R.: Alles Leben ist Problemlösen. — München/Zürich [2]1994, bes. 283 ff. u. 319 ff.

det. *Pax* ist also immer durch Besiegen und Unterwerfen von kriegslüsternen Feinden zustande gekommen und diesen *pacati,* d. h. den — in einer euphemistischen Formulierung — in den Zustand des Friedens gebrachten Völkern ist ein gewisser Zustand der Rechtssicherheit gewährleistet, bei Aufgabe ihrer Volkssouveränität, also unter Verzicht auf ihre Selbstbehauptung.[2]

Si vis pacem, para bellum. Diese Maxime politischen Verhaltens unter Völkern ist, wie bereits F. Wölfflin nachwies, bei antiken Autoren nicht belegt, könnte aber in einigen entsprechenden Äußerungen bei Cicero, Livius u. a. gedanklich vorgeprägt sein. Doch wie Karl-Wilhelm Welwei zu zeigen versucht hat,[3] war in der Antike „die Verstärkung der eigenen Angriffs- und Verteidigungsfähigkeit ... ursprünglich kaum ein Mittel der Kriegsverhütung". Das *bellum parare* war eher eine Frage der Selbstbehauptung. „Sicherheit durch Stärke" war die bis in die Spätantike hinein herrschende politische Parole. Und doch gab es auch in der Antike offensichtlich bereits bei den Griechen und Römern eine leidenschaftliche Sehnsucht nach dem Frieden, wenn darunter auch mehr der Friede im Innern gemeint war.

Bei den Griechen: Aristophanes verkleidet in der Komödie „Lysistrata" diese Friedenssehnsucht in die derb-drastische Komik des Liebesentzugs, den die Frauen ihren Männern androhen, falls sie ihren Kriegswahn nicht aufgeben. Die Komödie „Eirene" („Frieden") desselben Dichters zeigt Polemos, den „Krieg", wie er den Frieden in einer tiefen Grube gefangen hält, woraus ihn die Landleute befreien.

Der attische Redner Isokrates, der eine eigene Rede „Über den Frieden" geschrieben hat (freilich um der gemeinsamen Stärke gegen die Persergefahr willen) zählt „Friedensliebe" mit zu den obersten Herrscherqualitäten (in seinem Brief *Ad Nicoclem*, 24). In Rom ließ die Zeit des sich mehrere Generationen hinziehenden Bürgerkrieges ein unstillbares Verlangen nach Frieden aufkommen, dem Vergil in vielfältigen Formen Ausdruck verlieh. Etwa in den Hirtengedichten: In der 4. Ekloge wird der durch den Herrscher garantierte Friedenszustand auf einer durch Rom pazifierten Erde als Ausbruch eines neuen goldenen Zeitalters gepriesen. Augustus als Friedensfürst übertrifft darin den großen Friedensstifter des Mythos, Herakles. Auch das Hauptwerk Vergils, die Aeneis, zeigt ohne Zweifel pazifistische Züge. *Nulla salus bello* hält in einem Rededuell des 11. Buches der diplomatische Drances dem kriegswütigen Turnus entgegen (362). Und in der Jupiterrede des 1. Buches (294–296) mit der Prophezeiung auf das kommende Rom unter Augustus begegnet uns das faszinierende und überraschende Bild, in dem — erstmals in einem literarischen Text der Antike — der gottlose Wahn des Krieges, *impius furor Belli,* eingeker-

---

[2] Vgl. dazu neuerdings Binder, G.: Saeva pax. Kriegs- und Friedenstexte. In: Krieg und Frieden im Altertum. Bochumer Altertumswissenschaftliches Colloquium, Bd. 1 (hrsg. von Binder, G./Effe, B). — Trier 1989, 220 (eine für dieses Thema ungemein nützliche Publikation). Vgl. dazu ebenso den Beitrag von Job, M.: ‚Krieg' und ‚Frieden' im Altertum: Historisch vergleichende Überlegungen zur Semantik zweier Wortfeldnamen, ebenda 27–44.

[3] Si vis pacem, para bellum — eine Maxime römischer Politik? In: Krieg und Frieden im Altertum (s. Anm. 2), 85–109.

kert im Janustempel auf seinen Waffen hockt, mit blutigem Gesicht und schaurig mit den Zähnen knirschend.[4]

... Furor impius intus
saeva sedens super arma et
centum vinctus aenis
post tergum nodis fremet
horridus ore cruento.
Aeneis I 294–296

Schülerzeichnung zum Vergiltext

Augustus wird einmal der Garant für diesen Zustand sein. In der *Ara pacis Augustae* hat denn dann auch das Ende des Leidens der Bürgerkriege, der Ausbruch des vom Princeps gestifteten Friedens auf grandiose Weise einen sinnfälligen monumentalen Ausdruck bekommen. Der nur mühsam und mit viel Blutvergießen gewonnene Frieden entfaltete seine Segenskraft nach innen, hatte aber die außenpolitische Komponente nie aufgegeben; *pax* blieb immer auch ein „wehrhafter Friede"; er mußte durch Waffengang nach außen gesichert bleiben. Aber selbst diese Form des Krieges zur Friedenssicherung (eventuell unter Ausweitung des Machtbereiches) fand nicht überall unter den römischen Autoren Zustimmung. Die Dichter der Liebeselegie, Tibull, Properz, Ovid, gingen dazu auf Distanz. „Welch Wahnsinn ist es, den düsteren Tod durch Kriege herbeizurufen! Er lauert auf uns und kommt schweigenden Fußes heimlich daher." Man kann Tibull, von dem diese Verse stammen (Elegie I, 10) „eine tiefempfundene Friedenssehnsucht nicht absprechen", wie Gerhard Binder (a. O. 236) betont. Auch Seneca, der Philosoph, hält später jede Form des Krieges für Wahnsinn (er spricht von *furere* Ep. Mor. XCV 30).
Wie die spätere Geschichte zeigt, war Roms Friede zwar von langer Dauer. Doch dann setzte sich nach Roms Untergang (410 n. Chr.) der Krieg mit einer unerbittlichen Wucht in Europas Landen durch — Augustinus bedauerte den Zwang zum Krieg — und tobte mit längeren oder kürzeren Unterbrechungen eineinhalb Jahrtausende lang über den Kontinent. Selbst die Kirche beteiligte sich daran; die Kreuzzüge zumal sind der historische Beweis dafür, daß auch zur Selbstbehauptung des Glaubens der Krieg die ultima ratio sein durfte.

[4] Vgl. dazu Verfasser: Das Gesicht des Krieges in Vergils Aeneis. In: Würzburger Jahrbücher N. F. 16 (1990) 101–116.

Frans Masereel: La Colère. 1946
Der Krieg als technoide Bestie Mensch

Die technische Entwicklung machte den Krieg in den letzten beiden Jahrhunderten zu einer Massenvernichtungsmaschinerie. Die Folgen potenzierten sich ins schier Unermeßliche. Schon im 19. Jahrhundert wurde der seit Jahrtausenden geäußerte Wunsch nach Abschaffung des Krieges „dringlicher denn je durch das wachsende Bewußtsein, daß nunmehr – im Zeitalter stürmisch sich entwickelnder Technik — jeder neue Krieg Verheerungen von bisher nie gekanntem Ausmaß bringen mußte.“[5] Das 20. Jahrhundert erlebte dann in der Tat die infernalische Bestialität dieses von Menschen geschaffenen Ungeheuers.

„Vieles ist gewaltig. Nichts aber ist gewaltiger als der Mensch.“ Das δεινόν im Chorlied der sophokleischen „Antigone“ hier zu begreifen als „gefährlich“, „ungeheuerlich“. 20 Millionen Menschen aus mehr als 30 Staaten sind im ersten Weltkrieg, 55 Millionen aus 72 Staaten (über 80 % der Weltbevölkerung waren also am Krieg beteiligt) im zweiten Weltkrieg ums Leben gekommen. Nach 1945 sind an die 150 Kriege auf der Welt gezählt worden. Krieg zerreißt immer wieder die Bande des Friedens.

Krieg und Frieden schreiben die unendliche Geschichte des Menschen. Selbst heute unter dem atomaren Schutzschild, im „Gleichgewicht des Schreckens“, das zudem durch die politischen Veränderungen instabil geworden ist, ist der Friede kein garantierter Dauerzustand. Die Erde gleicht eher einem Kriegsvulkan, mit eruptiv gefährdeten Zonen. Die übernationalen Friedenssicherungssysteme versagen allzu oft an den Krisen und Konflikten der Welt. Der Krieg hockt auch heute gefesselt in der Ecke, mit blutunterlaufenen Augen, schaurig anzusehen, mit den Zähnen knirschend, er lauert unaufhörlich auf seine Chance.

---

[5] So Betthausen, B.: Krieg, Ahnung und Wissen. Staatliche Museen zu Berlin. Nationalgalerie. — Berlin 1989, 11.

Der Krieg ist niemals zu bändigen, so lange es die aggressiven Menschen gibt. Er ist in seiner Brutalität und menschenverachtenden Scheußlichkeit widernatürlich und scheint doch gewissermaßen zu seiner Natur zu gehören. Im Thema „Krieg und Frieden" liegt deshalb ein zeitloses Existenzproblem der Menschheit vor, mit dem sich jeder Heranwachsende intensiv auseinandersetzen muß. Es gehört zu den zentralen Gegenständen der Bildungsarbeit am Gymnasium, das nach fächerübergreifender Projektarbeit geradezu verlangt. Daß das Fach Latein dazu einen genuinen Beitrag leisten kann, geht nicht nur aus dem vorausgehend angedeuteten Konzept antiken Kriegs- und Friedensdenkens hervor. Es hat auch in dem Faktum seinen Grund, daß nahezu alle klassischen Texte der Kriegstheorie, auf die man bei aktuellen Anlässen stets zurückgreift, in lateinischer Sprache verfaßt sind — wie auch die formulierten Gegenpositionen. Man muß diese Texte einfach kennen, um kompetent mitdiskutieren zu können.

Die Behandlung dieses Themas im Rahmen der „Grundtexte Europas" setzt allerdings einen Text der beginnenden Neuzeit ins Zentrum, der sich erstmals bewußt und mit Nachdruck von verfestigten Positionen der Vergangenheit absetzt, sich — in pazifistischer Absicht — gegen die Tradition stellt. Hier ist in einer epochalen Tat ein neues Denken inauguriert worden. Dieser Text stammt von Erasmus von Rotterdam, einem international und europaweit anerkannten Humanisten des 16. Jahrhunderts.

1.2 Textauswahl und Einsatzmöglichkeiten

Der Haupttext ist aus Erasmus' Werk „*Querela Pacis*" (1517) (letzter Abschnitt) entnommen;[6] hier liegen die Aussageschwerpunkte dieses Humanisten. Der in Form einer Rede an den Fürsten abgefaßte Text zeigt einen klaren Aufbau und eine überschaubare Sprachführung. Der Satzbau orientiert sich am Sprachmuster der klassischen Prosa (auch in der stilistischen Formulierung). Dieses Projekt läßt sich deshalb überall einsetzen, wo bereits Cicero-Reden gelesen werden, also bei L1 in Jgst. 10, bei L2 in Jgst. 11. Die als Kontrasttexte herangezogenen Stellen aus Cicero, *De re publica*, und Augustus, *De civitate Dei*, sind im Anspruch etwas höher, lassen sich aber durchaus — mit Hilfe des Kommentars — in diesem Zusammenhang bewältigen. Der schwierigere Seneca-Text, der als Beleg für eine kriegsverurteilende Haltung in der Antike unbedingt berücksichtigt werden sollte, ist doppelsprachig angeboten. Zur Abrundung dienen das „Kriegslied" von Matthias Claudius und die „Bild-Texte", die nicht bloß eine illustrative Funktion haben, sondern eine existentielle Erfahrung zum Abschluß des Projekts anbahnen sollen.

---

[6] Ähnlich behandelt bei FITZEK, A.: Geistige Grundlagen Europas. — Frankfurt u. a. 1968[4], Text: 83; Kommentar 120. Vgl. dazu auch OPPEL, E.: Pazifismus und Friedenssicherung. Gedanken zur Lektüre der „Querela Pacis" des Erasmus von Rotterdam in einer 11. Klasse eines Humanistischen Gymnasiums. In: Anregung 17 (1971), 20–26. Über die Bedeutung der *Querela Pacis* als Schullektüre s. neuerdings WACHINGER, F.: Erasmus in der Höheren Schule. In: ACTA CONVENTUS NEO-LATINI HAFNIENSIS (hrsg. von SCHNUR, R.). — Binghamton/New York 1994, 195—204, bes. 201 f.).

Alfred Kubin: Der Krieg. 1903

Das Projekt darf bei straffer Führung und zielstrebiger Planung ca. 10 Stunden in Anspruch nehmen.

Das Thema „Krieg und Frieden“ trifft, wie bisherige Versuche zeigen, bei jungen Leuten auf großes Interesse. Der Einstieg in das Projekt läßt sich auf vielfältige Weise gestalten, etwa mit Hilfe einer der vielen Bilder über den Krieg. Es ist ja auffallend, daß erst in diesem Jahrhundert der Krieg in seiner menschenverachtenden Abscheulichkeit zum Sujet der Malerei und Plastik geworden ist. „Erst Alfred Kubin (1877–1959) fand eine Bildidee, deren Symbolik den Krieg eindeutig *nicht* in die Nachbarschaft naturgegebener Verhängnisse stellt, sondern als das Unnatürliche schlechthin vergegenwärtigt, als blind zermalmenden militärischen Koloß.“[7]

Die Antikriegskunst ist, wie es scheint, in dem Maße auf den Plan getreten, wie sich durch die technischen Möglichkeiten die Vernichtung potenzierte. Gewiß zählte der Krieg neben Pest und Hunger bereits früher zu den „Apokalyptischen Reitern“. Aber der totalen Ächtung ist er erst in diesem Jahrhundert verfallen. Neben Käthe Kollwitz zählt wohl die Künstlerin Lea Grundig zu den größten Verächtern des Krieges. Ihre Werke — im Dritten Reich als antifaschistisch verurteilt — verstehen sich schlechthin als Warnung vor dem allzuoft gleichgültig geduldeten oder verdrängten Phänomen. 1974 schreibt sie in ihren Erinnerungen dazu: „Ich will mithelfen, daß man nicht

[7] So Betthausen, B.: Krieg, a. O., 13.

stumpf wird gegenüber Verbrechen.“ „Ich fürchte und hasse nichts so sehr, wie die Gleichgültigkeit, sie ist das Häßlichste, Unmenschlichste.“[8]

Lea Grundig: Mütter, Krieg droht! 1936

Viele wollen heute den Krieg politisch unschädlich machen; man will ihn quasi in einer Falle einsperren, obwohl dies, wie die Optik der abgebildeten Karikatur zeigt, schwer möglich ist.

Der Krieg ist ein zu mächtiges Scheusal, als daß er sich von den Händen schwacher Menschen gefangennehmen ließe, auch wenn es die Vertreter eines internationalen Sicherheitssystems sein sollten. Damit ist die Brisanz des Themas bewußt gemacht.

[8] Gedanken nach dem Chile-Tribunal (Helsinki 1974). In: Bildende Kunst. — Berlin 1974, Heft 7, 358.

SZ-Zeichnung: Ironimus

2. Behandlung des Haupttextes

2.1 Informationen zum Autor

Erasmus von Rotterdam zählt zu den führenden Humanisten Europas. Seine Lebenszeit (1469–1536) fiel in eine dunkle Epoche des Kontinents. Europa war ein großes Feld der Krisen und Kriege, da nationaler Stolz und nationale Interessen immer stärker das politische Handeln bestimmten. Dagegen setzte sich der christliche Humanist zur Wehr. In mehreren Schriften trat er kompromißlos für Frieden und gegen Nationalismus auf. Erasmus wurde zu einem großen Fürsprecher einer Weltfriedensidee.[9] Dieser Pazifismus, der auf seinem christlichen Glauben und seiner humanistischen Weltsicht aufruhte, war stark und schwach zugleich. Seine Stärke lag in der rhetorisch exzellenten und persönlich glaubwürdigen Demonstration seiner Überzeugung, seine Schwäche in der mangelnden Durchsetzung der Idee. Erasmus blieb jede Anerkennung der zeitgenössischen Monarchen versagt.

2.2 Interpretationslinien

Das sprachlich-stilistische Raffinement des Haupttextes liegt in der sog. Prosopopoie (personificatio), d. h. in der Form der Verlebendigung der Aussage dadurch, daß einem abstrakten Begriff Züge eines lebenden Wesens zugewiesen werden. Der Frieden erscheint als sprechende Person, die sich beim Fürsten, also dem Herrscher der Zeit, über den Krieg und seine Folgen beklagt: „Die Klage des Friedens“.

a) *Die Früchte des Krieges*

Diese klagende *Pax* argumentiert sehr rational und rhetorisch impulsiv, da sie den Angesprochenen unmittelbar mit Imperativ oder aufforderndem Konjunktiv angeht: *inspice, rationem ineas, cogita tecum, cogita.* Der Argumentationsverlauf ist bestimmt von indirekten Fragesätzen, deren asyndetische Reihung suggestive Eindringlichkeit bewirkt. Im Zentrum steht die Wendung *pacem bello permutare*: „den Frieden gegen den Krieg eintauschen“. Krieg und Frieden stehen im Kontrast zueinander, sprachlich am *contra* festgemacht. Was bringt das eine, was das andere für Reich und Herrschaft? Der Angesprochene wird zum Vergleich aufgefordert und am Ende zu einer Schlußfolgerung. Zunächst läßt sich diese Kontrastierung etwa so im Schema festhalten:

[9] S. dazu bes. HEER, F.: Die historischen Grundlagen der Weltfriedensidee, Bd. 2: Glaube und Geschichte. — Baden-Baden 1958, 153–180, bes. 163. Nach STEPHAN ZWEIG (Triumph und Tragik des Erasmus von Rotterdam. — Wien [1]1935,9) sei Erasmus „unter allen Schaffenden und Schreibenden des Abendlandes der erste bewußte Europäer, der erste streitbare Friedensfreund ...“ gewesen.

	Ita ineas rationem:	
PAX	contra	BELLUM
res quaedam admirabilis		spectaculum miserandum
bene conditae urbes bene culti agri optimae leges honestissimae disciplinae sancti mores	→	ruinae urbium diruti vici exusta fana desolati agri
	Cogita hunc esse belli fructum!	

Das nüchterne Kalkül (vgl. *rationem inire*), das diesen Kontrast zwischen Frieden und Krieg herstellt, erzwingt die Folgerung, daß die Vorteile alle auf seiten des Friedens liegen; positiv wertenden Ausdrücken (*bene conditae, bene culti, optimae, honestissimae, sancti*) stehen Wörter der Vernichtung und Zerstörung gegenüber (*ruinae, diruti, exusta, desolati*). In Berechnung gezogen werden die äußeren und inneren Zustände des dem Herrscher anvertrauten Landes. Dem Wohl-Stand von Städten, Feldern, Gesetzen, Wissenschaften und Sitten ist der Miß-Stand der Städte, Dörfer, Heiligtümer und Ackergebiete entgegengesetzt. Bewunderungswürdige Welt versus erbärmliches Schauspiel. Wägt man beide Zustände gegeneinander ab, dann muß man erkennen: Es lohnt sich nicht, den Frieden gegen den Krieg einzutauschen.

b) *„Es schweigen die Gesetze während der Waffen"*

Pax setzt seine Argumentation wider den Krieg mit steigender Eindringlichkeit fort. Der Appell an den Fürsten wirkt suggestiv durch ein raffiniertes Schema rhetorischer Gedankenführung. In einem sechsmaligen Anlauf werden durch die Kombination eines Vor- und Nachsatzes (wenn — dann) die Konsequenzen des Krieges drastisch vor Augen geführt. Diese anaphorisch wirkenden *si*-Sätze machen diese Textpartie zu einer geschlossenen Einheit. Aufgrund dieser Struktur ist hier methodisch ein besonders wirkungsvoller Zugang zum Text möglich, nämlich über die Form zum Inhalt.
Man läßt zunächst das Grundschema erkennen:

si-Satz ⟷ Folgerungssatz

Dann erarbeitet man die sechs *si*-Sätze mit ihren wertenden Prädikaten, und stellt dann jeweils die vom Autor pointiert gesetzte Folgerung dazu; dies ergibt die Gegenüberstellung:

1. si **grave iudicas** . . ., hanc esse **belli** condicionem
2. si **abominaris** . . ., haec docet **bellum**
3. si **execraris** . . ., hoc in **bello** discitur
4. si **praesentissima** pestis est, silent inter leges **arma**
5. si **fons omnium malorum est** . . ., in **belli** procellis prorsus obruitur
6. si **iudicas pessimum** . . . statum, in **bello** regnant sceleratissimi

Es springt geradezu ins Auge, daß die Prädikate sich in ihren wertenden Feststellungen steigern: als schlimm beurteilen, verwünschen, verfluchen, sich als bedrängendstes Unheil erweisen, Quelle allen Unheils sein, als verkommensten Zustand einschätzen. Ebenso augenfällig wird, daß in den Folgesätzen immer das Wort „Krieg“ (*bellum, arma* als Metonymie) erscheint, daß also das jeweils im *si*-Satz Verurteilte geradezu in gesteigertem Maße im Krieg eintritt. Was der Herrscher für sein Land und Reich absolut nicht will, das bringt ihm der Krieg über die Maßen. Und was ist dies? Jetzt lassen sich die für Herrschaft und Reich üblen Zustände aus dem Text herausfiltern:

1. scelerata conducticiorum militum colluvies	Das Toben der verbrecherischen Soldateska
2. latrocinia	Räubereien
3. parricidium	Morden
4. legum neglectus	Verachtung der Gesetze
5. impietas et religionis neglectus	Gottlosigkeit und Vernachlässigung religiöser Ehrfurcht
6. cum plurimum possunt, qui pessimi sunt	größter Einfluß bei den verkommensten Typen

Auch hier ist die Klimax unverkennbar; jede dieser ‚Katastrophen‘ bringt der Krieg mit sich; sie sind seine Bedingungen, er lehrt sie, man lernt sie, sie tritt als notwendige Folge ein (das Bild *silent leges inter arma* nimmt das antike Cicero-Wort *silent musae inter arma* auf), sie stellt sich in den Stürmen des Kriegs ein, sie erweist sich im Krieg als Zwangslage (nämlich daß die größten Verbrecher nun die erste Rolle im Staat innehaben). Der Krieg wird in all seinen üblen Effekten für den Staatszustand oder für das Staatswohl drastisch bloßgestellt. Die angestrebte Einsicht soll sein: Im Krieg geschieht die Umkehrung aller Werte.

c) *Ein guter Herrscher muß den Krieg meiden*

Dieser Abschnitt ist vom gleichem rhetorischen Argumentationsmuster bestimmt: von fünf Wenn-dann-Feststellungen (der *vis-cernere*-Satz entspricht einem *si*-Satz), in denen die *Pax* intensiv auf den Fürsten einredet. Die Folgerungssätze sind diesmal von Befehl- und Soll-Impulsen bestimmt: *animadverte; ... invisum sit oportet; ... amplecti debet; ... detestetur oportet; ... vitet.* Es geht hier um die Pflichten des Herrschers im Hinblick auf den Krieg. *Bellum* ist auch hier wieder das Leitwort in den Folgerungssätzen. Wie muß ein *pius princeps* bei Krieg reagieren, wenn er seine Pflichten gegenüber den Untertanen ernsthaft wahrnehmen will? Das wird im Detail ausgeführt. Im Zentrum stehen deshalb hier Werte, die zugunsten der Bürger zu schützen sind:

Sicherheit	—	*incolumitas*
Glück	—	*felicitas*
gottesfürchtiges Verhalten	—	*pietas*[10]
Reichtum und Wohlstand	—	*opes*

[10] Dieser Begriff ist zu erschließen: Der Fürst muß den Krieg verfluchen, aus dem der Abschaum aller Gottlosigkeit sprudelt; der Krieg bringt *impietas,* zerstört demnach *pietas.*

Krieg als gottlose Sache muß mit Rücksicht auf diese Werte dem gottesfürchtigen Fürsten verhaßt sein, er muß am Frieden leidenschaftlich festhalten, den Krieg verfluchen und mit allen Mitteln meiden. Der Appell richtet sich hier an die christliche Verantwortung des guten Herrschers für seine Untertanen. Der Begriff *pius* (vgl. *res impia, pius princeps, impietatis sentina*) deutet auf diesen Aussageschwerpunkt dieses Abschnittes hin.

d) *Lohnt sich überhaupt ein Krieg?*

Die Eindringlichkeit des Appells an den Fürsten nimmt zu, verdichtet sich, Imperative in kurzen Sätzen beherrschen die Rede: *finge, finge, fac, vide, supputa, vide.* Die Objekte dieser Verben sind Substantiv-Verbindungen oder indirekte Fragesätze. In diesem Strukturgeleise wird ein Gedankenspiel angelegt, das auf eine Folgerung hinführt, zu der sich der Fürst aus höherrangigen Gründen bekennen sollte.

Zunächst soll er einmal annehmen, daß es einen ganz berechtigten Grund für einen Krieg gibt — die Theorie des *bellum iustum* steht hier ohne Zweifel dahinter — und daß der Krieg, wenn er nun schon geführt werden muß, einen ganz erfolgreichen Ausgang nimmt, also ein Sieg errungen wird. Unter diesem Vorzeichen möchten dann die Nachteile gegen die Vorteile abgewogen werden (vgl. *rationem fac ineas*). Wenn man so will, liegen also gewissermaßen auf der einen Waagschale: *causa iustissima, exitus prosperrimus, victoria* als die *commoditates,* auf der anderen die *incommoda* des siegreich geführten Krieges, als da sind: blutige Verluste, Verlust der öffentlichen Moral und Ordnung, Ausplünderung der Staatskasse, Belastung der tüchtigen Bürger, Ermunterung der Schlechten zu Verbrechen, Stillstand von Kunst und Wissenschaft, Einschränkung des Handels.

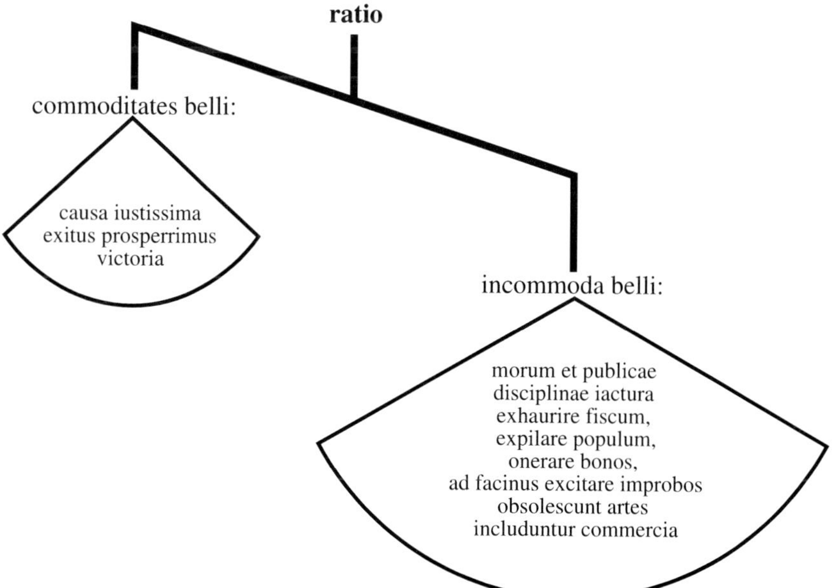

Erstellt von Rüdiger Hobohm

Die Einsicht, die sich aufgrund dieser Gegenüberstellung, die eigentlich nur die negative Seite konkretisiert, beim Zuhörer einstellen soll, ist: Krieg lohnt sich nicht trotz Sieg (vgl. *vide, num tanti fuerit vincere*). Also ist Krieg in keinem Fall vertretbar. Man sollte ihn also auch nicht aus berechtigten Gründen (etwa wegen *iniuriae*) führen. Es sollte von der erhabenen und keineswegs niedrigen Gesinnung des Herrschers zeugen, Unrecht zu vergeben und keine Rache auszuüben. Damit sind die seit der Antike geltenden Gründe für den Gerechten Krieg, sich gegen Unrecht zur Wehr zu setzen und Rache zu üben[11] außer Kraft gesetzt; Gründe dafür sind einmal die Berechnung der Vor- und Nachteile des Krieges und dann — mit gesteigertem Rang — die edle Gesinnung des Fürsten, der hier in seiner Menschlichkeit angesprochen wird; zweifellos klingt in dieser Schlußpointe der *humanitas*-Gedanke an, wie er für den christlichen Humanisten Erasmus nicht unangebracht ist. Allerdings erscheint diese humanistische Dimension hier noch recht eingeschränkt; offensichtlich ist es — zumindest vordergründig — noch der realexistierende Ehrenkodex, an den hier appelliert wird.

e) *Zusammenfassende Betrachtung*

Erasmus verurteilt den Krieg in der Erscheinungsform, wie er ihn aus seiner Zeit kennt: als Auseinandersetzung von Söldnertruppen, die die Länder und Städte verwüsten. In der Zerstörung der öffentlichen Ordnung, der Auslöschung der Zivilisation, in Beenden des Glücks der Bürger liegen für ihn die Hauptgründe, warum er den Krieg verabscheut. Die Perspektive, die er eröffnet, ist ausschließlich die des Fürsten auf sein Reich. Erasmus nennt zwar in der *Querella pacis* die Kriegsmaschinen „Höllenmaschinen" (*arte diabolica excogitatae machinae*), wodurch sich die Menschen auf ein Niveau unterhalb des Tieres begäben und so ihre Menschenwürde (*humanitas*) verrieten, ja in Barbarei, Gefühllosigkeit und Bestialität (*immanitas*) verfielen; doch bleiben wichtige, vielleicht die entscheidenden Erfahrungsbereiche ausgeblendet. Nicht erwähnt wird das Schicksal der Betroffenen, gänzlich unausgesprochen ist das Leiden der unmittelbar am Krieg Beteiligten,[12] der Soldaten, fast kaum berührt sind das Leid oder gar die Verzweiflung der Zivilbevölkerung. Erasmus' Text enthält keine Pathologie des Krieges, die den Leser zum Mitfühlen anregt, ihn aufrüttelt oder gar nachdenklich stimmt. Die auf rationaler Ebene erfolgte Verurteilung des Krieges — fast wie vor einem Gericht — appelliert nicht an Emotionen; Sympathie oder Empathie stellen sich nicht ein. Dieser Textcharakter läßt sich durch Vergleich mit einem extrem gegensätzlichen Text stärker bewußt machen, etwa durch *Wolfgang Borcherts* Klage gegen die Kriegsmacher (1946):

---

[11] Vgl. etwa KAUFMANN, H.-G.: Idee und Wirklichkeit eines Kreuzzuges — Christlicher Glaube und Krieg. Texte zum 1. Kreuzzug und zum Problem des ‚bellum iustum'. In: Alt 23,4 (1980), 23–38.

[12] Die Söldner waren durchaus nicht nur verbrecherische Typen, die die Möglichkeiten des Krieges suchten, sondern darunter hat es auch Menschen von tiefer Religiosität und hohem Ethos gegeben. Vgl. dazu RAHMER, K.: Ewiger Friede — Friedensrufe und Friedenspläne seit der Renaissance. — München 1953, 14.

„Sie haben uns verraten. So furchtbar verraten. Wie wir noch ganz klein waren, da haben sie Krieg gemacht. Und als wir größer waren, da haben sie vom Krieg erzählt. Begeistert. Immer waren sie begeistert. Und als wir dann noch größer waren, da haben sie sich auch für uns einen Krieg ausgedacht. Und da haben sie uns dann hingeschickt. Und sie waren begeistert. Immer waren sie begeistert. Und keiner hat uns gesagt, wo wir hingingen. Keiner hat uns gesagt, ihr geht in die Hölle. O nein, keiner. Sie haben Marschmusik gemacht und Langemarckfeiern. Und Kriegsgerichte und Aufmarschpläne. Und Heldengesänge und Blutorden. So begeistert waren sie. Und dann war der Krieg endlich da. Und dann haben sie uns hingeschickt. Und sie haben uns nichts gesagt. Nur — Macht's gut, Jungens! haben sie gesagt. Macht's gut, Jungens! So haben sie uns verraten. So furchtbar verraten. Und jetzt sitzen sie hinter ihren Türen. Herr Studienrat, Herr Direktor, Herr Gerichtsrat, Herr Oberarzt. Jetzt hat uns keiner hingeschickt. Nein, keiner. Alle sitzen sie jetzt hinter ihren Türen. Und ihre Türen haben sie fest zu. Und wir stehen draußen. Und von ihren Kathedern und von ihren Sesseln zeigen sie mit dem Finger auf uns. So haben sie uns verraten. So furchtbar verraten. Und jetzt gehen sie an ihrem Mord vorbei, einfach vorbei. Sie gehn an ihrem Mord vorbei."

Hier ist die Perspektive des Soldaten gezeichnet, der, am Krieg beteiligt, davongekommen ist. Seine Klage richtet sich nicht bloß gegen die, die sich den Krieg ausgedacht haben, die Regierenden, sondern gegen alle, die sie in den Krieg schickten mit Begeisterung, gegen den Studienrat, den Direktor, den Gerichtsrat, den Oberarzt. Und dieser Krieg war für den Jungen die Hölle. Davon hatte ihm vorher niemand erzählt. Deshalb fühlt sich der Soldat verraten. Alle, die den Krieg machten und die jungen Leute in den Krieg schickten, haben sich schuldig gemacht, des Verrates und des Mordes. Dieser Text macht sehr viel betroffener, weil er affektiv aufgeladen ist, in die Psyche des Lesers eindringt: ein emotionaler Antikriegstext.

Erasmus konnte freilich in solcher Weise — vor dem historischen Hintergrund seiner Zeit — gar nicht schreiben; er mußte gegen traditionsgefestigte Positionen argumentativ rational vorgehen, eben gegen die Theorie des „Gerechten Krieges".[13] Insofern ist seine pazifistische Ambition, da erstmals artikuliert, durchaus epochal. Der Humanist hat erstmals in der Neuzeit — sicherlich in der Kenntnis der antiken Vorbilder — eine Denkweise inauguriert, die, wenn auch in seiner Zeit kaum respektiert,[14] spätere Jahrhunderte entscheidend mitprägen sollte. Gerade in unserer Zeit ist Erasmus' Haltung hochaktuell geworden. In seiner totalen Ablehnung jedes Krieges, auch des aus berechtigten Gründen geführten Verteidigungskrieges, mag man einen Ansatz zum Widerspruch finden; in letzter Konsequenz würde diese — bei Angriff eines Gegners — die Selbstaufgabe politischer Souveränität und nationaler Eigenständigkeit bedeuten.

---

[13] In Erasmus' Werk spiegelt sich die tiefe Infragestellung der mittelalterlichen Lehre vom „bellum iustum" durch die Staaten des frühen Absolutismus". So Oppel, E.: Pazifismus und Friedenssicherung. Gedanken zur Lektüre der „Querela Pacis" von Rotterdam, a. O. 22.

[14] J. Huizinga (Erasmus. — Basel 1951[4], 1972) gibt dazu die Erklärung: „Erasmus war trotz einer gewissen angeborenen Mäßigung ein vollkommen unpolitischer Geist. Er stand zu sehr außerhalb der praktischen Wirklichkeit und dachte zu naiv über die Verbesserungsfähigkeit der Menschen, als daß er die Schwierigkeiten und Notwendigkeiten des Staatslebens hätte einsehen können."

Am Ende seines Lebens mußte Erasmus auch eine gewisse Rücknahme seines konsequenten Pazifismus hinnehmen. In der Schrift „*Ultissima Adhortatio de bello Turcis inverendo*“ (1530) hat er öffentlich die Berechtigung der Verteidigung gegen die Türken anerkannt.[15] So gesehen, tritt uns in der Gestalt des Erasmus die existentielle Problematik von Krieg und Frieden eindrucksvoll vor Augen, die aus den ergänzenden Texten nachfolgend eine noch stärkere Profilierung gewinnen soll.

3. Ergänzende Texte

3.1 Cicero: Der „Gerechte Krieg“

Ciceros Text, der im Zusammenhang mit der Frage der Gerechtigkeit im Staat auch den „Krieg“ behandelt, läßt uns fast authentisch (einige Aussagen dazu sind leider nur sekundär überliefert) die gängige Kriegsdoktrin der Römer erfahren; unter dem Stichwort „Gerechter Krieg“ *(bellum iustum)* ist sie, wie wir wissen, von den Römern theoretisch begründet und dann über Jahrhunderte hin praktisch angewendet worden; in Caesars *Bellum Gallicum* läßt sich die Anwendung dieser Doktrin auf Schritt und Tritt nachweisen.[16]
Das *bellum iustum* wird von Cicero (III 35) von anderen Formen des Krieges unterschieden: als die einzige legitime Möglichkeit zur Kriegsführung. Der „Gerechte Krieg“ wird an einen berechtigten Grund *(legitima ratio)* gebunden. Ein solcher Grund ist unter zwei Voraussetzungen gegeben:

1. *de rebus repetitis: causa ulciscendi*
2. *propulsandorum hostium causa*

D. h. wenn Unrecht am Staat (etwa durch Rauben und Plündern) geschehen und deshalb Wiedergutmachung einzufordern ist oder wenn angreifende Feinde abgewehrt werden müssen. Ohne eine solche Begründung, etwa wenn er nur „aus rasender Wut“ *(de furore)* geführt wird, ist der Krieg nicht berechtigt, er ist nicht „gerecht“. Ein „Gerechter Krieg“ muß dann, soll er letztlich juristisch unanfechtbar sein, zwei Bedingungen erfüllen: Er muß angekündigt *(denuntiatum)* und offiziell erklärt *(indictum)* sein.[17]
Cicero behandelt den „Krieg“ als Rechtsfall; er ist für ihn ein politisches Mittel, zu dem man unter bestimmten Voraussetzungen greift, ohne irgendwelche Bedenken haben zu müssen. Im Kontext von Recht und Gerechtigkeit im Staat und im Verhalten von Staaten untereinander (d. h. im Rahmen staatsrechtlicher Regelungen) bietet sich kein Anlaß zu moralischer Bedenklichkeit gegenüber dem Phänomen Krieg. Der Krieg erfährt hier keine allgemeine, auf den Menschen und seine Schicksalssituation bezogene Wertung. Die grundsätzliche

---

[15] Zur Problematik vgl. RAUMER, Ewiger Friede, 16.

[16] Vgl. dazu SIEBENBORN, E.: Caesar in der abendländischen Tradition des Gerechten Krieges. In: AU 35,5 (1990). 39–55. Ders., „bellum iustum“. Spät- und nachantike Positionen. In: AU 34. 1–2 (1991), 75–92.

[17] S. dazu BÜDENER, K.: M. Tullius Cicero, De republica. Kommentar. — Heidelberg 1984, 324. Dazu auch Verfasser: Römischer Imperialismus im Pro und Contra antiker Texte. In: Lateinunterricht Bd. 3, bes. 86–89. Vgl. auch SCHIROK, E.: Friedliches Zusammenleben der Menschen. In: AUXILIA 35. — Bamberg 1996 (demnächst).

ethische Problematik des Krieges als eines Vernichtungsvorganges von Menschen und Völkern wird von Cicero nicht thematisiert. Hier spricht, wenn man so will, im 1. Jh. v. Chr. die offizielle Stimme der römischen Politik, die für das Imperium Romanum verantwortlich ist. Die Formel des *bellum iustum* ist allerdings über Roms Zeit hinaus zu einer festen Maxime im völkerrechtlichen Denken und Handeln Europas geworden. Erasmus z. B. hat, wie wir sehen konnten, ausdrücklich darauf — erstmals ablehnend — Bezug genommen; er hat auch das *bellum iustum* problematisiert.

3.2 Augustinus: Der bedauerliche Zwang zum Krieg

Augustinus knüpft an die offizielle Kriegsbeurteilung der Römer an. Er unterscheidet Kriege von „besserer" und „schlechterer" Art; die einen werden gegen die feindlichen auswärtigen Völker geführt, die anderen sind durch die Größe des Imperium Romanum bedingte Bundesgenossen- und Bürgerkriege; durch letztere wird die Menschheit recht erbärmlich heimgesucht, nämlich dann, wenn man Krieg führt, damit endlich wieder Frieden und Ruhe einkehren, oder auch dann, wenn man Angst hat, die Kriege könnten wieder ausbrechen. Die vielen und verschiedenen Katastrophen, die harten und grausamen Nöte dieser üblen Kriege lassen sich nicht angemessen darstellen, und täte man es, so wäre es ein Unterfangen ohne Ende. Deshalb geht Augustinus darauf nicht weiter ein. Er wendet sich darauf mit einem abbrechenden *sed* einem wichtigen, ihm offensichtlich am Herzen liegenden Aspekt der Kriegsbeurteilung zu, nämlich — und das scheint neu — der Frage, wie der „Gerechte Krieg" angemessen zu beurteilen ist.

„Aber ein *sapiens* wird, so sagt man, nur gerechte Kriege führen."

Augustinus reflektiert also über eine verbreitete Meinung, über eine übliche Denkweise bezüglich des Krieges. Ein weiser Lenker des Staates, der sich an das gängige Schema der Kriegsbeurteilung hält, führt keine Kriege minderer, sondern nur Kriege besserer Art. Da erlaubt sich der Christ Augustinus einen Einwand. Die zitierte Meinung ist dem Kirchenvater zu bestimmt, zu wenig hinterfragt. Das klingt ihm so, als würde „der Weise" nicht viel mehr darüber Bedauern empfinden, daß sich für ihn überhaupt die Notwendigkeit zu „Gerechten Kriegen" ergeben hat, weil er sie doch, wenn sie nicht gerecht wären, überhaupt nicht zu führen bräuchte und es deshalb für den „Weisen" überhaupt keine Kriege gäbe. Augustinus problematisiert hier ohne Zweifel das *bellum iustum.* Es sollte auch diese Form des „besseren" Krieges überhaupt nicht geben, oder deutlicher: es solle keinen Zwang, keine notwendige Bedingung dazu geben. Und wenn es diese gibt, dann muß man — als verantwortlicher Politiker zumal — sofern man sich seines Menschseins bewußt ist, darüber Schmerz empfinden. Das kann nur heißen: Als Mensch sollte man an dem Faktum, daß es überhaupt Krieg gibt, leiden. Der Krieg ist leider da, unter Umständen notwendig. Denn die *iniquitas adversae partis* zwingt den „Weisen" die Führung von gerechten Kriegen auf. Was ist unter dieser *iniquitas* der Gegenpartei, d. h. der Feinde, gemeint? Die ‚Unbilligkeit', das ‚unziemliche, unrechtmäßige Verhalten'; es ist damit nicht so sehr ein Verstoß gegen von Völkern und Menschen gesetztes Recht gemeint (das wäre *iniuria*), sondern

ein Mißachten der den Menschen gemäßen, quasi von Natur gesetzten Rechtsordnung, das sich in menschenverachtender Grausamkeit u. ä. äußern kann. Diese *iniquitas* muß man als Mensch (*homo*) auf jeden Fall bedauern, weil sie eine Grundbedingung unter den Menschen ist (*quia hominum est*).
Dieser *iniquitas* schreibt Augustinus gewissermaßen schicksalhafte Züge zu; sie ist da, weil der Mensch da ist; und sie ist auf jeden Fall zu bedauern, selbst dann, wenn daraus kein Zwang zum Krieg käme. Aber solche Zwänge treten — nach Augustinus' Meinung — immer auf, also sind Kriege notwendig. Der Krieg gehört leider schicksalhaft zum Wesen des Menschen. Augustinus faßt erstmals die tiefe existentielle Problematik des Krieges in Worte; er gibt diesem Thema mit allem Nachdruck eine humanistische Dimension; dreimal ist pointiert der Begriff *homo* verwendet: *si se hominem meminit — homini est dolenda — quia hominum est.* Insofern bedeutet sein Einwand gegen die traditionelle Auffassung durchaus eine Wende, er ist eine epochale Tat.
Das *bellum iustum* muß es also auch für Augustinus — leider — geben. Die Erfahrung seiner Zeit, der Einfall menschenvernichtender und Kultur zerstörender Germanen- und Kelten-Horden aus dem Norden — mit der Einnahme Roms 410 n. Chr. — hat gewiß dazu beigetragen, daß der Kirchenvater diese bittere Erkenntnis so hart formulierte. Dieser Text hat seither nichts von seiner Gültigkeit verloren; er zählt zu den klassischen Texten der Kriegsbeurteilung, auf die man sich — zumal in Krisenzeiten — stets zu berufen pflegt.

3.3 Seneca: Jeder Krieg ist Wahnsinn

Kritik am Krieg übt bereits der Philosoph Seneca in seinem 95. Brief. Er trifft keine Unterscheidung von Kriegen „schlechterer" oder „besserer" Art. Im Gegenteil: Er nennt den Krieg schlechthin ebenso ein Verbrechen wie man Mord und Totschlag im Privaten als Verbrechen einschätzt. Dahinter stehen Habsucht und Grausamkeit. Und er nennt das, was dabei die Menschen machen, *furere:* „rasendes Toben". Krieg ist *furor:* „Wahnsinn". Seneca verurteilt gerade Kriege nach außen, also die sog. Verteidigungskriege, die immer auch Eroberungskriege unter dem Signum des *bellum iustum* sind. Wie sollte ein Verbrechen des Völkermordes ruhmreich sein? Man könnte doch nicht das, was im Privatleben verurteilt wird, loben, wenn es in „offiziellen", d. h. von Staats wegen geführten Kriegen geschieht. Die Menschen, d. h. die „mildeste", „kultivierteste Gattung" der Lebewesen, sollte sich schämen, sich am Blut anderer zu freuen und Kriege zu führen, wo doch sogar unter den stummen, d. h. den zur Verständigung unfähigen und wilden Tieren Frieden herrscht. Für Seneca ist jeder Krieg also in-human, nicht dem Menschen gemäß, weil er ihn auf eine Stufe unterhalb der Tiere stellt.

3.4 Matthias Claudius' „Das Kriegslied"

Der Dichter Matthias Claudius bedauert, daß Krieg ist; sein Bedauern ist dem des Augustinus nicht unähnlich: s' ist Krieg . . ., 's ist leider Krieg . . .". Die Perspektive ist freilich ganz anders. Er nimmt das Unglück, das sich im Augenblick tatsächlich vollzieht, aus seiner persönlichen Erfahrungslage heraus wahr und reagiert darauf unmittelbar betroffen. Sein „ich" stellt er gegen den Krieg. „Was sollt' ich machen, wenn...?" Es ist die Frage eines Ohnmächtigen. „O Gottes Engel wehre und rede du darein!" Das „du" einer höheren Macht wird angerufen, weil er sich machtlos fühlt. In fünf eigenständigen Wenn-Sätzen stellt er sich und dem Leser vor Augen, worauf er reagieren sollte und nicht kann. Wogegen ist er machtlos?

- gegen das Kommen und Weinen der Geister der Erschlagenen
- gegen die Todesnot der Verstümmelten und Halbtoten
- gegen das Wehklagen der ehedem glücklichen Väter, Mütter und Bräute
- gegen das Sterben von Freund und Feind wegen Hunger, Seuche und Nöte

Die Intensität der negativen Eindrücke steigert sich; zunehmend spürt man des Dichters Ohnmacht gegenüber dem, was der Krieg mit sich bringt. Brächte er ihm am Ende — bei einem Sieg — gar Krone, Land und Ehre, er könnte sich nicht freuen. Nur eine Bitte hat er, er begehrt, nicht schuld daran zu sein. Matthias Claudius' „Kriegslied" enthält nicht wie bei Augustinus die durch eine philosophische Überlegung gewonnene Erkenntnis, daß der zum Krieg verurteilte Mensch eine bedauernswerte Existenz hat; vielmehr ist sein Text das beklommene Gebet, das aus dem Herzen eines betroffenen Menschen kommt; es formuliert in mehreren Stufen die Einsicht in die eigene Ohnmacht gegen das bedauernswerte Faktum des Krieges, der in seinen leidvollen Wirkungen vorgeführt wird, mit Worten und Wendungen, die das Mitfühlen anregen. Dieses Gedicht enthält — zumindest im Ansatz — eine Pathologie des Krieges. Insofern bringt es zum Haupttext des Erasmus einen notwendigen Kontrast und eine wirkungsvolle Ergänzung.

3.5 Picasso: Bild-Texte

Die folgenden Kurzinterpretationen sind von Rüdiger Hobohm verfaßt:

a) *Massaker in Korea* (1951)

(Bild entnommen aus: Propyläen Weltgeschichte. Eine Universalgeschichte, hrsg. v. Golo Mann, 10. Bd.: Die Welt von heute. — Frankfurt a. M./Berlin 1961, 184)

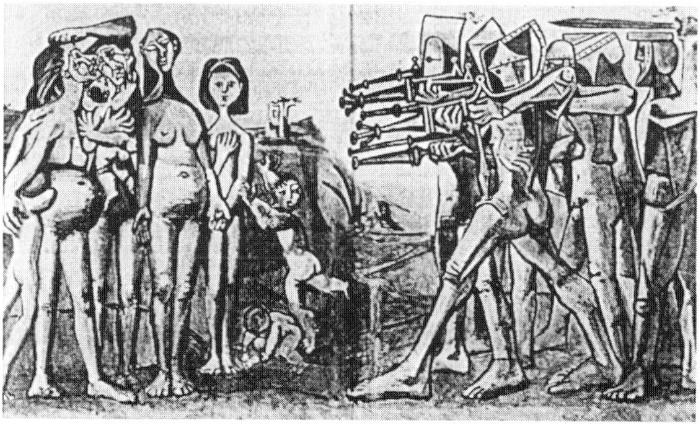

„Das in tristen und unheimlichen Farben gehaltene Bild zeigt keine historische Szene aus dem Koreakrieg, keine Schlachtszene zwischen den feindlichen Truppen. Die Opfer sind Frauen und Kinder, die von Soldaten in mittelalterlichen Rüstungen exekutiert werden. Auf den Gesichtern der Opfer zeichnet sich Schmerz, Verzweiflung, Angst, Verständnislosigkeit oder heroisches Erdulden ab, während die Soldaten mit ihren Rüstungen zu Maschinen verwachsen sind. Der Anführer steht mit dem Rücken dazu, überwacht aber alles mit seinen Augen und dem drohenden Schwert. Mit diesem expressionistischen Werk drückt Picasso sein tiefes Mitgefühl mit den Opfern aus und ebenso seine Bitterkeit gegenüber den Kriegführenden, wobei nicht klar wird, ob er nur die eine Partei meint oder beide unterschiedslos als Mörder sieht. Letzteres liegt näher und entspricht ganz dem Bild des Söldners bei Erasmus."

b) *Der Krieg* (1952)

(Bild entnommen aus: Baumann, F. A.: Pablo Picasso, Leben und Werk. — Stuttgart 1976)

„Das Bild wurde für den Friedenstempel zu Vallauris (Frankreich) geschaffen. Die Darstellung ist sehr einfach, plakativ und bunt. Der Krieg brescht auf einem Leichenwagen daher, begleitet von Mordknechten mit mittelalterlichen Waffen. In seiner Hand hält er ein blutiges Schwert, die schwarzen Pferde zertreten brennende Bücher. Ein junger Krieger, bewaffnet mit Speer und Schild, auf dem die Friedenstaube zu sehen ist, hält die Waage der Gerechtigkeit in der Waffenhand und stellt sich dem Krieg entgegen. Der Friede wird als junger Krieger gezeichnet, der sich gegen den Krieg durch Kampf verteidigen muß. Offenbar liegt die Vorstellung zugrunde, daß zur Eindämmung des Krieges doch Verteidigung notwendig sei, die moralisch nicht nur vertretbar, sondern sogar edel und heroisch sei. Damit überbietet Picasso sogar noch die *„bellum iustum"*-Theorie der Antike, wodurch er der unterschiedslosen Verdammung des Krieges im vorigen Bild hart widerspricht. Die Wahrheit ergibt sich aus dem dialektischen Spannungsverhältnis zwischen beiden Haltungen: aus moralischer Perspekive ist Krieg Mord, für den Verantwortungsethiker als Verteidigung gegen Unrecht eine heldenhafte Tat. Wiederum wird eine Apriori-Lösung vermieden, die Einzelsituation ist für die Beurteilung, ob bewaffnete Verteidigung vertretbar ist, entscheidend."

4. Literaturhinweise

ARON, R.: Frieden und Krieg. — Frankfurt 1963.

BAUMANN, F. A.: Pablo Picasso, Leben und Werk. — Stuttgart 1976.

BETTHAUSEN, B.: Krieg. Ahnung und Wissen. Staatliche Museen zu Berlin. Nationalgalerie. — Berlin 1989.

BINDER, G./EFFE, B. (Hrsg.): Krieg und Frieden im Altertum. Bochumer Altertumswissenschaftliches Colloquium, Bd. 1. — Bochum 1989.

BÜCHNER, K.: M. Tullius Cicero, De re publica. Kommentar. — Heidelberg 1984, 32 f.

EICHELBERGER, U. (Hrsg.): Tausendmal Frieden. Zitate, Gedanken, Impulse aus 27 Jahrhunderten. — Berlin 1987.

FITZEK, A.: Geistige Grundlagen Europas. — Frankfurt u. a. 1968⁴, Textband: 83. Kommentarband 120.

FROMM, E.: Anatomie der menschlichen Destruktivität. — Hamburg 1986.

GRUNDIG, L.: Gedanken nach dem Chile-Tribunal (Helsinki 1974). In: Bildende Kunst, H. 7.

HEER, F.: Die historischen Grundlagen der Weltfriedensidee, Bd. 2: Glaube und Geschichte. — Baden-Baden 1958, 153–180.

HUIZINGA, J.: Europäischer Humanismus: Erasmus. — Basel 1954⁴.

JOB, M.: „Krieg“ und „Frieden“ im Altertum: Historisch vergleichende Überlegungen zur Semantik zweier Wortfeldnamen. In: Krieg und Frieden im Altertum, 27–44.

KANT, I.: Zum ewigen Frieden. Reclam Nr. 1501.

KAUFMANN, H.-G.: Idee und Wirklichkeit eines Kreuzzuges — Christlicher Glaube und Krieg. Texte zum 1. Kreuzzug und zum Problem des „bellum iustum“. In: AU 23,4 (1980), 23–38.

Maier, F.: Das Gesicht des Krieges in Vergils „Aeneis“. In: Würzburger Jahrbücher N. F. 16 (1990), 101–116.

ders.: Römischer „Imperialismus“ im Pro und Contra antiker Texte. In: Lateinunterricht Bd. 3, 81–131.

ders.: Furor impius belli — No war! Bilder zu einem Bild der Aeneis. In: Ut poesis pictura I (hrsg. von HOLZBERG, N./MAIER, F.), AUXILIA 32. — Bamberg 1993, 29–34.

MITSCHERLICH, A.: Die Idee des Friedens und die menschliche Aggressivität. — Frankfurt 1968.

OPPEL, E.: Pazifismus und Friedenssicherung. Gedanken zur Lektüre der „Querela Pacis“ des Erasmus von Rotterdam in einer 11. Klasse eines Humanistischen Gymnasiums. In: Anregung 17 (1971), 20–26.

POPPER, K. R.: Alles Leben ist Problemlösen. Über Erkenntnis, Geschichte und Politik. — München/Zürich ²1994.

RAUMER, K.: Ewiger Friede — Friedensrufe und Friedenspläne seit der Rennaissance. — München 1953.

SCHIROK, E.: Friedliches Zusammenleben der Menschen. In: Latein 2000. Hrsg. von LOHE, P./MAIER, F. (AUXILIA 40). — Bamberg (1996).

SIEBENBORN, E.: Caesar in der abendländischen Tradition des Gerechten Krieges. In: AU 35,5 (1990), 39–55.

ders.: „bellum iustum“. Spät- und nachantike Positionen. In: AU 34, 1–2 (1991), 75–92.

STEMMLER, TH.: Krieg und Frieden in Gedichten von der Antike bis zum 20. Jahrhundert. — Mannheim 1995.

WELWEI, K.-W.: Si vis pacem, para bellum — eine Maxime römischer Politik? In: Krieg und Frieden im Altertum, 85–109.

Thomas Hobbes

„Leviathan" oder: Der Staat als Ungeheuer

Wider den Krieg aller gegen alle*

1. Vorüberlegungen

1.1 Didaktische Begründung

„Das Wesen des Leviathan ist", wie man bemerkt hat, „Politik, Politik und nochmals Politik."[1] Wenn ‚Politische Bildung' als Prinzip auch für den Lateinunterricht gilt, dann sollte die Begegnung mit dieser so gänzlich politischen Schrift nicht fehlen, zumal sie zusammen mit Platons „Politeia" und Hegels „Rechtsphilosophie" zu den drei größten staatsphilosophischen Werken der Menschheit zählt.

„Seit Menschen Staaten bilden, wird über den richtigen, recht begründeten und recht beherrschten Staat nachgedacht. Und so alt wie der Staat selbst ist die Furcht vor ihm."[2] Thomas Hobbes hat die Notwendigkeit des Staates und die Furcht vor ihm in seinem Werk „Leviathan" thematisiert. Darin sind grundsätzliche Fragen der Staatstheorie — in Auseinandersetzung mit antiken Philosophen und Geschichtsschreibern behandelt und Erkenntnisse formuliert, die für die politische Entwicklung Europas bahnbrechend geworden und in ihren Konsequenzen bis in die heutige Zeit wirksam geblieben sind. Sein Werk war ein epochales Ereignis, dessen Brisanz unmittelbar nach der Veröffentlichung über England hinaus zu spüren war. Hobbes selbst „sieht sich mit seiner neubegründeten politischen Philosophie an der Spitze der wissenschaftlich-philosophischen Avantgarde seiner Zeit. Er versteht sich als Galilei der Staatsphilosophie."[3]

Die Frage, warum die Menschen den Staat gebildet haben und wozu er dient, ist prinzipiell, insofern zeitlos gültig. Welche Staatsform die beste und zum Wesen des Menschen am besten passende ist, wird auch heute stets diskutiert. Da aber der Staat für ein organisiertes und friedliches Zusammenleben der unentbehrliche Rahmen ist, liegt hier ohne Zweifel eine Existenzfrage der Menschheit von hohem Range vor. Mit ihr sollten sich Jugendliche intensiv auseinandersetzen, zumal die Staatsform, in der sie leben und zu der sie sich bekennen sollen, die Demokratie, den wissenden und mündigen Bürger voraussetzt. Hobbes' Staatsmodell konfrontiert die Schüler mit einer der Demokratie

---

* Vorarbeiten zu dieser Thematik lieferten zwei Studenten meiner fachdidaktischen Seminare, Klaus Selmeier und Alois Mayr, Universität München.

[1] So Wilms, B.: Der Weg des Leviathan. Die Hobbes-Forschung von 1968–1978, Beiheft 3 zu: Der Staat. Zeitschrift für Staatslehre, öffentliches Recht und Verfassungsgeschichte. — Berlin 1979, 147.

[2] So Adolf Stock: Der Leviathan. Mensch und Staat. Zwei Ungeheuer. Sendung des Deutschland-Sender Kultur vom 10. 11. 1993. Das Manuskript dieser Sendung (Umfang: 16 Seiten) wurde mir dankenswerterweise von der Rundfunkredaktion zugeschickt.

[3] So Kersting, W.: Thomas Hobbes zur Einführung. — Hamburg 1992, 40.

extrem entgegengesetzten Staatsform und deren Begründung. Beide Staatsformen geraten also in Kontrast zueinander. Kontrastierung aber ist ein wirkungsvolles methodisches Prinzip, das zumal unter der Zielsetzung der ‚Politischen Bildung' erfolgreich sein kann. Diese fachübergreifende Aufgabe will ja im Heranwachsenden für sein Verhältnis zum Staat allmählich begründete Einsicht und Entscheidungsfähigkeit aufbauen. Das wiederum setzt die Beschäftigung mit verschiedenen Möglichkeiten politischer Orientierung voraus. Drei Möglichkeiten werden in diesem Unterrichtsprojekt vor- und gegenübergestellt.

1.2 Textauswahl und Einsatzmöglichkeiten

Aus dem Gesamtwerk sind die Stellen ausgewählt, an denen sich die Grundlinien von Hobbes' Staatsdenken verfolgen lassen. Sie sind entnommen aus: Thomas Hobbes Malmesburiensis Opera Philosophica, Quae Latine Scripsit Omnia, Studio et Labore Guielmi Molesworth, Vol. III. Londini MDCCCL I, 2. Nachdruck. — Aalen 1966. Da diese Ausgabe keine Kapiteleinteilung aufweist, sind die jeweils daraus entnommenen Textstellen nach der Seitenangabe in dieser Ausgabe zitiert. Einige Zitate aus „De cive" sind hinzugenommen. Als Kontrasttexte werden Ciceros Staatsdefinition, De re publica I 25, und Auszüge aus Rousseaus „Du contrat social" (im französischen Original mit deutscher Übersetzung) geboten.
Da die Texte sowohl sprachlich wie auch inhaltlich einen höheren Anspruch erheben, ist ihr Einsatz bei L1 und L2 wohl erst ab Jgst. 11 möglich; dort aber stoßen sie auf großes Interesse. Für L3 eignet sich dieses Unterrichtsmodell erst in der Oberstufe. Auch bei diesem Unterrichtsprojekt bietet sich die fachübergreifende Zusammenarbeit unmittelbar an; sie erweist sich gerade hier als nötig und nützlich; etwa mit dem Sozialkunde-, Geschichts- und Französisch-Lehrer.

2. Behandlung des Haupttextes

2.1 Information über Name und Absicht des Werkes

„Leviathan" nannte Thomas Hobbes, einer der großen Philosophen der Neuzeit, den Staat, den er sich in seiner markantesten Schrift über die menschliche Gemeinschaft ausdachte. Der Holzschnitt auf dem Titelblatt der ersten Ausgabe[4] von 1651 zeigt diesen „Leviathan"-Staat als überdimensionales, menschenartiges Wesen, das über Land und Staat allmächtig, weltherrscherlich posiert; einem Riesen gleich trägt er die Symbole der weltlichen und kirchlichen Macht in beiden Händen: Schwert und Bischofsstab. Über seinem gekrönten Kopf ein Zitat aus Hiob 24: *Non est potestas super terram, quae comparetur ei.*

---

[4] „Kein Titelblatt eines philosophischen Werks ist so einprägsam gestaltet wie das des Hobbesschen Leviathan, das, entworfen in der Spätblüte der Emblemkunst, Hobbes' Staatsphilosophie bildlich darzustellen versucht." So Bermbach, U. (Hrsg.): Furcht und Freiheit. Leviathan-Diskussion 300 Jahre nach Thomas Hobbes. — Opladen 1982, 203.

Dieses Staatswesen, das an den μακρὸς ἄνθρωπος Platons erinnert,[5] dem quasi übermenschliche Gewalt zugeschrieben wird, hat eine eigenartige Konsistenz. Was man von ihm sieht, Oberkörper und Arme, ist aus lauter zusammengedrängten, zur Masse verfestigten ‚Menschlein' gebildet. Der Staat also die Summe seiner Bürger, die sich in einer Person, mit einem Gesicht, einem Willen, einem Geiste zur Wirkung bringen.[6] Warum nannte Hobbes den solchermaßen vorgestellten Staat „Leviathan"? Wir wissen, daß er mit dem aus der Heiligen Schrift genommenen Wort den Staat in Vergleich setzt zu einem biblischen Ungeheuer, dem „Tier aus dem Meer" (Hiob 14), das in der Johannesoffenbarung so beschrieben ist:

„Siehe, jede Hoffnung wird an ihm zuschanden; schon wenn einer ihn sieht, stürzt er zu Boden. Niemand ist so kühn, daß er ihn zu reizen wagt . . . Wenn er sich erhebt, so entsetzen sich die Starken, und vor Schrecken wissen sie nicht mehr aus noch ein. Trifft man ihn mit dem Schwert, so richtet es nichts aus, auch nicht Spieß, Geschoß und Speer . . . Auf Erden ist nicht seinesgleichen; er ist ein Geschöpf ohne Furcht."

Warum Hobbes diese Metapher des Schreckens gewählt hat, um seinem Staat einen bildhaften Ausdruck zu geben, ist „bis heute eine Streitfrage der Interpreten geblieben".[7] Weil jedoch, wer Hobbes liest, an dieser Frage interessiert sein muß,[8] sei am Ende eine Antwort darauf versucht.
Welches ist die Absicht dieses zuerst in Englisch und dann — geringfügig abgeändert und auch verkürzt — in Latein abgefaßten Werkes?[9] Dazu bedarf es vorher allerdings einiger grundsätzlicher Überlegungen über solche staatsphilosophischen Theorien. Daß sich Hobbes nämlich mit seinem Entwurf in eine seit langem bestehende einschlägige Tradition stellt, ist ohne weiteres zu erkennen. Bemerkenswert daran ist, wie er sich damit auseinandersetzt und wie er sich davon absetzt. Vielleicht auch, aus welchem Grund er sein Denken gerade auf dieses Thema richtet. Gehört solches etwa zum Menschsein schlechthin?

---

[5] Vgl. dazu Schmitt, C.: Der Leviathan in der Staatslehre des Thomas Hobbes. — Köln ²1982, 10 und 29.
[6] Vgl. dazu: Maier, H.: Hobbes. In: Klassiker des politischen Denkens I. Von Platon bis Hobbes (hrsg. von Maier, H./Rausch, H./Denzer, H.). — München 1968, 371.
[7] So Maier, H., a. O., 370. Vgl. auch Schmitt, C., a. O., 10 ff.; hier wird fundiert die Frage der Titel-Setzung diskutiert.
[8] Das Interesse daran dürfte, wie sich zeigen wird, ganz sicher nicht nur historisch sein. Hobbes' Bedeutung ist größer.
Nach Bernhard Willms (a. O., 14) gilt der „Leviathan" als „eine der großen Herausforderungen für das politische Denken unserer Zeit." Dazu Höffe, O. (Hrsg.): Thomas Hobbes, Anthropologie und Staatsphilosophie. — Freiburg i. d. Schweiz 1981, 12: „Als Philosoph formuliert Hobbes die besondere Herausforderung seiner Epoche zugleich als ein allgemein gültiges Grundproblem jeder politischen Theorie." Die Lektüre des Hobbesschen Werkes scheint deshalb in der Oberstufe des Lateinunterrichts geboten, zumal hier allenthalben die antike Staatsphilosophie und ihr Fortwirken im Mittelpunkt stehen.
[9] Eine deutsche Übersetzung liegt vor in: Thomas Hobbes, Leviathan (hrsg. und eingeleitet von Fetscher, I., übersetzt von Euchner, W.). — Neuwied/Berlin 1966, suhrkamp taschenbuch wissenschaft 462. — Baden-Baden ²1987.

Seit wann denkt der Mensch über den Staat nach? Wenn man ‚Staat' als die organisierte Form des Zusammenlebens begreift, so zeugen die ersten Schriften von einem solchen Bemühen. Vielleicht ist es ein Signum des Menschen, daß er sich, sobald er zu einem Bewußtsein seiner selbst kommt, was sich in seiner Befähigung des Sprechens und dann auch des Schreibens manifestiert, Gedanken über die beste Form des Zusammenlebens macht. Die Frage des „Wie?" ist dabei nicht abzutrennen von der Frage des „Warum?". Ja, von der Antwort darauf sind, so scheint es, alle Lösungen, die den Modus betreffen, abhängig. Warum gibt es den Staat? Und wie muß er deshalb, soll er vollkommen sein, aussehen? Es ist zwangsläufig, daß die Gedanken über den Staat nicht nur die jeweils gegebene ‚politische' Realität erfassen, sondern diese theoretisch überhöhen, indem sie einen optimalen Staat, den es nur in der Vorstellung, aber nicht an einem konkreten Ort gibt, modellieren, als Staatsideal oder Staatsutopie.

Mögen sich solche theoretischen Konzepte auch weit von der geschichtlichen Welt ihrer Verfasser entfernen, sie können doch niemals ohne eben diese Geschichte entstehen. Kein Autor kann sich, selbst wenn seine Phantasie alle Grenzen sprengen sollte, außerhalb seiner so oder so geschichtlich determinierten Zeit stellen. Was die Staatstheoretiker schreiben, ist im letzten immer nur vom Zeithintergrund her zu begreifen. Insofern sind Staatskonzeptionen ‚Denkmodelle' par excellence, da sie eine historische Wirklichkeit abbilden, diese aber so sehr transzendieren, daß daran allgemeingültige Züge hervortreten, die zumindest in ihrer Frag-würdigkeit stets aktuell sind. Historizität, das Gebundensein an den geschichtlichen Ort, und Aktualität, das Offensein für die Inanspruchnahme durch den jeweiligen Zeitgeist, stehen sich hier in einem dichten Spannungsfeld gegenüber.[10] Hobbes ist dafür ein überaus aussagekräftiges Beispiel.[11]

2.2 Hobbes' geistige und politische Welt

Die Griechen haben, wie wir wissen, zuerst solche ‚Denkmodelle' in bezug auf den Staat geschaffen; daß sie damit im europäischen Kulturraum und darüber hinaus eine kontinuierliche Entwicklung bis in unsere Zeit in Gang setzten, steht außer Zweifel. Als ebenso unumstößlich gilt aber auch die Traditionsleistung der Römer, da sie einen Großteil dieses Stoffes in die Kanäle des spätantiken, mittelalterlichen und neuzeitlichen Denkprozesses leiteten.

Es ergab sich demnach als zwangsläufig, daß sich nachantike Denker, wenn sie sich mit den Grundfragen der politischen Gemeinschaft (der πολιτεία) auseinandersetzten, mit den antiken Vor-prägungen befaßten; sie wurden in aller Regel auf die Griechen zurückverwiesen, ob sie diese nun aus anderen eigenen Werken kennenlernten oder auf dem Umwege über die Römer rezipierten.

---

[10] Zum Denkmodell-Charakter von Texten vgl. Verfasser, Lateinunterricht zwischen Tradition und Fortschritt, Bd. 2. — Bamberg 1984, 105 ff.

[11] Vgl. dazu Fetscher, a. O., X: Er spricht von der „Zeitbedingtheit" und „Zeitüberlegenheit des Hobbschen Werkes". Ähnlich Höffe, Anthropologie und Staatsphilosophie, 12.

Auch bei Thomas Hobbes war es so. Er wurde durch das Studium des Thukydides zu den Schriften des Aristoteles und Cicero geführt. An deren Gedanken über den Staat rieb er sich.[12] Den Vorstellungen der Sophisten stand er näher. Hobbes' eigenes, höchst eigenwilliges Modell vom Staat ist offensichtlich auch in Opposition zu antiken Staatsentwürfen entstanden. Freilich war es zuallererst bestimmt von den Zeitumständen, in denen Hobbes lebte: 1588–1679. Die Geschichte Englands zu dieser Zeit beherrschten innenpolitisch der Zwist zwischen Königshaus und Parlament, außenpolitisch der Krieg mit Spanien und Holland um die Hegemonie zur See. Die Revolution im Innern endete mit der Enthauptung des Königs Karl I. (1649) und der Diktatur Oliver Cromwells; die außenpolitischen Siege über die spanische Armada (1588) und über die holländische Flotte (1645) machten England zur ersten Seemacht.

Hobbes' an sich furchtsame Natur — er schreibt, seine Mutter habe, eben zu dem Zeitpunkt, als die Armada England bedrohte, Zwillinge geboren, „mich und die Furcht" *(meque metumque simul)*[13] — entwickelte durch diese Bedrohlichkeiten der Lebensumstände ein leidenschaftliches Verlangen nach Sicherheit und Ordnung. Darin mag man den hauptsächlichen Grund sehen, warum er sich total den damals die geistige Welt beherrschenden Bewegungen anschloß, nämlich den naturwissenschaftlichen, rationalistischen Denkrichtungen (z. B. von Galilei, Descartes, Bacon).[14] Diesen zufolge hielt man es für möglich, alles, was den Menschen und seine Welt betraf, empirisch zu erklären und durch Messungen zu bestimmen, so daß damit, da man alle irrationalen, auch theologischen Elemente aus dem Bewußtsein verbannte, eine rational bestimmte Ordnung vorstellbar wurde, die zumindest den Eindruck von Sicherheit vermittelte. Alles wollte man rationalistisch, mechanistisch, materialistisch verstehen; was nach mathematischer Methode verstehbar wird, kann nicht verunsichern. Auch der Mensch wird deshalb für Hobbes, weil durch seine Triebe determiniert, als psychisch und physisch agierender und reagierender Mechanismus begriffen, fast schon als „homme machine"[15], der more geometrico zu behandeln ist, so daß die Frage lautet: Wie kommt ein solchermaßen definierter Mensch zur Bildung des Staates? Diese Frage leitet unmittelbar zur Textlektüre weiter.

---

[12] Vgl. Maier, H., a. O., 353: „Der Eindruck, den diese Schriften auf ihn machten, war freilich negativ: sie schienen ihm . . . allzu allgemein, erfahrungsfern, moralisierend."

[13] *Atque metum tantum concepit tunc mea mater, ut pareret geminos, meque metumque simul.* So in: Th. Hobbes Malmesburiensis, Vita. OL I. 85.

[14] Vgl. dazu etwa Maier, H.: a. O., 354ff.

[15] So dargestellt in: Leviathan I–IX. Vgl. dazu Hirschberger, J.: Geschichte der Philosophie, II. Teil: Neuzeit und Gegenwart. — Freiburg[3] 1958, 176: „Der Materialismus beherrscht bei Hobbes auch die Anthropologie. Der Mensch ist Körper; Verstand und Vernunft sind Sensualität und vom Tier darum graduell verschieden; sein Handeln ist ein Spiel von Kräften der Sinnesreize und Sinnesreaktionen. Der Mensch ist nicht frei. Er ist ein Gefangener des Mechanismus seiner Sinne, wie es das Tier auch ist." S. dazu auch Maier, H., a. O., 360: „Der Mensch wird von Hobbes' — einem großen Vereinfacher — als physisch agierender und reagierender Mechanismus betrachtet in einer Weise, die vom materialistischen homme machine der Spätaufklärung nicht weit entfernt ist."

2.3 Hobbes' Staatsdenken — Interpretationslinien

Der „Leviathan" ist Hobbes' Hauptwerk; es trug den vollständigen Titel „Leviathan or the Matter, Form and Power of a Commonwealth Ecclestical and Civil". Das Werk wurde 1651 in englischer Sprache und 1670 in lateinischer Sprache veröffentlicht. Die ausgewählten Textausschnitte lassen sich — wie im folgenden geschehen — unter aussagekräftigen Überschriften vorstellen.

a) *Die Gleichheit aller Menschen und ihre Folgen*

Hobbes geht von der Gleichheit aller Menschen aus; diese Gleichheit betrifft ihre Körperkräfte ebenso wie ihre geistigen Fähigkeiten.

Tum corporis tum animae facultatibus adeo aequales inter se produxit natura homines, ut quamvis alii aliis viribus aut ingenio praestent, si tamen omnia simul considerentur, differentia tanta non est, ut promittere sibi commodi quicquam possit unus, quod alius sperare aeque non potest. Quod attinet ad vim corpoream, raro invenias hominem ita imbecillum, ut fortissimum non possit interficere vel dolo vel coniunctione cum aliis quibus periculum est commune. Quod autem attinet ad facultates animi, ... maiorem adhuc invenio aequalitatem. Prudentia enim omnis ab experientia est, et omnibus aequali tempore in iis rebus, quibus animum aequaliter applicant, aequaliter tribuitur a natura.

(XIII, S. 97)

Kein Mensch ist so schwach, daß er nicht den tapfersten, stärksten töten könnte, durch List oder in Verbindung mit anderen, denen die Gefahr gemeinsam ist.[16] Klugheit ist jedem in gleichem Maße von Natur aus gegeben; sie kommt von den Erfahrungen, denen man sich widmet, und zwar gilt dies für alle in gleicher Weise, wenn dies zu gleicher Zeit in gleicher Intensität geschieht. Einen natürlichen Unterschied zwischen Überlegenen und Unterlegenen, zwischen Befehlenden *(imperantes)* und Untergebenen *(subditi),* wie ihn Aristoteles ausweist, lehnt Hobbes entschieden ab: *quod ei (sc. Aristoteli) minime concedendum est.*[17]

Einem solchermaßen gleichen Menschen ist ein Naturrecht eigen: es ist die Freiheit dazu,[18] sein Vermögen *(potentia)* zur Erhaltung seiner Natur kraft eigener Entscheidung zu benützen und folglich alles zu tun, was erkennbar diesem Ziele dient:[19]

---

[16] Dazu Fetscher, a. O., XXI: „Der wichtigste und evidenteste Aspekt menschlicher Gleichheit ist also die ständige Exponiertheit des Lebens eines jeden."

[17] Das läßt sich aus Hobbes' anderem Staatswerk (De cive X 2) entnehmen: *Aristoteles ... duo esse ait genera regiminum, quorum alterum ad imperantis, alterum ad subditorum commodum dirigitur ... Quod ei minime concedendum est.*
Damit setzt sich Hobbes auch in Widerspruch zur herrschenden Auffassung des Mittelalters, die ebenfalls auf Aristoteles beruht.

[18] „Mit diesem Postulat einer ursprünglichen Freiheit aller Individuen ist das Herrschaftsmodell der feudalen Ständeordnung, das wesentlich auf der aristotelischen Idee einer natürlichen Rangungleichheit der Menschen gründete, theoretisch überwunden." So Waibl, E.: Gesellschaft und Kultur bei Hobbes und Freud. Das gemeinsame Paradigma der Sozialität. — Wien 1980, 48.

[19] Dadurch, daß jeder Mensch ein prinzipielles Recht „auf alles" hat, wird er bestimmt als „frei im allerabstraktesten Sinne, er hat keine Pflichten, er hat nur sich selbst und seine Beziehungen zur Außenwelt." So Willms, B.: Die politischen Ideen von Hobbes bis Ho Tschi Minh. — Berlin/Stuttgart/Köln/Mainz ²1972. 32.

b) *Naturrecht und Naturzustand*

Ius naturale est libertas, quam habet unusquisque potentia sua ad naturae suae conservationem suo arbitrio utendi, et per consequens illa omnia, quae eo videbuntur tendere, faciendi. (XIV, S. 102)

Ein Konzept, das einerseits den Menschen auf Gleichheit festlegt, das andererseits dessen Leistungsvermögen am Kriterium der Durchsetzung der eigenen Interessen (bis hin zur Tötung des anderen) bemißt, muß schwerwiegende Folgen gewärtigen. Johannes Hirschberger weist darauf hin, daß hier genau die Machtideologie und der Individualismus der Sophistik durchschlügen.[20] Was geschieht, wenn das Recht des einen auf Selbsterhaltung mit allen Mitteln in Kollision gerät mit dem gleichen Recht des anderen? Hobbes erkennt messerscharf diese Konsequenz, die sich allmählich aufgrund des naturgegebenen Zustands *(status naturalis)* des Menschen einstellt.

Ab aequalitate naturae oritur unicuique ea, quae cupit, acquirendi spes. Quotiens ergo duo idem cupiunt, quo frui ambo non possunt, alter alterius hostis fit, et ad finem sibi propositum, quae est conservatio propria, alter alterum conatur subiugare vel interficere. (XIII, S. 95)

Da alle Menschen, triebgeleitet wie sie sind, gleichermaßen frei sind in ihrem Selbsterhaltungstrieb, haben alle das gleiche Verlangen, das zu erwerben, was sie wünschen. Sooft demnach zwei dasselbe wünschen, das beide nicht zugleich genießen können, wird der eine dem anderen zum Feind, so daß zwangsläufig die eigene Selbsterhaltung *(conservatio propria)* den Versuch hervorbringt, den anderen zu unterwerfen oder zu töten. Die Natur hat deshalb die Menschen von Anfang an in einen Zustand der Furcht versetzt, was eine verständliche Reaktion erzwingt.

In tanto et mutuo hominum metu securitatis viam meliorem habet nemo anticipatione, nempe ut unusquisque vi et dolo ceteros omnes tamdiu subiicere sibi conetur, quamdiu alios esse, a quibus sibi cavendum esset, viderit. Neque hoc maius est quam et conservatio sua postulat et ob omnibus concedi solet. (XIII, S. 98)

Bei einer solchen wechselseitigen Furcht bleibt niemandem ein besserer Weg, seine Sicherheit zu behaupten, als die *anticipatio,* also das Bemühen, dem anderen zuvorzukommen (im Unterwerfen oder im Töten); dieses Bemühen dauert so lange, wie er sieht, daß es andere gibt, vor denen er sich hüten muß.
Da es aber keine *potentia coerciva,* keine zügelnde, bezähmende, die Individualität des einzelnen einschränkende Gewalt gibt (auch keine dazu fähige Institution), ist gewissermaßen der Kampf aller gegen alle vorprogrammiert.

c) *Der Krieg aller gegen alle*

Manifestum igitur est, quamdiu nulla est potentia coerciva, tamdiu condicionem hominum eam esse quam dixi bellum esse uniuscuiusque contra unumquemque. (XIII, S. 99)

---

[20] In: Geschichte der Philosophie, 178; Hobbes habe „nicht umsonst sich mit dem von der sophistischen Staatsphilosophie begeisterten Thukydides befaßt."

Der Zustand der Menschen sei, so Hobbes, ein *bellum uniuscuiusque contra unumquemque* oder knapper, prägnanter ausgedrückt ein *bellum omnium contra omnes*[21] (XIII, S. 100).

Tafelbild:

Der Krieg aller gegen alle:

aequalitas naturae
spes acquirendi
alter alterius hostis fit
mutuus metus
anticipatio
bellum omnium contra omnes

quamdiu
nulla est
potentia
coerciva

Die Triebnatur des durch nichts gebändigten Menschen ist daraufhin angelegt, den anderen zu bekämpfen, letztlich zu töten, zu zerfleischen: *homo homini lupus.* Das vielzitierte Hobbes-Wort, quasi die Summe seiner Menschenauffassung, bekommt erst in diesem Kontext Profil. Eine solche „Wolfsnatur" des Menschen verhindert, weil er alle seine körperlichen und geistigen Fähigkeiten zur Sicherung des nackten Überlebens einsetzen muß, jede Form einer positiven Bewältigung des Lebens; er kennt keine Zivilisation und Kultur.

Quicquid ergo bello omnium contra omnes naturaliter adhaeret, idem condicionem hominum, sine alia securitate quam quae a cuiusque robore et ingenio expectari potest, necessario comitatur. In condicione autem tali locus industriae nullus est, quia nullus fructus. Nullus ergo terrae cultus, nulla navigatio, aedificia commoda nulla, instrumenta quibus quae maioribus indigent viribus moveantur nulla, faciei telluris cognitio nulla, temporum computatio nulla, nullae artes neque societas; sed quod gravissimum est, mortis violentae metus et periculum perpetuum, vitaque hominum solitaria, indiga, bruta et brevis.
(XIII, S. 100)

Da Fleiß keinen Gewinn abwirft, keinen Genuß ermöglicht (weil eben jeder immer damit beschäftigt ist, sich zu schützen), ist für ihn auch kein Platz, also gibt es keine Pflege der Erde, keine Schiffahrt, keine bequemen Gebäude, keine Maschinen, keine Geographie, keine Zeitrechnung, keine Künste, kein auf positive Ziele gerichtetes Zusammenleben. Das Leben ist ständiger Bedrohung ausgesetzt, ist einsam, bedürftig, roh und kurz.
Für Hobbes bedeutet solche Einsicht, daß der ‚Naturzustand' beendet werden mußte.

[21] Dieses *bellum omnium contra omnes* versteht Hobbes „nicht als das stete Hauen und Stechen des ins Ewige perpetuierten Bürgerkriegs, sondern als einen Zustand, in dem man sich wegen der Gleichheit der Schwäche und aufgrund mangelnder Staatsgewalt prinzipiell seines Leibes und Lebens nicht sicher sein kann". So Höffe, O.: Widersprüche im Leviathan. Zur Aktualität der Staatsphilosophie von Thomas Hobbes. In: Merkur 33 (1979), 1195.

Es gibt in diesem Naturzustand auch keine moralischen Werte; der Mensch lebt sozusagen ‚jenseits von Gut und Böse'. Die sog. Kardinaltugenden sind diejenigen, die dem Menschen zum Überleben verhelfen: *vis et dolus.*[22] Gerechtigkeit und Ungerechtigkeit sind kein von Natur gegebener Wertkontrast. Dieser Sachverhalt wird logisch begründet. Wären Gerechtigkeit und Ungerechtigkeit natürliche Fähigkeiten *(facultates)* des Menschen, dann wären sie im Menschen als Einzelwesen im Naturzustand vorhanden. Dies hätte wiederum hinsichtlich der Gerechtigkeit zur Folge, daß der Mensch nicht mit allen Mitteln seine Triebe durchsetzen würde. Da die Menschen aber in ihren *facultates* von Natur aus gleich sind, wäre der von Hobbes angenommene Kriegszustand nicht denkbar, und es bedürfte auch keiner *potentia coerciva.* Dies widerspricht aber offensichtlich den Tatsachen. Hobbes leugnet nicht, daß es Gerechtigkeit und Ungerechtigkeit gibt, aber sie sind nicht im *status naturalis* vorhanden, erst später durch menschliche Satzung geschaffen, sind demnach ‚zivile' Qualitäten: *Qualitates quidem hominis sunt, non autem quatenus hominis, sed quatenus civis.* Gerechtigkeit ist ein künstliches Produkt.

Praeterea, bello omnium contra omnes consequens est, ut nihil dicendum sit iniustum. Nomina iusti et iniusti locum in hac conditione non habent. Vis et dolus in bello virtutes cardinales sunt. Neque sunt iustitia et iniustitia corporis aut animae facultates; nam si essent, homini inesse possent qui in mundo solitarius esset et unicus. Qualitates quidem hominis sunt, non autem quatenus hominis, sed quatenus civis. Eidem condicioni hominum consequens est, ut nullum sit dominium, nulla proprietas, nullum meum aut tuum, sed ut illud uniuscuiusque sit, quod acquisivit, et quamdiu conservare potest.

(XIII, S. 101 f.)

b) *Die Entstehung des Staates*

Um den permanenten amoralischen Defensivzustand zu beenden, der an jener zivilisatorischen Null-Stufe schuld ist, und um ihn in einen Zustand des gesicherten Friedens überzuführen, worauf für Hobbes alles ankommt,[23] bringt der Mensch zwei gleichermaßen in ihm angelegte Vermögen zur Geltung; es sind dies die *ratio* und die *passiones,* „die gleichsam nur miteinander kombiniert zu werden brauchen, um den Entschluß zur Stiftung einer Friedensordnung zu bewirken."[24]

Atque haec sufficiant dicta de condicione humana mere naturali; a qua tamen partim a ratione, partim etiam a passionibus liberari potuit.

Passiones quibus homines ad pacem perduci possunt, sunt metus, praesertim vero metus mortis violentae, et cupiditas rerum ad bene vivendum necessariarum, et spes per industriam illas obtinendi. Pacis autem articulos quosdam suggerit ratio, quae leges sunt naturales.

(XIII, S. 102)

---

[22] „Für jedes Individuum gilt, daß die Erhaltung seiner selbst Maßstab seines Wertens ist, d. h. daß es egozentrisch wertet. Aufgrund der Egozentrizität des Wertens stellte Hobbes die These auf, daß es natürlicherweise keine überindividuellen Normen des Verhaltens und Handelns geben kann: jeder setzt sich selbst den Maßstab für gut und schlecht, indem er etwas als der Selbsterhaltung dienlich oder abträglich beurteilt, d. h. als ‚Wert' oder als ‚Unwert' charakterisiert." So Höffe, O. (Hrsg.): Klassiker der Philosophie, Bd. 1. — München 1982, 292.

[23] Höffe (Anthropologie und Staatsphilosophie, 11) bemerkt: „Angesichts der (Bürger-)Kriege lautet Hobbes' staatsphilosophische Grundfrage zu Recht: ‚Wie läßt sich ein sicherer und dauerhafter Frieden schaffen?'"

[24] So Fetscher, a. O., XXIII.

Vom rein naturbedingten Zustand *(condicio humana mere naturalis)* könne der Mensch teils durch Verstand und Vernunft, teils auch durch bestimmte Emotionen befreit werden. Die *passiones* wie die *ratio* führen für den Menschen einen Zustand des Friedens *(pax)* herbei. Unter den *passiones* versteht Hobbes die Furcht, insbesondere vor einem gewaltsamen Tod, das Verlangen nach guten Lebensbedingungen und die Hoffnung, durch Fleiß diese zu gewährleisten. Die *passiones* geben gleichsam der *ratio* den Anstoß, Regeln für den Frieden zu erarbeiten. Der *ratio* schreibt er die Funktion zu, bestimmte Elemente, sozusagen Glieder für den Frieden, zu liefern, die er *leges naturales* nennt (Gesetze, die insofern als ‚natürlich' anzusehen sind, als sie durch ein naturbedingtes Vermögen des Menschen zustande kommen). *pax* ist von Hobbes in seiner ursprünglichen Bedeutung verstanden, als ‚ein durch Abmachung erreichter Zustand der Ordnung und Sicherheit', durch den Krieg und Feindschaft beendet werden.[25]
Denn in der Tat hätten, so Hobbes, die Menschen sich aufgrund der angedeuteten Befindlichkeit bereit gefunden, den *status naturalis* durch einen Vertrag in einen *status civilis* überzuführen; dadurch sei die *civitas*, die Gemeinschaft der Bürger, eben der Staat, inszeniert worden, wobei sich sofort die Frage nach dem herrschenden Prinzip ergab.

> Instituitur civitas, quando homines, sponte sua convenientes, singuli cum singulis paciscuntur, ut, cuicumque homini vel coetui pars maior suffragiis suis personam omnium gerendi ius contribuit, illi omnes oboedirent. Obligatur ergo unusquisque eorum, sive suffragium suum in illum contulerit sive non contulerit, illi, quem major pars elegerit, oboedire, et pro auctore actionum illius omnium habendus est. Nam nisi in parte suffragiorum maiore intelligantur comprehensa suffragia omnium, frustra conventum est, et contra finem ab unoquoque sibi propositum, nempe pacem et protectionem omnium.
> (XVII, S. 131)

In dieser freiwilligen „Konvention" *(convenientes)* machen die Menschen aus, ‚legen als Ordnung fest' *(paciscuntur!)*, daß sie einem einzelnen Menschen oder einer Menschengruppe *(coetus)* die Rolle der Rechtsausübung über alle übertragen und dieser ‚Institution' dann in der Gesamtheit gehorchen wollen. Jeder einzelne ist, ob er ihm seine Stimme gegeben hat oder nicht, auf den gewählten Führer verpflichtet; dieser repräsentiert den Willen aller; jeder aber muß als verantwortlich für dessen Maßnahmen gelten: *unusquisque ... pro auctore actionum illius omnium habendus est.* Wäre dem nicht so, d. h. wären manche nicht einverstanden, die Verantwortung mitzutragen, wäre der ganze Vertrag umsonst, er wäre wider seine ursprüngliche Zielsetzung, nämlich wider den Frieden und den Schutz aller: *contra pacem et protectionem omnium.* Der Wille des Herrschers und der Wille der Untertanen sind letztlich also identisch.

---

[25] „Der Friede ist lehrbar und machbar. Hobbes versteht seine politische Philosophie als methodische Friedenswissenschaft." So KERSTING, a. O., 43.

c) *Die Erschaffung des Leviathan*

Dieser so geschaffene Staat ist also jedermanns Sache, ob er ihn so will oder nicht; er ist die Summe des gesamten Volkes, tritt gewissermaßen als eine ‚Person' *(una persona)* auf, für deren Handlungen sich die Menschen durch Vertrag zum verantwortlichen Urheber gemacht haben; das Ziel dieser *civitas* ist, die Macht aller in eigener Entscheidung zum Frieden und zur gemeinsamen Verteidigung einzusetzen. Dies sei der einzige Weg *(unica via),* auf dem sich die Menschen vor sich selbst *(ab iniuriis mutuis)* schützen könnten.

Communem autem potentiam constituendi, quae homines tum ab invasione exterorum tum ab iniuriis mutuis tueri possit, ita ut propriae industriae et telluris fructu contenti vivant et alantur, unica via haec est; ut potentiam et vim suam omnem in hominem vel hominum coetum unum unusquisque transferat, unde voluntates omnium ad unicam reducantur; id est, ut unus homo vel coetus unus personam gerat uniuscuiusque hominis singularis, utque unusquisque auctorem se esse fateatur actionum omnium, quae egerit persona illa, eiusque voluntati et iudicio voluntatem suam submittat. Est autem hoc aliquid amplius quam consensio aut concordia. Est enim in personam unam vera omnium unio; quod fit per pactum uniuscuiusque cum unoquoque; tamquam si unicuique unusquisque diceret: Ego huic homini, vel huic coetui, auctoritatem et ius meum regendi me ipsum concedo, ea condicione, ut tu quoque tuam auctoritatem et ius tuum tui regendi in eundem transferas. Quo facto, multitudo illa una persona est, et vocatur Civitas et Respublica. Atque haec est generatio magni illius Leviathan, vel, ut dignius loquar, mortalis Dei; cui pacem et protectionem sub Deo immortali debemus omnem. Auctoritate enim tanta ab omnibus et singulis collata, tantam potentiam et tantarum virium usum habet, ut terrore earum voluntates omnium ad pacem inter se et ad coniunctionem contra hostes conformare possit. In quo consistit essentia civitatis, quae sic definitur: Civitas persona una est, cuius actionum homines magno numero, per pacta mutua uniuscuiusque cum unoquoque, fecerunt se auctores; eo fine, ut potentia omnium arbitrio suo ad pacem et communem defensionem uteretur. Is autem, qui civitatis personam gerit, summam habere dicitur potestatem. Ceteri omnes subditi et cives appellantur. (XXII, S. 130 f.)

Dieser Staat, der allein dadurch geschaffen wird, daß sich die Masse der Bürger zu einer mit einem Willen agierenden Person verdichtet, sich im echten Sinn des Wortes ‚personifiziert' — die bildhafte Wiedergabe dieser Vorstellung im Titelblatt könnte nicht effektvoller sein —, wird *civitas* und *res publica* genannt,[26] das ist die Schöpfung des „Leviathan" oder — noch angemessener ausgedrückt — des „sterblichen Gottes", dem aller Frieden und Schutz unter dem unsterblichen Gott zu verdanken sind.[27]

Gott wird dieser Person-Staat genannt, weil er in seiner Macht uneingeschränkt ist, sterblich, weil er, von Menschen geschaffen, auch Vergänglichkeit an sich hat. Es gibt auch ein Ende des Leviathan.

Gibt es, so ist zu fragen, für diese Entscheidungsbefugnis *(arbitrium)* der regierenden Instanz, ob einzelner oder Gruppe, außerhalb ihrer selbst noch eine Orientierungsmarke? Offenbar nicht.

---

[26] Zum Verständnis von Staat und Staatsführung vgl. SCHMITT, a. O., 52.

[27] Vgl. dazu etwa SCHMITT, a. O., 48: „Der Schrecken des Naturzustandes treibt die angsterfüllten Individuen zusammen; ihre Angst steigert sich aufs äußerste; ein Lichtfunke der Ratio blitzt auf — und plötzlich steht vor uns der neue Gott. Wer ist dieser Gott, der den angstgequälten Menschen Frieden und Sicherheit bringt, die Wölfe in Staatsbürger verwandelt und sich durch dieses Wunder als Gott erweist, freilich nur als ‚sterblicher Gott', als deus mortalis?"

f) *Der Staat als absoluter Souverän*

Der, dem per Vertrag die Führung des Staates anvertraut worden ist, braucht sich keinem Dritten gegenüber verpflichtet zu fühlen; der Staatsvertrag als Grundlage und Ausgangspunkt der *civitas* ist demnach sowohl als Unterwerfungsvertrag wie auch als Begünstigungsvertrag zu verstehen. Der Souverän, der die höchste Macht ist, ist, nach Hobbes, auch der Gesetzgeber; er erläßt für die *cives*, deren Willen er in sich verkörpert und durchsetzt, die Gesetze und hebt sie wieder auf.

Infero autem, primo, legislatorem in omni civitate eum esse, sive homo sive coetus sit, qui summam habet potestatem. Civitatis enim solius est praescribere civibus leges. Illa autem neque praescribere neque dicere aut facere quicquam potest, nisi per personam eius, id est, per illum, qui summam habet potestatem. Is ergo legislator solus est. Ob eandem rationem solus etiam legem abrogare potest; quia lex abrogari non potest nisi per aliam legem. (XXVI, S. 197)

Der Souverän selbst ist an diese Gesetze, die für alle Bürger gleich verbindlich sind, nicht gebunden, er ist ‚absolut', denn wenn er Gesetze nach eigenem Gutdünken macht und abschafft, setzt dies voraus, daß er von vornherein frei, also an Gesetze nicht gebunden war: *legibus ergo ante solutus erat.*[28] Wäre er an Gesetze gebunden, so wäre er nicht mehr frei, könnte sie also nicht mehr abschaffen und andere dafür setzen.[29]

Secundo is, qui habet summam potestatem, legibus civilibus non subiicitur. Cum enim arbitrio suo leges et facit et abrogat, potest, quotiens visum erit, subiectione illa et molestia se liberare: legibus ergo ante solutus erat. Liberi enim sunt, qui quando volunt esse, possunt; nec potest quisquam sibi ipsi obligari; quia qui obligare, idem liberare potest. (XXVI, S. 197)

g) *Das Ende des Leviathan*

Die Verpflichtung der Bürger gegenüber dem Souverän gilt nur so lange, als dessen Machtausübung dem Schutz der Bürger dient; hört dies auf, tritt das unauslöschliche Naturrecht des Menschen zum Selbstschutz in Kraft; der Souverän als Seele des Staates *(civitatis anima)* kann, sobald er sich vom Körper abgetrennt hat, den Gliedern keine Bewegung, Antriebskraft mehr geben; sie hören, da sie sich selbst schützen, auf zu gehorchen. Der Entzug des Gehorsams läßt den Staat, den „künstlichen Menschen", den *homo artificialis*[30], in nichts zusammenfallen wie einen Ballon, dem man die Luft entweichen läßt.

---

[28] „Sogar über den selbsterlassenen Gesetzen stehend, ist er im radikalen Sinn des Wortes ein absoluter *(legibus solutus)* Herrscher." So Höffe, Anthropologie und Staatsphilosophie, 10.

[29] Vgl. Maier, H., a. O., 368: „Da der Wille des obersten Gewaltträgers *per definitionem* auch der des Staates ist, ergibt sich, daß der, dem die oberste Gewalt übertragen worden ist, weder durch die Gesetze des Staates gebunden (denn er wäre sonst gegen sich selbst verpflichtet) noch gegen einen Bürger verpflichtet ist."

[30] Vgl. dazu Maier, H., a. O., 370.

Obligatio, quam cives habent erga eum, qui summam habet potestatem, tam diu nec diutius permanere intelligitur, quam manet potentia cives protegendi. Ius enim hominum se ipsos protegendi naturale, quando a nemine alio protegi possunt, nullo pacto exstingui potest. Is enim, qui summam habet potestatem, civitatis anima est, quae simul atque a corpore separata est, membra motum ab illa amplius non accipiunt. Oboedientiae finis est protectionis.(XXI, S. 168)

Diese Argumentation ist logisch plausibel. Dürfen wir sie aber auch als realistisch einschätzen, in dem Sinne, daß sie die triebgesteuerte Natur des Menschen mitberücksichtigt, der eben auch der Souverän unterworfen ist? Die Antwort darauf wird uns noch beschäftigen.

3. Kontrasttexte

3.1 Ciceros Vorstellung vom Staat

Ciceros Staatsverständnis soll uns als erster Bezugspunkt dienen; an seinem Gegenbild gewinnt das Konzept des neuzeitlichen Staatsdenkers noch schärfere Konturen.

Es gilt als ausgemacht, daß in Ciceros Vorstellung vom Staat griechische Theoreme aufgenommen sind. Eine prägnante Fassung liegt in der Staatsdefinition vor: *De re publica* I 25.[31]

„Est igitur", inquit Africanus, „res publica res populi, populus autem non omnis hominum coetus quoquo modo congregatus, sed coetus multitudinis iuris consensu et utilitatis communione sociatus. Eius autem prima causa coëundi est non tam imbecillitas quam naturalis quaedam hominum quasi congregatio; non est enim singulare nec solivagum genus hoc ..."
(Es fehlen zwei Seiten der Handschrift.)
Scipio erklärt, daß der Mensch nach seinem Wesen kein Einzelgänger ist, sondern die Gemeinschaft mit anderen Menschen sucht.
Das läßt sich einer Stelle bei Lactantius entnehmen (Instit. div. VI 10, 18): Haec *(d. i. die oben von Scipio bekämpfte Ansicht)* aliis delira visa sunt, ut fuerunt, dixeruntque non ferarum laniatus causam fuisse coëundi, sed ipsam potius humanitatem; itaque inter se congregatos, quod natura hominum solitudinis fugiens et communionis ac societatis appetens esset.
Scipio fährt fort, daß eben in der natura hominum *alle ethischen, kulturellen und damit auch staatsbildenden Kräfte angelegt sind. Daraus folgert er:*
„... Hi coetus igitur hac, de qua exposui, causa instituti sedem primum certo loco domiciliorum causa constituerunt; quam cum locis manuque saepsissent, eius modi coniunctionem tectorum oppidum vel urbem appellaverunt delubris distinctam spatiisque communibus. Omnis ergo populus, qui est talis coetus multitudinis, qualem exposui, omnis civitas, quae est constitutio populi, omnis res publica, quae, ut dixi, populi res est, consilio quodam regenda est, ut diuturna sit. Id autem consilium primum semper ad eam causam referendum est, quae causa genuit civitatem."

Der Staat, bezeichnet mit *res publica,* wird als *res populi* begriffen. Staat ist ‚Sache des Volkes'. Wie ist das zu verstehen?[32] Zunächst ist damit ein objekti-

---

[31] Der nachfolgend abgedruckte Text ist entnommen aus SCHWAMBORN, H.: M. Tullius Cicero, De re publica. — Paderborn [6]1958.

[32] Unentbehrlich zur Behandlung dieser Stelle ist die grundlegende Untersuchung von SUERBAUM, W.: Vom antiken zum frühmittelalterlichen Staatsbegriff. — Münster 1970, 1 ff. (hier weitere Literatur).

ver Bereich abgesteckt, in dem sich ein Volk zur Einheit organisiert. Volk ist dabei nicht verstanden als eine auf beliebige Weise ‚verherdete' *(congregatus)* Ansammlung von Menschen, sondern als zur ‚Gemeinschaft vereinigt' *(sociatus)* durch die Übereinstimmung im Recht *(iuris consensu)* und durch die gemeinsame Bindung des Nutzens *(utilitatis communione).*[33] Diese beiden gemeinschaftsbildenden Prinzipien haben ihre Wurzeln in dem Bereich, von dem überhaupt der Drang zur Gemeinschaftsbildung ausgeht: in der Natur des Menschen; *prima causa coeundi est . . . naturalis quaedam congregatio:* als erste Ursache wird ein naturgegebener Trieb zur ‚Verherdung' angenommen, die sich unter den genannten zwei Bedingungen vollzieht. Ihr Menschsein führt die Menschen zum Staat, sie finden im Staat die sinnvolle Form ihrer Existenz. In der uns überlieferten Paraphrase des Laktanz (Instit. div. VI 10, 18) ist diese Erkenntnis auf den Begriff gebracht. Die *causa coeundi* sei *ipsa humanitas,* das menschliche Wesen an sich, das darauf angelegt sei, die Einsamkeit zu fliehen und Verbindung und Gemeinschaft zu suchen. Weil es Menschen gibt, gibt es den Staat; der Mensch ist auf den Staat hin angelegt, er ist nach aristotelischer Formulierung ein ζῷον πολιτικόν. Der Staat ist demnach durch die Menschen, durch das von bestimmten Bedürfnissen und Interessen geleitete Volk eo ipso gegeben; einen vorstaatlichen Zustand der Menschen gibt es nicht. Der Staat ist quasi die organisierte Summe aller Menschen. Dabei ist festzuhalten, daß *populus* und *res publica* ~ *res populi* nicht identisch sind, wie WERNER SUERBAUM betont.[34] Zwar tritt in der ciceronianischen Definition ein starkes personales Element hervor, doch muß man *res publica* auffassen als die „Gesamtheit der Angelegenheiten und Interessen des gesamten Volkes". Staat ist also im römischen Denken ein abstrakter Begriff.[35] Das bedeutet aber auch, daß der Staat nicht bestimmt wird als eine nur „abstrakte Macht, die dem Individuum befehlend oder gestattend gegenübertritt"[36], die also letztlich von dem ihm zugehörigen Individuum sich lösen, verabsolutieren könnte.

Zweifellos erscheint der Staat bei Cicero/Aristoteles als ein primärmotiviertes Gebilde, weil er dem ureigenen Interesse, gleichsam dem Grundbedürfnis des Menschen entspricht; er ist nicht sekundärmotiviert gedacht, etwa in der Weise, daß er zur Behebung einer nachträglich erkannten Notsituation dient, ob diese von außen kommt (Gefahr, von wilden Tieren zerrissen zu werden: eine sophistische Theorie) oder von innen her spürbar wird (Erkenntnis, daß der einzelne nicht αὐτάρκης, „sich selbst genügend", also ein Mängelwesen ist: Platons Auffassung). Da dieser Staat in seiner Entstehung an der naturgegebenen Veranlagung des Menschen orientiert ist, ergibt sich für Cicero zwangsläufig die Folgerung, daß die ihn leitende Organisationsinstanz *(consilium* als „Herrscherweisheit, Steuerkunst"[37]), d. h. der Herrscher, immer zuerst an der

---

[33] Dazu genauer BÜCHNER, K.: M. Tullius Cicero, De re publica. — Heidelberg 1984, 123 f.

[34] a. O., 5.

[35] So SUERBAUM, a. O., 5 (der MEYER, E.: Römischer Staat und Staatsgedanke. — Zürich 1948, 251, zitiert).

[36] So KUNKEL, W.: Römische Rechtsgeschichte. Eine Einführung. — Köln/Graz 1956. 18 f.

[37] So BÜCHNER, a. O., 12.

Rücksicht gegenüber dem, was zum Staat geführt hat, festgebunden werden muß; *id consilium primum semper ad eam causam referendum est, quae causa genuit civitatem* (26, 41). Dieser Urgrund ist eben die *humanitas.* Eine Herrschaftsform ohne Rücksicht auf das Wesen des Menschen, das sich summativ im Volk manifestiert, ist durch eine solche Staatsdefinition unausgesprochen als nicht angemessen qualifiziert. Weist dieser optimistisch-humanistische Entwurf des Staats in seinen Grundzügen nicht weit in die Geschichte Europas voraus? Freilich waren bis zur Konkretisierung solcher Ideen (zuallererst ist an die amerikanische Verfassung zu denken) fast zweitausend Jahre lang andere politische Wirklichkeiten vorherrschend. Eine davon war durch Hobbes' Leviathan bestimmt.

Wie läßt sich nun Hobbes' gedankliche Konstruktion von den antiken Theoremen über den Staat abheben? Der leviathanische Staat, der alle Bürger in sich oder an sich verkörpert und deren Willen repräsentiert, ist als *civitas/res publica* die verdichtete Masse, die Summe des ganzen Volkes, also auch gewissermaßen eine *res populi.* Doch anders als beim Römer Cicero ist der Staat hier „eine abstrakte Macht, die dem Individuum befehlend oder gestattend gegenübertritt"[38], wobei das personale Element völlig ausgeschaltet ist. Dieser Staat kann sich als Souverän von der begrifflichen Bestimmung her von seinen *cives* lösen, verabsolutieren. Zudem besteht der *populus* nicht aus Menschen, die von Natur aus auf Gemeinschaft hin angelegt sind, geleitet von den Bedürfnissen nach gemeinsamem Recht und Nutzen. Hobbes' Staat ist nicht wie bei Cicero/Aristoteles primärmotiviert.[39] Er ist als ein von Menschen hergestelltes „Kunstprodukt" sozusagen ein Staat von zweiter Hand. Der Staat ist nicht zugleich mit den Menschen da, etwa von der Familie ausgehend sich zum Dorf und dann sich zur Polis erweiternd; er wird erst später kreiert. Insofern ist dieses Konzept eher mit der Vorstellung einiger Sophisten und Platons vergleichbar, denen zufolge der Staat zum Schutz vor wilden Tieren bzw. zur Beseitigung der Mangelhaftigkeit des Einzelmenschen geschaffen wurde. Doch ist auch hier ein entscheidender Unterschied auszumachen: Im ersten Falle kommt es gewissermaßen instinktiv zur Staatsbildung, gleich von Anfang an, da die Bedrohung durch die *ferae/bestiae* sofort gegeben war, im zweiten Falle verlangt die Bedürfnislage des Menschen, seine mangelnde Selbstgenügsamkeit (αὐτάρκεια) nach dem spontanen Akt der Arbeitsteilung, von dem der Anstoß zur πολιτεία ausgeht, und zwar gleich zu Beginn. Man wird unterstellen dürfen, daß solchen Akten der Staatsbildung jeweils ein Stück Einsicht präventiert; doch beansprucht dieses Einsichtgewinnen keinen längeren Zeitraum, was die Annahme eines vorstaatlichen Zustands bedingen würde.

---

[38] So Kunkel, a. O., 18 f.

[39] Deshalb lehnt Hobbes (Lev. XVII, S. 129 f.) auch den Vergleich des Menschen mit den Bienen und Ameisen ab, sich ausdrücklich von Aristoteles distanzierend. Zur Gegenposition Hobbes' gegenüber Aristoteles vgl. etwa Hirschberger, a. O., 180: „Nichts mehr ist in der Vergemeinschaftung ‚von Natur', wie Aristoteles einst sagte ..." „Es ist bezeichnend, daß Hobbes auch sofort in De cive gegen Aristoteles polemisiert (I. 1, 2)".
Über die Gegnerschaft von Hobbes zu Aristoteles ausführlich Willms, a. O., 27 (hier weitere Literatur): „Der Bruch mit Aristoteles ist, etwa in ‚Leviathan', Kap. 46, von Hobbes selbst überdeutlich gemacht."

Erst Hobbes hat — nach HANS MAIER erstmals in der Geschichte der Staatstheorien[40] — einen vorstaatlichen Zustand angenommen, eben den *status naturalis,* der durch einen gewiß auf Emotionen beruhenden, aber letztlich rational (man denke an den Begriff *ratio*) gesteuerten Eingriff in die Natur beendet wird. Der Staat, der *status civilis,* entsteht durch einen zeitlich fixierbaren Akt, der sich als ‚Konvention', ‚Vereinbarung', ‚Pakt', ‚Vertrag' versteht. Dieser dadurch später geschaffenen, sekundärmotivierten Staats-Institution wird eine *potentia coerciva,* eine „bändigende Macht" verliehen, die den animalischen Trieb des Menschen zur gegenseitigen Vernichtung in Schranken halten muß; dieser Staat ist letztlich wider die ursprüngliche Natur des Menschen, da er sich als Not-System zur Bändigung seiner „Wolfsnatur" verstehen muß; im Innersten hat diese Staatsidee eine egoistische Triebfeder, insofern der Drang zur Selbsterhaltung das bestimmende Motiv ist; alle anderen lebensveredelnden und kulturgebärenden Absichten sind Überdeckungen, auch Überhöhungen des Grundmotivs. Auch dies war in der Antike schon so ähnlich gedacht worden, bei radikalen Sophisten und bei Epikur[41], gewiß nicht so extrem und so exklusiv, auch nicht mit solchen Konsequenzen für ein Staatskonzept. Im Mittelalter gab es solche Gedanken nicht. Erst der italienische Humanismus, allen voran Macchiavelli, hatte den Weg für solch animalistische Theorien vom Menschen wieder frei gemacht.

Die Kumulation der Selbsterhaltungstriebe aller Menschen zur Institution, zur ‚Person' Staat bringt es mit sich, daß alles sich dem Ganzen unterwerfen, das Ganze aber sich an nichts mehr gebunden fühlt — es sei denn an „die Verpflichtung, alle jene Selbsterhaltungstriebe zu koordinieren, als großer Befehlsmechanismus".[42] Weil das Ganze sich im Souverän repräsentiert, ist diesem die Absolutheit der Macht gegeben, solange er den Schutz der Menschen voreinander, letztlich also die Bändigung der „Wolfsnatur" eben dieser Menschen garantiert. War in der Antike zumindest in der von Cicero wiedergegebenen Denkrichtung das herrschende Prinzip *(consilium)* stets auf die Rücksicht gegenüber der *humanitas,* auf das nach Gemeinschaft strebende Wesen des Menschen festgelegt,[43] insofern also als bedingt, als „relativ" bestimmt, so hat Hobbes die „absolute" Herrschaft des Souveräns abhängig gemacht von dessen konsequen-

[40] a. O., 63: „Erst seit Hobbes gibt es eine ausgesprochene Lehre von einem Naturzustand als dem Zustand, der der Staatsbildung vorangeht."

[41] Man vgl. etwa den von Epikur überlieferten Gedanken, der sich zweifellos an die Sophistik anlehnt: Die Entstehung des Staates sei sozusagen in einem „Nützlichkeitsvertrag" (σύμβολον τοῦ συμφέροντος) zu sehen, der zu dem Zwecke geschaffen sei, daß man sich nicht gegenseitig Schaden zufügt (RS 31). Bei Plutarch bemerkt der Epikureer Kolotes, wenn man die Gesetze, die Herrschaft, die staatliche Ordnung wegnähme, würden die Menschen ein Leben wie die wilden Tiere führen und einander nur auffressen (Adv. Col. 1124 D).

[42] So SCHMITT, a. O., 78; er nennt den leviathanischen Staat auch einen „rationalistisch durchkonstruierten Befehlsmechanismus".

[43] Darin war eingeschlossen, daß es sich der Staat zur Aufgabe macht, die Menschen zur Eudämonie zu führen; dieses aristotelische Ziel des Staates besteht bei Hobbes überhaupt nicht.

tem Einsatz wider das ursprüngliche Menschsein,[44] das man wohl auch als *humanitas* (allerdings in einem anderen Sinne: als Bestialität oder als „Natur-Brutalität“[45]) begreifen darf. Eine krassere Differenz der Standpunkte ist kaum zu denken.

Vergleichsskizze:

ZWEI EXTREM VERSCHIEDENE STAATSAUFFASSUNGEN

CICERO	HOBBES
Staat von Anfang an kein vorstaatlicher Zustand	Staat erst nach Vertrag vorstaatlicher Zustand
wegen humanitas = der menschlichen Anlage auf Gemeinschaft (ζῷον πολιτικόν) Staat: Vollendung der menschlichen Natur (primärmotiviert)	gegen die humanitas = die menschliche Anlage zum Krieg gegeneinander *(homo homini lupus)* Staat: Notsystem zur Zügelung der Natur (sekundärmotiviert)
Organisationsträger	Souverän
(consilium) hat immer orientiert zu sein an der *prima causa* der *humanitas:* referendum est bedingt: relativ	*(summa potestas)* ist immer gehalten, die Bürger zu sichern gegen die *humanitas:* ipse legibus ante solutus est ungebunden: absolut

3.2 Rousseaus Gesellschaftsvertrag[46]

(Franz. Text entnommen aus: Rousseau, Du contrat social, Présentation de Henri Guillemin. Union Générale d’Editions, 1972)
Hobbes’ Staatsmodell gewinnt auch Profil, indem man es von späteren Konzepten abhebt. Rousseaus „Du contrat social“ hat ähnliche Weltgeltung bekommen wie das Werk des Engländers. Und auch hier wird eine Gegenposition — und zwar in voller Absicht des Autors —[47] bezogen. Vergleichen wir beide Staatskonzepte in knappen Strichen miteinander!

---

[44] Nach Carl Schmitt (a. O., 34) sei der absolute Staat „der Unterdrücker eines im Kern, nämlich in den Individuen, ununterdrückbaren Chaos“.

[45] So Hirschberger, a. O., 179.

[46] „Um der Freiheit und Gleichheit willen redet Rousseau hier im Gegensatz zur absolutistischen Staatslehre des Hobbes . . . der radikalen Demokratie und Volkssouveränität das Wort.“ So Hirschberger, J.: Geschichte der Philosophie, Bd. 2. — Freiburg ^{3}1958, 233.

[47] vgl. dazu etwa: Hirschberger J.: Geschichte der Philosophie, Bd. 2 — Freiburg ^{3}1958, 293: Rousseau redet „um Freiheit und Gleichheit willen . . . im Gegensatz zur absolutistischen Staatslehre des Hobbes . . . der radikalen Demokratie und Volkssouveränität das Wort.“

Wie bei Hobbes wird in Rousseaus Konzept der Staat durch einen Vertrag geschaffen, eben durch den „Gesellschaftsvertrag“; diesen schließen alle Bürger ab, wobei sich jeder durch seine Person und seine Kraft unter die oberste Leitung des „allgemeinen Willens“ stellt. Auch hier ist der Staat also erst als Reaktion auf einen vorher gegebenen unguten Zustand verstanden, in dem die frei geborenen Menschen in Ketten liegen. Auch hier ist der Staat demnach nicht primärmotiviert.
Der Rousseausche Staat dient gleichfalls dem Schutz des Menschen, da er seine Freiheit und Gleichheit (vor dem Gesetz) — als die obersten Ziele — garantiert und erhält. Auch beim Franzosen machen alle Bürger zusammen als Teile den ganzen Staat aus; das Volk ist der Staat; dieses versteht sich als die Souveränität der Staatsbürger. Das Staatsganze wird als einziger Körper mit einem einzigen Willen, dem Gemeinwohl, begriffen, das man mit gesunder Vernunft wahrnehmen kann.

Die Analogien zwischen beiden Konzepten springen ins Auge, doch nicht weniger die Unterschiede, die enorm sind. Hobbes' „Staatsvertrag“ wird geschlossen gegen die Grundbefindlichkeit des Menschen, seine „Natur-Brutalität“, die auf gegenseitige Vernichtung aus ist. Der Staat schützt den Bürger vor sich selbst. Dort also „der Staatsvertrag der Raubtiermenschen“ (J. Hirschberger). Rousseaus Gesellschaftsvertrag kommt zustande im Interesse seiner Grundbefindlichkeit, nämlich seinem Bedürfnis nach Freiheit. Der Staat führt den Menschen zu sich selbst, indem er seine Person und sein Vermögen verteidigt und schützt. Hier demnach der Staatsvertrag als „freie gesellschaftliche Vereinigung“ guter Bürger. Freiheit und Gleichheit sind bei Hobbes die Bedingungen, denen zufolge sich die Bürger vernichten und zu deren Beherrschung der Staat nötig ist; bei Rousseau sind Freiheit und Gleichheit die obersten Ziele, deretwegen der Staat zu schaffen ist.
Während demnach bei Hobbes die Bürger ihre Person auf den Staat als dem Souverän (Einzelperson oder Gruppe) übertragen, der an keine Gesetze mehr gebunden ist, also absolut herrscht, machen bei Rousseau die freien und gleichen Bürger als Teilhaber des Ganzen die Souveränität des Staates aus, als das Volk, das die Regierung als Auftrag an einfache Beamte übergibt. Hobbes' Staatslenker ist keinem Dritten mehr verpflichtet, Rousseaus Regierung kann beschränkt, abgeändert und ganz zurückgenommen werden. Hobbes verlangt absoluten Gehorsam als Voraussetzung für das Funktionieren des Staates, Rousseau verlangt Gehorsam letztlich im Interesse des Bürgers, weil das Befolgen des allgemeinen Willens am Ende dem Ziele dient, frei zu sein.
Nach Hobbes bedarf es den Staat, damit die naturgegebene Aggressivität des Menschen gezügelt, ein Krieg aller gegen alle verhindert und ein erträgliches Zusammenleben gewährleistet wird, nach Rousseau bedarf es den Staat, damit das naturgegebene Freiheitsbedürfnis befriedigt, also das Überall-in-Kettensein beendigt wird.
Nach Hobbes ist der Mensch von Natur aus böse und bringt sich selbst in die bedrohliche Lage, die den Staat notwendig macht. Nach Rousseau ist der Mensch von Natur aus grundsätzlich gut, aber doch auch zu üblen Taten fähig (sonst würde er nicht andere in Ketten legen). Auch hier also macht ein Gefährdetsein durch sich selbst für den Menschen den Staat notwendig.

In Hobbes und Rousseau stehen sich, wie zu sehen ist, konträre Staatskonzepte gegenüber, das autoritäre und das radikal liberale. Das erzwingt geradezu die Frage, welche Anteile von beiden im heutigen Staatsmodell der Demokratie und in dem sie tragenden Apparat der Bürokratie vertreten sind.

4. Zusammenfassende Beurteilung von Hobbes' „Leviathan"

Daß der Staat, gewissermaßen als das kollektive „Humanisierungspotential" all seiner Glieder, oder wie CARL SCHMITT sagt, als „der mit großer Macht fortwährend verhinderte Bürgerkrieg", wenn er diese Funktion nicht mehr erfüllt, seine Macht, zuletzt seine Existenz verliert, also der Gott sozusagen seiner Mortalität verfällt, weil die Bürger durch Entzug des Gehorsams aufhören, ihn zu konstruieren, das ist eine — vordergründig — nachvollziehbare, plausible Schlußfolgerung. Insofern wäre der Staat ein Wesen, das sich wegen dieses Risikos selbst in Kontrolle hält, so daß nichts Beängstigendes von ihm auszugehen bräuchte. So gesehen wäre auch die Titulierung dieses Staates mit „Leviathan" ein logischer Widerspruch. Sieht man jedoch genauer hin, so ist zu vermuten, daß vielleicht schon sein Schöpfer diesen Staat, mochte er ihn auch positiv verstehen, als nicht ganz geheuer empfand. Womöglich handelt es sich bei der Verwendung des Titels „Leviathan" sogar „um Ironie, um einen in barocker Manier verkleideten Generalvorbehalt" wie es HANS MAIER andeutet.[48]

Es ergeben sich zwingende Fragen: Wird nicht in der Wortverbindung *deus mortalis,* gewissermaßen einer contradictio in adiecto (entweder ist er Gott, dann nicht sterblich, oder sterblich, dann nicht Gott), eine jenseits aller Rationalität liegende Ahnung Hobbes' faßbar, daß diese gottähnliche *civitas* doch bedrohlich ist in ihren Teilen, unter den *cives* nicht unbedingt Ruhe, Angstfreiheit, Sorglosigkeit *(se-curitas)* aufkommen läßt? Worin läge die Garantie, daß der Souverän, der dem Staat, um ihn in Aktion und Erscheinung treten zu lassen, seine *persona* (Maske, Gesichtsform) gibt, so ohne weiteres die einmal gewonnene Stellung räumt? Wird etwa der Monarch, der ja letztlich ein *homo* mit Körper, Verstand und Gefühlen ist, nicht am Ende einer Eigendynamik gehorchend, zur *conservatio propria* seine auch ihm eigene „Wolfsnatur" zeigen? Ist es nicht denkbar, daß der Souverän, eigentlich nur als kollektiver Wille existent, seiner individuellen Natur, d. h. seiner Bestialität und der sie treibenden Kräfte inne wird, so daß er immer schon von Gesetzen unabhängig

---

[48] a. O., 370. Grundsätzliches dazu bei SCHMITT, a. O., 29 ff. Der „Leviathan" sei im Mittelalter und später „als Schlange oder Drache zu einem Schreckbild gefährlicher Kraft und schließlich zum bösen Feind schlechthin" geworden; in der christlichen Deutung wurde der Teufel ... „als der Leviathan, d. h. als ein großer Fisch dargestellt, der von Gott geködert und gefangen wird". Hobbes habe das Bild in solcher religiös gestimmter Atmosphäre gewählt. Nach SCHELSKY, H. (Die Totalität des Staates bei Hobbes. In: Archiv für Rechts- und Sozialphilosophie, hrsg. von EMGE, C. A., Bd. XXXI. — Berlin 1938, 176 ff.) trete Hobbes mit dem Bilde des „Leviathan" „allem religiösen Staatsdenken entgegen". Hobbes habe gegen die politische Theologie seinen großen zeitgeschichtlichen Kampf" geführt; der Leviathan sei das große Symbol dieses Kampfes.

und unkontrolliert,[49] schließlich sich auch aus allen Bindungen löst, völlig absolut setzt? So betrachtet, oder besser: so empfunden, ist der „Staat“ Hobbes’ ein schreckliches, schauererregendes Ungeheuer, eben jenem „Tier aus dem Meer“ gleich, das in der Bibel den Namen „Leviathan“ trägt. Ist diese Namenssetzung nicht von innen her folgerichtig? Der Staat, ein Ungeheuer, an dem „jede Hoffnung zuschanden wird“, das jedem „beim bloßen Anblick zu Boden stürzen“, das selbst „die Starken vor Schrecken nicht aus noch ein wissen“ läßt, gegen das „nicht Schwert, nicht Spieß, Geschoß und Speer etwas ausrichten“, dessen Allmacht letztlich die Bürger ohnmächtig gegenüberstehen (es sei denn, sie setzen im Chaos von Gewalt, Anarchie, Revolution alles aufs Spiel) .[50] Einen Eindruck solchen Schreckens vermittelt das Bild von Francisco Goya; El Gigante o El Pánico (vor 1812) (abgedruckt im Schülerband).

Ob Hobbes, der „Prophet des Leviathan“[51], indem er den Titel „Leviathan“ wählt, dem von ihm konzipierten Staat den Nimbus des Grausig-Ungeheuerlichen geben wollte, ist nicht auszumachen. Fest steht, daß in der Geschichte der politischen Theorie Hobbes’ „Leviathan“ als Modell eines Staates gilt, in dem der Bürger „in den Moloch Staat absorbiert wird, so daß am Ende wirklich nur der allmächtige und alles durchdringende Staatsapparat vorhanden ist.[52] Warum Hobbes, er, dessen Zwillingsbruder die Furcht war, dieses Staatsungeheuer in die Welt der Ideen setzte, ist eine gleichfalls schwer zu klärende Frage. Ihre Lösung stößt auf das Paradox, daß die Absicht einer Befreiung von Ängsten, die Sehnsucht nach Sicherheit und Frieden ein Staatskonzept kreierten, das vom Titel, dem abschreckenden Symbol her ebenso beunruhigen und beängstigen mußte wie aufgrund seines Inhalts. Wenn Ottfried Höffe es als einen inneren Widerspruch, sozusagen als „Fehlgriff“ des „Leviathan“ erkennt: „Die vernünftige Botschaft des Friedens schürt eher den Krieg“[53], so ist hinzuzufügen: Und sie vergrößert die Angst.

Nun blieb freilich diese „Idee“ des englischen Staatsphilosophen nicht dem Bereich der Irrealität, der Utopie verhaftet; sie senkte ihre Wurzeln tief in histo-

---

[49] Hobbes lehnt auch eine Teilung der Macht ab, so daß eine wechselseitige Kontrolle nicht möglich ist, vgl. etwa: *Doctrina sexta est, quae contra essentiam civitatis aperte pugnat, nempe, summam potestatem posse dividi. Quid enim aliud est potestatem civitatis dividere, nisi dissolvere? Potestates enim divisae mutuo se destruunt (Lev. XXIX, S. 234).*

[50] Es liegt ja eigentlich im Konzept des Staatsvertrages, daß er nicht mehr rückgängig zu machen ist. „Wenn die Operation sinnvoll und erfolgreich sein soll, dann dürfen die Naturrechte nie mehr zurückgewonnen werden.“ So Hirschberger, a. O., 178.

[51] So bei Schmitt, C., a. O., 20. So Maier, a. O., 370.

[52] So Blum W.: Wirklichkeit des Lebens. Vom Wesen der dialektischen Vermittlung in Politik und Religion. — Rheinfelden 1985, 27. Der „Leviathan“ gilt dem Politologen Blum als das Modell einer totalen Vereinnahmung des Bürgers durch den Staat, der „die Untertanen auf dem Weg von Gewalt, Einschüchterung und Unterdrückung ... an sich kettet“. „In diesem Staat (so Hobbes) fällt dem einzelnen Bürger einzig die Rolle des Untertanen zu, ohne die geringste Verantwortung: auch diese reklamiert der Staat für sich und absorbiert sie in sich hinein.“

[53] Anthropologie und Staatsphilosophie, 11. S. dagegen Schmitt, a. O., 112.

rische Erde, so daß dem aus einer historischen Situation gewachsenen Theorem sozusagen eine zweifache Historizität zukommt. Es kommt aus der Geschichte und stiftet Geschichte. Hobbes' gedankliche Konstruktion des Staates lieferte Bauelemente für die politische Praxis. Der englische Philosoph gilt ja als Vor- und Mitdenker einer weit über sein Land hinausgreifenden Staatstheorie, die auch Staatspolitik war und wurde. Wir sind an eine der Quellen des europäischen Absolutismus geraten: *L'état c'est moi.*[54] Freilich darf nicht verschwiegen werden, daß Hobbes gerade durch den „Leviathan", ob verstanden oder mißverstanden, weit über dieses historische Faktum hinauswirkte. Nicht nur auf der theoretischen Ebene, wo man sich mit ihm meist polemisierend auseinandersetzte, auch nicht nur im Medium der literarisch-künstlerischen Kommentierung von Politereignissen, etwa in der Weise, daß autoritäre Regime in der Karikatur dieses Staatsungeheuers gespiegelt wurden (man vgl. das Flugblatt auf Napoleon I. von 1814) oder daß die *persona* des zur Einheit verdichteten Volkes als Metapher für die kraftstrotzende Idee eines Großreiches figurierte (man vgl. die Abbildung „Der Schöpfer Großdeutschlands" von 1939 in der Textausgabe).

[54] Hobbes gilt in der öffentlichen Meinung seiner Zeit und später als der Anwalt oder Theoretiker der absoluten Monarchie. Vgl. etwa HIRSCHBERGER, a. O., 179. Heute ist das Urteil über den Engländer modifizierter: „Hobbes ist nicht (oder doch nur in einem eingeschränkten Sinne und in Konkurrenz mit anderen) der Denker des modernen Absolutismus oder gar Totalitarismus." So HANS MAIER, a. O., 373. Vgl. auch SCHMITT, a. O., 99 ff.

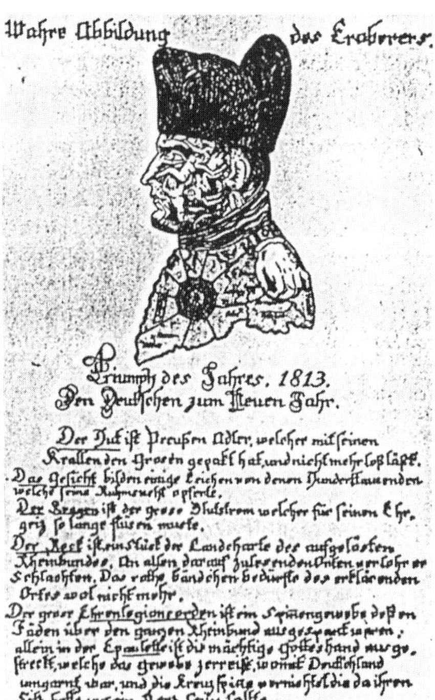

Flugblatt von Johann Michael Voltz auf Napoleon I. (1814) aus: Eduard Fuchs, Die Karikatur der europäischen Völker I. — Berlin 1904, 172—73.

Die Wirkung des „Leviathan“ bekam auch jenseits des europäischen Absolutismus eine stark realpolitische Dimension.
Die Idee einer Konvention der Menschen auf der Basis der Vernunft zur Beendigung des Krieges konkretisierte sich, wie man heute annimmt, unmittelbar im Abschluß des Westfälischen Friedens 1648[55]. Überhaupt wurde Hobbes durch sein Staatswerk, das steht außer Zweifel, mit gewichtigen Elementen der darin vorgetragenen Philosophie in einem, wie es HANS MAIER ausdrückt, „zugespitzten Sinne der Denker des modernen Staates“[56]. Die Technisierung des Staatsapparates, die sich in der Neuzeit anbahnte und heute ihrem Höhepunkt entgegenstrebt, liegt in gerade der Richtung, wie sie von Hobbes in seiner politischen Konzeption gedacht worden ist.[57]
Selbst wenn man an Hobbes' Staatsphilosophie alles für utopisch erklärte oder als geschichtlich überholt abtäte, wodurch man ihr aber in keiner Weise gerecht würde[58], sie stellt uns auf jeden Fall unausweichlich vor die Alternativfrage, deren radikale Beantwortung in der Tiefe sein staatsphilosophisches Konstrukt trägt: Haben sich die Menschen den Staat quasi als einen gewaltigen Abwehrmechanismus gegen die räuberischen Egoismen der Einzelwesen geschaffen (die animalistische Version) oder entstand der Staat als eine naturbedingte Organisation, die den Bedürfnissen der im Grund freundschaftlich einander zugetanen Menschen Rechnung trägt (die humanistische Version)? Noch einfacher gefragt: Gilt eher der auch in der Antike schon vorgedachte[59] Satz

---

[55] Vgl. dazu neuerdings DOLLINGER, H.: Die geschichtliche Leistung und Bedeutung des Westfälischen Friedensvertrages. In: Exempla Classica. Reihe Dialog Schule und Wissenschaft. Klassische Sprachen und Literaturen (hrsg. von NEUKAM, P.), Bd. XXI., München 1987. — 54 ff., bes. 73 f.

[56] So HANS MAIER, a. O., 373; nach CARL SCHMITT (a. O., 103 ff.) sei Hobbes ein geistiger Ahne des bürgerlichen Rechts- und Verfassungsstaates geworden, der im 19. Jahrhundert auf dem europäischen Kontinent zur Herrschaft gelangte.

[57] S. dazu SCHMITT, a. O., 62: „Dadurch wird sein Staatsbegriff ein wesentlicher Faktor des großen, vierhundertjährigen Prozesses, durch den mit Hilfe technischer Vorstellungen eine allgemeine ‚Neutralisierung‘ bewirkt und insbesondere der Staat zu einem technisch neutralen Instrument gemacht worden ist.“

[58] Für HÖFFE (Anthropologie und Staatsphilosophie, 12) gründet die „Aktualität der Hobbesschen Staatstheorie“ in dem Umstand, „daß sie — obwohl in einer spezifischen Situation entstanden — doch in ihrem Gelingen wie Versagen weit über sie hinausragt. Als Philosoph formuliert Hobbes die besondere Herausforderung seiner Epoche zugleich als ein allgemeingültiges Grundproblem jeder politischen Theorie: ‚Warum überhaupt und in welcher Form braucht es eine institutionelle politische Ordnung, einen Staat?‘ Auch die Antwort erfolgt aus ersten und allgemeinen Grundsätzen, aus wirklichen Prinzipien, so daß Hobbes ebenso mit seiner Fragestellung wie mit seinem Lösungsvorschlag den historischen Kontext, die frühbürgerliche Marktgesellschaft und den britischen Bürgerkrieg, übersteigt.“

[59] Vgl. dazu Anm. 38.

Hobbes': *homo homini lupus* oder der von Thomas von Aquino in der Nachfolge von Aristoteles/Cicero[60] geprägte Satz: *homo homini amicus?*[61]

[60] Vgl. dazu MEYER, H.: Thomas von Aquin und seine geistesgeschichtliche Stellung. — Paderborn ²1961, 547: „Kein Satz drückt die gegenseitige innere Hinordnung der Menschen so bündig aus als das Wort: *homo homini amicus,* das später in dem Wort von Thomas Hobbes: *homo homini lupus,* der Grundformel für die atomistisch-mechanische Gesellschaftslehre, sein Gegenstück erhalten hat." Dafür führt MEYER eine Reihe von Belegen aus dem Werk des Thomas von Aquin an, die mehr oder weniger prägnant diesen Kurzsatz wiedergeben: ein Beispiel sei angeführt: *quasi omnis homo sit naturaliter familiaris et amicus omni homini. (Sententiae octavi libri Ethicorum,* VIII 1,3); Vorbild dafür mag Aristoteles NE 1155a sein: ἴδοι ἄν τις καὶ ἐν πλάναις ὡς οἰκεῖον ἅπας ἄνθρωπος ἀνθρώπῳ καὶ φίλον.
Von Cicero kennen wir ähnliche Formulierungen, z. B.: . . . *natura propensi sumus ad diligendos homines, quod fundamentum iuris est,* De legibus I 42). Die von Natur gegebene Liebe ist Grundlage für eine rechtliche Gemeinschaft, also für den Staat.

[61] Daß hier eine der elementarsten Fragen des Menschen berührt wird, steht außer Zweifel. Deshalb ist die Lektüre Hobbesscher Texte pädagogisch wertvoll. Die didaktische Bedeutung des Unterrichtsprojekts liegt auch darin: „Man sieht, wie an einem der Höhepunkte des staatsphilosophischen Schaffens in der Geschichte des europäisch-abendländischen Denkens die Antike durch ihre extrem gegenläufigen Modelle vom Staat — fast 2000 Jahre danach — schöpferische Potenzen zu einem Neuentwurf, einem neuen Modell freisetzte, das seinerseits eine mächtige Schubkraft weit über seine Zeit hinaus bis in die Gegenwart entfaltete."
Neuerdings zur Bedeutung des englischen Philosophen DIETER FREIHOFFER: Homo homini lupus. Leben und Denken des Thomas Hobbes. In: Süddeutsche Zeitung vom 3. 12. 1987: „Niemand, der ernsthaft über politische Systeme urteilen will, kann an Hobbes vorübergehen, dessen Aktualität in dem Maße zunimmt, als die wachsende Polarisierung der Interessengegensätze den inneren Frieden im Staat bedroht."
Oder: ADOLF STOCK (Der Leviathan, a. O., s. 16): „Auch in den modernen Demokratien bleibt die Frage nach dem Verhältnis von Macht und Moral. Denn natürlich läßt sich kritisch hinterfragen, inwieweit die unterstellte anthropologische Grundkonstante des Strebens nach individueller Freiheit und sozialer Verantwortung, von der unser Demokratieverständnis lebt, tatsächlich richtig ist. Eines ist sicher: Die Zähmung des Leviathan bedarf stets aufs neue einer entschlossenen Vernunft und des Gemeinsinns. Es ist eine Kulturleistung, die die Gesellschaft ihren Bürgern stets aufs neue abverlangt. Der Leviathan bleibt uns erhalten, und er erfreut sich bester Gesundheit."

5. Literaturhinweise

(aus AUXILIA 18, S. 141—173)

BERMBACH, U. (Hrsg.): Furcht und Freiheit. Leviathan-Diskussion 300 Jahre nach Thomas Hobbes. — Opladen 1982, 203.

BLUM, W.: Wirklichkeit des Lebens. Vom Wesen der dialektischen Vermittlung in Politik und Religion. — Reinfelden 1985, 27.

BÜCHNER, K.: M. Tullius Cicero, De re publica. — Paderborn. 6. Aufl. 1958.

DOLLINGER, H.: Die geschichtliche Leistung und Bedeutung des Westfälischen Friedensvertrages in: Exempla Classica. Reihe Dialog Schule und Wissenschaft. Klassische Sprachen und Literaturen (Hrsg. v. NEUKAM, P.), Bd. XXI: München 1987, 54 ff. u. 73 ff.

FETSCHER, I. (Hrsg.); Thomas Hobbes. Leviathan (Übers. v. EUCHNER, W.) Neuwied/Berlin 1966. suhrkamp taschenbuch wissenschaft 462. — Baden-Baden, 2. Aufl. 1987, X u. XXIII.

FREIHOFFER, D.: Homo homini lupus. Leben und Denken des Thomas Hobbes. In: Süddeutsche Zeitung vom 3. 12. 1987.

HIRSCHENBERGER, J.: Geschichte der Philosophie, 2. Teil: Neuzeit und Gegenwart. — Freiburg, 3. Auflage 1958, 176 ff.

HOBBES, TH.: Malmesburiensis Opera Philosophica. Quae Latine Scripsit Omnia. Studio et Labore Guielmi Molesworth, Vol. III, Londoni MDCCCLI, 2. Nachdruck. — Aalen, 1966.

HÖFFE, O. (Hrsg.): Thomas Hobbes' Anthropologie und Staatsphilosophie. — Freiburg i. d. Schweiz 1981.

HÖFFE, O.: Widersprüche in Leviathan. Zur Aktualität der Staatsphilosophie von Thomas Hobbes. In: Merkur 33 (1979), 1195, Klassiker der Philosophie, Bd. 1. Mü. 1982.

KERSTING, W.: Thomas Hobbes. Zur Einführung. — Hamburg 1992.

KUNKEL, W.: Römische Rechtsgeschichte. Eine Einführung. — Köln/Graz 1956, 18 f.

MAIER, H.: Hobbes. In: Klassiker des politischen Denkens I. Von Platon bis Hobbes. (hrsg. v. MAIER, H./DENZER, H.). — München 1968, 353 ff. und 370 ff.

MEYER, H.: Thomas von Aquin und seine geistesgeschichtliche Stellung. — Paderborn. 2. Aufl. 1961, 547.

SCHELSKY, H.: Die Totalität des Staates bei Hobbes. In: Archiv für Rechts- und Staatsphilosophie, hrsg. v. Emge, C. A., Bd. XXXI. — Berlin 1938, 176 ff.

SCHMITT, C.: Der Leviathan in der Staatslehre des Thomas Hobbes. — Köln. 2. Aufl., 1982.

SCHWAMBORN, H.: M. Tullius Cicero. De re publica. — Paderborn, 6. Aufl. 1958.

STOCK, A.: Der Leviathan. Mensch und Staat. Zwei Ungeheuer. Sendung des Deutschland-Sender-Kultur vom 10. 11. 1993 (Manuskript von Rundfunk-Redaktion zugeschickt).

SUERBAUM, W.: Vom antiken zum frühmittelalterlichen Staatsbegriff. — Münster 1970, 251.

WAIBL, E.: Gesellschaft und Kultur bei Hobbes und Freud. Das gemeinsame Paradigma der Sozialität. — Wien 1980.

WILLMS, B.: Der Weg des Leviathan, die Hobbes-Forschung von 1968—1978. Beiheft 3 zu: Die staatl. Zeitschrift für Staatslehre, öffentliches Recht und Verfassungsgeschichte. — Berlin 1979.

WILLMS, B.: Die politischen Ideen von Hobbes bis Ho Tschi Minh. — Berlin/Stuttgart/Köln/Mainz, 2. Aufl. 1972, 14 und 32.

Altes Recht in der Neuen Welt?

Auf dem Wege zur Allgemeinen Erklärung der Menschenrechte

1. Vorüberlegungen

1.1 Didaktische Begründung[1]

1992 wurde — anläßlich des 500jährigen Jubiläums — ein epochales Ereignis der Weltgeschichte in denkwürdigster Weise in das Bewußtsein der europäischen Öffentlichkeit gerückt: die Entdeckung Amerikas. Über diese „Leistung" der Europäer und deren Folgen war und ist man gespaltener Meinung. Die Gestalt des Christoph Columbus avancierte zur internationalen Reizfigur. Von einem „Tribunal der Geschichte" auf der französischen Karibik-Insel Martinique ist er posthum in einem symbolischen Akt schuldig gesprochen worden, weil er „das erste Verbrechen gegen die Menschlichkeit" begangen habe.[2]

[1] Dieses Unterrichtsprojekt orientiert sich vornehmlich an den Untersuchungen von ECKART SCHÄFER, die er — in vorzüglicher Weise aufbereitet — dem Gymnasialunterricht zur Verfügung gestellt hat: Die Indianer und der Humanismus. Die spanische Conquista in lateinischer Literatur. In: AU 6/84, 49—91. Hilfreich war auch eine fachdidaktische Seminararbeit von ANDREAS ROHBOGNER, Universität München.

[2] Nach einem Bericht der SZ vom 13. 12. 1993.

Columbus hat der Erde einen neuen Erdteil entdeckt, hat eine „Neue Welt" (Mundus Novus) erschlossen und zugleich den Auftakt zu einer schonungslosen, brutalen Eroberung des fremden Kontinents durch die Europäer gemacht. An letzterem beißt sich die weltweite Kritik fest; ohne sich gebührend um historische Gerechtigkeit zu bemühen, beurteilt man mit Maßstäben, die erst sehr viel später gültig wurden, dieses revolutionäre Ereignis, das der Welt völlig neue Dimensionen gab.[3] Die kühne Tat der Überquerung des Ozeans schloß das Tor in eine damals kaum vorstellbare Zukunft auf. Allerdings ging eben dabei vieles mit Gewalt und Unrecht zu. „Die Verbrechen der Konquistadoren", so Hans Maier (ebenda), „können nicht gerechtfertigt werden." Sie zerstörten aus Hunger nach Gold, Macht und Gewinn die Kultur und die Religion der Ureinwohner des später „Amerika" (nach Amerigo Vespucci) genannten Erdteils und erzwangen mit Gewalt die Annahme der europäischen Zivilisation und des christlichen Glaubens. Europa wollte das Fremde, das neu entdeckt war, nicht bestehen lassen, das Andersartige nicht in seiner Eigenart und nicht in seinem Eigenwert akzeptieren. Also war Unterwerfung geboten. Freiheit nur unter europäischem Vorzeichen!

Man glaubte sich mit dieser Politik sogar im Recht. Der Eroberungskrieg, den die Konquistadoren gegen die Indianer führten, galt als „gerecht", als ein *bellum iustum;* das lag seit einer langen Tradition so fest. In der Antike wurde diese Doktrin begründet: von Aristoteles erdacht, von Cicero in römisches Staatsdenken integriert und von den römischen Imperatoren — etwa schon seit den Punischen Kriegen — praktiziert. Es war die Ideologie des Imperium Romanum. Ihr liegt die Annahme zugrunde, daß von Natur aus die einen zur Herrschaft geboren, die anderen zur Knechtschaft, daß die einen geistig und kulturell überlegen, die anderen darin unterlegen seien, so daß eine Unterwerfung für letztere nur Vorteile bringe.

Karikatur von Mohamed Hankour (Algerien)

[3] „Von Jubel ist in den zahlreichen Veranstaltungen zum Kolumbusjahr keine Rede, eher von Zorn, Reue, Trauer. ‚Gold für die einen, die Bibel für die anderen' — so entlarvt ein Text die lateinamerikanische Mission des 16. Jahrhunderts. Zerstörung alter Kulturen, Ausrottung vieler Millionen von Menschen, Vernichtung ganzer Ökosysteme, erster Genozid der neueren Geschichte, dem viele folgen sollten — auf diesen Ton sind die Gedenkfeiern gestimmt. Gedenkfeiern? Bestenfalls Trauerfeiern, Klagen und Selbstanklagen." So Hans Maier: Angeklagt: Kolumbus. In: Münchner Merkur vom 8. 7. 1992.

Die Karikatur von Vladimir Bemerenko aus der GUS gehört zur Ausstellung „Schock-Begegnung".

Die politische und moralische Rechtfertigung eines weltverändernden, epochalen Ereignisses, nämlich die Eroberung der Neuen Welt, erfolgte mit Argumenten, die die Alte Welt lieferte, und zwar expressis verbis. Der Humanist und Theologe **Juan Ginés Sepúlveda**, der ohne jemals selbst in Amerika gewesen zu sein, die Sache des europäischen Imperialismus vertrat, beruft sich ausdrücklich auf Aristoteles und begründet die Eroberung Amerikas durch Europa in seinem lateinisch geschriebenen Werk „Democrates"[4] mit Kriterien, die uns aus Ciceros Staatsschrift vertraut sind.[5] Wohl nirgends wird den Menschen von heute eindringlicher bewußt, wie sehr antikes Denken über die Zeit der Antike hinaus in entscheidenden Phasen der Geschichte wirksam geworden ist, und mit welchem Druck das griechisch-römische „Vorbild" eine Entwicklung in Gang setzte, deren Folgen eben gerade heute grundsätzlich im Für und Wider diskutiert werden, aus Sicht heutiger Denkweise und politischer Einstellung. Heute sind hier die Forderungen nach Völkerverständigung und nach allgemeiner Anerkennung der Menschenrechte vorherrschend. Zu denen, die den Stein in diese Richtung ins Rollen brachten, zählte ohne Zweifel der spanische Kleriker **Bartholomé de Las Casas**, der, indem er den Spaniern ihr eigenes Schicksal in der Antike unter den Römern vor Augen hielt, erstmals die Berechtigung

[4] Der Titel dieses Werkes lautet ausführlich: „De convenientia militaris disciplinae cum Christiana religione dialogus, qui inscribitur Democrates" (Rom 1535); später ist diese Schrift durch eine Fortsetzung aktualisiert worden unter dem Titel: „Dialogus, qui inscribitur Democrates secundus, de iustis belli causis." Ausführlich dazu SCHÄFER, a. O., 62 f.

[5] Natürlich kannte der Spanier nicht den Text von Ciceros *De re publica*, der erst 1819 wieder aufgetaucht war. Doch war die römische Position, die Cicero beschreibt, aus vielen Quellen, z. B. aus Zitaten bei Augustinus und Laktanz, bekannt. Und der griechische Philosoph Aristoteles, der ja auch für Laelius' Stellungnahme im Cicero-Werk die Argumente lieferte, wird ausdrücklich als Kronzeuge des spanischen Vorgehens zitiert. Aristoteles meinte, es gebe „Sklaven von Natur, für die es besser ist, wenn sie auch tatsächlich als solche regiert werden" (Politik 1,5; vgl. 1, 8; 3, 14 u. 7, 14). Dazu SCHÄFER, a. O., 50 f.

Heinz Ortner in SZ vom 14./15. 3. 1992

der imperialen Politik der Conquistá in Zweifel zog und der rücksichtslosen Machtpolitik der Eroberer das Gewissen christlicher Menschlichkeit entgegenstellte. Zugänglich ist uns seine Position in der erst später lateinisch umgearbeiteten und nur so erhaltenen Schrift: „*Adversus persecutores et calumniatores gentium novi orbis ad Oceanum reperti Apologia.*"

Weil Las Casas den größten Teil seines Lebens — immer am Schauplatz des Geschehens vor Ort — als Seelsorger, Missionar, Bischof und Diplomat mit aller Leidenschaft sich gegen die Unterdrückung und Ausrottung der einheimischen Bevölkerung einsetzte, gegen die herrschende Doktrin und ihre Vertreter, war er geachtet und anerkannt in Amerika und Europa. Als „Vater der Indios" bezeichnet, stellt er in der spanischen Opposition gegen die Conquistá, wie ECKART SCHÄFER sagt, „die überragende Persönlichkeit" dar. Im Verhalten dieses Mannes zeigen sich zweifelsohne die ersten Ansätze eines Denkens, das das Fremde in Kultur, Religion und Lebensweise anderer anzunehmen bereit ist oder zumindest bei einer Veränderung des Status der anderen Gewalt anzuwenden verbietet. Die Eigenständigkeit und Freiheit von Fremden erscheint in diesem Lichte bereits als schützenswertes Gut.[6]

Die Entdeckung des Mundus Novus wurde schon zu ihrer Zeit den Entdeckungen auf geistigem Gebiet gleichgestellt. Bacons Hauptwerk „Instauratio Magna" zeigt ja (s. o. S. 27) die Säulen des Herkules an der Straße von Gibraltar

---

[6] Las Casas hat sein Ziel freilich nicht erreicht; er ist aber auch nicht gescheitert. Auf den moralischen Druck, den er und seine Mitstreiter auf das christliche Gewissen der Europäer ausgeübt haben, geht u. a. die Bulle „*Sublimus Deus*" des Papstes Paul II. von 1537 zurück, „durch die selbst Geistlichen bewußt gemacht werden mußte, daß die Indianer als wirkliche, freie und autonome Menschen zu gelten hätten: *Nos Indos et omnes alias gentes ad notitiam Christianorum in posterum deventuras, licet extra fidem Christi existant, sua tamen libertate ac rerum suarum dominio huius modi uti, potiri et gaudere libere et licito posse nec in servitutem redigi debere decernimus et declaramus.*" So SCHÄFER, a. O., 61.

auf dem Titelblatt, damit signalisierend, daß die Wissenschaft der Gelehrten sich nicht anders als die Herrschaft der Politiker aufmacht, um Neues zu entdecken, jenseits der bislang in und von Europa gesetzten Grenzen.
Während man die Folgen des Baconschen Ideals „Wissen ist Macht" erst heute begreift und als problematisch erkennt, ist die Ideologie „Herrschaft durch Macht" unmittelbar zur Zeit ihrer Entstehung schon auf Kritik und Widerspruch gestoßen.
Kaiser Karl V., also der oberste Potentat Europas zur Zeit der Eroberung Amerikas, ließ persönlich die konträren Standpunkte in einer Grundsatz-Debatte vortragen, eben von Sepúlveda und Las Casas, im Jahr 1550 im spanischen Valladolid.
Beide Diskutanten vertraten hier ihre Position in spanischer Sprache, wobei sie die in ihren Hauptwerken entwickelten Thesen in langen Reden hintereinander vortrugen. Der Tenor dieser protokollierten „Diskussion" läßt sich an den Argumentationslinien der lateinisch geschriebenen Texte nachvollziehen. Eben diese lateinische Fassung ermöglichte es seinerzeit, die weithin in Europa wahrgenommene Auseinandersetzung zumindest in den Gelehrtenkreisen nachzuvollziehen. Die lateinische Sprache unterstrich den übernationalen Rang dieses historischen Ereignisses.[7]

1.2 Textauswahl und Einsatzmöglichkeiten

Die vorliegende Textauswahl ist aus der Veröffentlichung Eckart Schäfers übernommen, dem für dieses universitäre Angebot an den Gymnasialunterricht Dank und Anerkennung gebührt. Die einzelnen Textpartien sind aus den einschlägigen Werken der beiden Kontrahenten entnommnen, also aus Sepúlvedas *Apologia pro libro de iustis belli causis* (1550) und aus Las Casas' *Adversus persecutores et calumniatores gentium novi orbis ad Oceanum reperti Apologia.*
An dieser Auswahl läßt sich in dialektischer Gegenüberstellung das brisante Thema vorzüglich behandeln; einige Textteile aus der längeren „Rede" von Las Casas lassen sich durchaus kursorisch lesen.
Die Parallel- und Kontrasttexte ermöglichen einmal im Cicero-Text den Aufweis, wie sehr antikes Herrschaftsdenken über die Zeiten hin bestimmend geblieben ist und in welchem Maße es das begriffliche und ideologische Material für die Rechtfertigungsdoktrin europäischer Eroberungspolitik lieferte, zum andern an den Zitaten aus der „Allgemeinen Erklärung der Menschenrechte" die Einsicht, daß Las Casas in dieser Richtung mit Leidenschaft und kämpferisch initiativ geworden ist.
Die Texte können bereits dort gelesen werden, wo den Schülern Ciceros Gedanken über das imperiale Vorgehen der Römer (etwa in der Rede *De imperio Gnaei Pompei*) erstmals begegnen, also in Jgst. 10 bei L1 und Jgst. 11 bei L2.

[7] Schäfer (a. O., 52) wertet dies — neben vielem anderen — zu Recht als Beweis dafür, „daß Latein damals noch das in Europa führende Informationsmedium war".

In der Oberstufe gehört dieses Rezeptionsphänomen unbedingt zum thematischen Schwerpunkt „Römischer Imperialismus", wenn man sich hier nicht mit einer historisch-positivistischen Behandlung des Themas zufriedengeben will. Gerade unter den Stichwörtern Völkerrecht, Völkerverständigung, Menschenrechte verlangt die Lektüre hier nach Aktualisierung; sie bietet sich zwanglos an.
Das Projekt benötigt in der Langfassung ca. 10—12 Stunden, in der Kurzfassung (etwa bei kursorischer Lektüre von 2.1: Vorwort, 2.3: Ist Götzendienst strafbar? 2.4: Abkehr der Indianer von Menschenopfern) ca. 8 Stunden. Auf jeden Fall ist mit der Behandlung dieser Unterrichtssequenz das in den Lehrplänen aufgestellte Lernziel „Römischer Imperialismus und seine Wirkungsgeschichte" voll erfüllt.

2. Behandlung der Haupttexte

Zunächst sollen stichpunktartig die Thesen des Vertreters der europäischen Eroberungspolitik erfaßt und dann jeweils Punkt für Punkt der Standpunkt des Gegners erarbeitet werden. Am Ende folgt eine vergleichende Gegenüberstellung der widerstreitenden Prinzipien.

2.1 Sepúlveda: Missionierung mit dem Mittel des Krieges

Sepúlvedas Argumentation gliedert sich in vier Punkte:
Punkt 1: Der erste Satz legt die Linie seiner Beweisführung fest. Die Indianer werden als *isti barbari,* also verächtlich als „Barbaren" bezeichnet; er hält sie für fremde, wilde, unkultivierte Menschen, die gewaltsam in Abhängigkeit zu bringen *(in dicionem redigere)* „bestes Recht" *(optimum ius)* darstellt. Es wird also der völkerrechtliche Grundsatz formuliert, daß kulturell und intellektuell Minderwertige zu unterwerfen sind. Die Vertreter dieser kultivierenden Macht sind die „*Christiani*", ihnen wird sozusagen die Funktion von Herrschaftsausübenden zugeschrieben. Politischer Machterwerb und christliche Glaubensverkündigung werden identisch gesetzt. Mission bedeutet zugleich Eroberung.
Die Minderwertigkeit der Indianer wird dann differenziert erklärt; alle seien aufgrund ihrer „Sitten", die meisten von Natur aus „Barbaren", ohne Literatur und Wissenschaft, ohne Klugheit, d. h. theoretische Befähigung, und mit vielen barbarischen Fehlern befleckt. Völker dieser Qualität müßten einem Naturrecht zufolge zum Gehorsam den gebildeten und höherstehenden Nationen gegenüber gezwungen werden, mit dem Ziel, daß sie unter einer besseren moralischen Ordnung gelenkt *(gubernari)* würden. Diese „Lenkung" wird ausdrücklich als *imperium* angesehen. Sollten die „Wilden" das ablehnen, könne ihr Gehorsam durch Waffengewalt erzwungen werden, also durch Krieg, und dieser Krieg gelte nach dem Recht der Natur als *bellum iustum.* Krieg ist also durch Naturrecht erlaubt, wenn minderwertige Menschen sich nicht freiwillig auf eine höhere Stufe ihrer Existenz führen lassen und sich nicht in die Abhängigkeit der Höheren begeben wollen. Dafür nimmt sich Sepúlveda Aristoteles zum Gewährsmann, der die *barbari* als „Sklaven von Natur" bezeichnet hat.

Im Schema:

Nach traditioneller Eroberungs-Doktrin
(auctor Aristoteles)

Indiani
barbari moribus/natura
sine litteris
sine prudentia
multis vitiis contaminati

Hispani
Christiani
humaniores
praestantiores

↓

melioribus moribus et institutis gubernare
in dicionem redigere
armis cogere

↓

optimus ius
ius naturae
bellum iustum

Punkt 2: Der Redner geht auf die schlimmsten Sünden der Indianer gegen das Naturgesetz ein, deretwegen Gott alle sündhaften Völker auf Erden vernichtet hat. Diese Sünden bestehen im Götzendienst und in Menschenopfern.

Punkt 3: Der letztere Aspekt ihrer religiösen Eigenart wird aufgegriffen und einer genaueren Analyse unterzogen. Diese Abartigkeit der Indianer hilft dem Redner, die Rechtsposition der christianisierenden Eroberer zu stärken. Göttliches und natürliches Recht gebiete allen Menschen, unschuldige Menschen vor einem unwürdigen Opfertod zu bewahren. Bei den Indianern würden allein in den sog. *Nova Hispania* Jahr für Jahr mehr als 20 000 Menschen an den gottlosen Altären ihrer Dämonen/Götzen geopfert, und deshalb hätten die Spanier, die solches ablehnen, alles Recht auf ihrer Seite, wenn sie solche „Barbaren“ unter ihre Herrschaft brächten *(imperio subicere)* und eo ipso ihnen den christlichen Glauben aufoktroyierten.

Punkt 4: Die Indianer befänden sich wissentlich oder unwissentlich auf einem gefährlichen Irrweg, der sie dem sicheren Untergang entgegenführe. Sie da zurückzuholen und gewaltsam zum Heil zu bringen, sei ein Gebot des göttlichen und natürlichen Rechts. Dieser Vorwurf zielt im ganzen auf ihre Religion, die als „Götzendienst“, als „Irrglaube“, nicht als „wahre Religion“ bezeichnet werde. Die *vera religio* sei nur in der christlichen gegeben, zu der — da sie *iustitia* bedeute — sie um ihres Heiles willen gezwungen werden müßten; Christentum und Gerechtigkeit gehören zusammen. Daraus ergibt sich die Notwendigkeit, die Indianer zu bekehren (vgl. *barbarorum conversio*), wofür es zwei Wege gebe; der eine sei als Weg der Mahnung, Belehrung und Verkündigung beschwerlich und gefährlich, der andere als Weg der gewaltsamen Unterwerfung kürzer und für die Barbaren vorteilhafter.

Der Standpunkt Sepúlvedas ist knapp, ohne „Wenn und Aber“, kompromißlos formuliert; er gibt die traditionsgesicherte Eroberungsdoktrin europäischer Herrscher wieder; er ist auch nicht frei von Zynismus, wenn der Weg der gewaltsamen Unterwerfung als leicht und für die Betroffenen vorteilhafter charakterisiert wird. Auch eine gewisse logische Inkonsequenz ist nicht zu übersehen: Wer von Natur aus Barbar ist, dessen Lebensform kann nicht wider die

Natur sein, also darf seine gewaltsame Abkehr von dieser natürlichen Lebensform nicht als gemäß der Natur verstanden werden. Das stärkste Argument, vielleicht das einzig starke Argument hat Sepúlveda auf seiner Seite in der indianischen „Sünde“ der Menschenopfer, die er als wider göttliches und natürliches Recht beurteilt, vom Standpunkt der europäisch-christlichen Rechtstradition wohl nicht ohne Grund.

2.2 Las Casas: Missionierung ohne Gewalt

Vorwort: Las Casas begründet zunächst das kühne Unterfangen, seine Überzeugung so schroff gegen die herrschende Doktrin zu stellen. Als christlicher Mönch und Bischof, aber auch als spanischer Untertan fühle er sich innerlich dazu gedrängt, im Interesse der Wahrheit und des christlichen Evangeliums zur Feder zu greifen, um eine Schändung des Namens Christi zu verhindern und alle Hemmnisse zur Verbreitung des Glaubens zu beseitigen. Er fühle sich geradezu verpflichtet, sich wie eine Mauer gegen die gottlosen Unterdrücker zu stellen und sein unschuldiges Volk zu verteidigen. Diese Pflicht leitet er aus seinem priesterlichen, missionarischen Auftrag ab, den zu erfüllen er feierlich versprochen habe, nämlich „seine Schafe“ gegen alle räuberischen Wölfe, ob aus Kirche oder Staat, wenn sie „in seine Pferche einbrechen“, zu schützen. Als Christ nimmt Las Casas seine Aufgabe, Menschen vor dem Verderben zu schützen, ernst, und er sieht darin den Beweis von *pietas* gegenüber den *impii,* worunter er seine erobernden Landsleute versteht. Die gewaltsame Bekehrung ist für ihn also ein Ausdruck von *impietas.*

Von dieser Grundposition der moralischen Entrüstung und des christlichen Engagements aus versucht Las Casas dann, die vier Punkte seines Gegners zu widerlegen.

Zu Punkt 1: Indianer ein Kulturvolk

Die Indianer seien nicht dumm, roh und wild; sie hätten längst, bevor die Spanier kamen, schon eine staatliche Organisation gehabt, mit Gesetzen, religiösen und sittlichen Normen. Friedens- und Kriegsdienst würden zum Vorteil und nach Recht geleistet. In der handwerklichen Kunst seien sie allen Völkern der Erde überlegen, sogar in den sog. *artes liberales,* wie Grammatik, Logik und Musik seien sie bewundernswert erfahren, auch die Schrift beherrschten sie. Es bestehe also kein Grund, die Indianer als kulturlos zu betrachten und deshalb, weil minderwertig, zu unterwerfen, es sei denn die Spanier würden ihre eigene Unterjochung durch die Römer in antiken Zeiten aus den gleichen Gründen für berechtigt ansehen und den Krieg der Römer gegen die Spanier als ein *bellum iustum* gelten lassen. Doch selbst wenn die Indianer an Geisteskraft und intelligentem Fleiß unterlegen wären, so lasse sich daraus nicht das Recht ableiten, sie gewaltsam, d. h. durch Krieg, zu unterwerfen. Da deren Regenten nach christlicher Naturrechtslehre sowieso souverän seien, das Volk sich also selbst regieren könne, stehe ihm sogar das Recht zu, sich gegen die „Klügeren“ zu verteidigen, wenn sie sie unterwerfen und der Freiheit berauben wollten. Die Unterdrücker begingen nämlich Unrecht, und ihr Vorgehen sei gegen das Gesetz der Natur. Letztlich seien die Spanier aufgrund ihres verheerenden und höllischen Vorgehens gegen die Indianer die „Barbaren“, ja noch „schlechter als Barbaren“.

Zu Punkt 2: Ist Götzendienst strafbar?
Die Juden, Mohammedaner und sog. Verehrer von Götzenbildern sind keine Glieder der römischen Kirche, also auch nicht deren Führer unterworfen. Sie dürften wegen der religiösen Riten nicht bestraft werden, da den Christen eine Rechtsprechung in dieser Hinsicht nicht zustehe. Der indianische Götzendienst sei sogar noch eher entschuldbar, weil er anders als die Juden und Mohammedaner bislang noch nichts von der christlichen Glaubenswahrheit vernommen habe. Je fremder, d. h. der christlichen Religion fernstehender ein Volk ist, desto weniger darf es deshalb bestraft werden. Fremde Religionen haben ihren Eigenwert und ihr Eigenrecht.

Zu Punkt 3: Abkehr der Indianer von Menschenopfern?
Die Menschenopfer der Indianer werden nicht gebilligt; es solle zur Aufgabe der Kirche gehören, für ein Mittel zu deren Beseitigung zu sorgen. Allerdings dürfe das nicht immer durch Krieg geschehen. Es sei vielmehr darauf zu achten, daß nicht, um den Tod einiger weniger Unschuldiger zu verhindern, eine unzählige Masse gleichfalls unschuldiger Menschen geopfert, intakte Herrschaftssysteme *(regna)* zerstört und der Haß auf das Christentum in den Herzen jener Menschen so tief eingeprägt würden, daß sie auf ewig den Namen Christi zu hören nicht bereit seien. Nicht Krieg sei das Mittel, sie davon loszubringen, sondern Mahnungen, Bitten, Aufmunterungen. Las Casas versucht sogar, den Menschenopfern ein bestimmtes religiös motiviertes Verständnis entgegenzubringen. Auch wilde Völker hätten eine Erkenntnis von Gott *(Deus)*, mag sie auch verworren, nicht klar *(confusa)* sein. Es kann denn auch als eine besondere Form der Dankbezeugung diesem Gott gegenüber gelten, wenn man für empfangene Wohltaten das Wertvollste, was man besitzt, opfert, nämlich das Leben eines Menschen, zumal wenn dieses Opfer zum Wohl der politischen Gemeinschaft geschehe. Von heute auf morgen lasse sich ein solcher religiöser Ritus nicht ausrotten, und man dürfe den Indianern keine Schuld zuweisen, wenn sie sich nicht sofort auf die erste Verkündigung des Glaubens hin vom Brauch ihrer Vorfahren abbringen lassen wollen. Der Ritus der Menschenopfer widerspreche nicht gleichsam einem Gebot der Natur, sei also nicht von vornherein zu verabscheuen. Gott allein und persönlich werde, sofern er sich dadurch beleidigt fühle, diese „Sünde" bestrafen. Die Christen aber sollen nach der Lehre Christi durch das Beispiel ihres Lebens, nicht aber durch Gewalt und Krieg hier für eine Veränderung sorgen.

Zu Punkt 4: Wie ist das Evangelium zu verkünden?
Las Casas hält es für unvereinbar mit der Persönlichkeit des Theologen, ehrwürdigen Greises und hochgebildeten Mannes Sepúlveda, daß er solches Gift in der Welt verbreitet und die großen indianischen Reiche gottlosen Räubern — entgegen dem Gesetz Christi — zur Beute überläßt. Was solle man von einer Religion halten, die, wie ihre Verkünder, gottlose Tyrannen, prahlen, die Lehre vertreten, die Indianer müßten mit Mord und Krieg unterworfen werden, noch bevor ihnen das Evangelium verkündet sei. Mit der Lehre Christi, dessen „Leben und Lehre Milde und Liebe atme", ist eine Verkündigung des Glaubens mit bewaffneten Truppen ganz und gar nicht in Einklang zu bringen. Eine Nichtannahme des Evangeliums unter solchen Umständen sei dem-

nach keineswegs strafwürdig, weder für die Indianer noch für irgendwelche anderen Völker auf Erden.

Schlußwort: Die Indianer seien Brüder, für die Christus sein Leben geopfert habe. Sie bedürften nicht Verfolgung, sondern zurückhaltender, vom Geist des Petrus und Paulus geleiteter Behandlung.
Die bereits begangenen Schandtaten der Spanier sollten vergessen sein, aber in Zukunft müßten alle Brutalität und aller kriegerischer Aufwand wegbleiben. Die Indianer würden als von natürlicher Reinheit geprägte Menschen den christlichen Glauben sicherlich annehmen und dann mit Frommheit, Glut, Treue und Liebe die Gebote Christi befolgen und die Sakramente hochhalten.
Las Casas entkräftet scharfsinnig und logisch einleuchtend alle Punkte seines Gegners Sepúlveda. Am schwersten tut er sich und wohl am wenigsten überzeugend wirkt er im Falle der Menschenopfer. Der Kern seiner Argumentation sei nochmals kurz zusammengefaßt: Für Las Casas ist die kulturelle Unterlegenheit der Indianer weder gegeben, noch dürfe sie, falls sie gegeben wäre, das Recht zu gewaltsamer Unterwerfung geben. Der Missionar interpretiert das Naturrecht anders als der Theologe. Während dieser aus kultureller Unterlegenheit das naturgegebene Recht ableitet, Völker unter Zwang und durch Krieg auf eine höhere Stufe zu führen, räumt jener dem Volk das naturgegebene Eigenrecht zu, selbständig, frei, souverän und im Einklang mit seiner Tradition zu leben. Die Indianer werden in ihrer Eigenart und Menschenwürde akzeptiert. Da Sepúlveda Kultivierung immer mit Christianisierung gleichsetzt, trennt Las Casas die beiden Sphären bewußt. Er schränkt die Frage auf die Religions-Vermittlung ein. Wie den Juden und Mohammedanern muß auch den Indianern als „Verehrern von Götzen“ von vornherein das Recht auf eine eigene Religion zugestanden werden. Ihnen wegen ihrer besonderen Religion Schuld zuzuweisen, gehe nicht an; auch die Indianer unterlägen nicht christlicher Rechtsprechung. Also lasse sich hier auch kein Recht auf gewaltsame Missionierung konstruieren. Deshalb hätten die Spanier weder als kulturell überlegene Europäer noch als einen neuen Glauben bringende Christen das Recht, den Indianern mit Gewalt Kultur und Christentum zu bringen. Christianisierung, wofür allein sich Las Casas ausspricht, könne nur auf friedliche Weise durch Lehre und Vorbild erfolgen.

2.3 Der Grundsatzstreit in seiner überzeitlichen Bedeutung

Das Treffen von Valladolid ist eine geistige Auseinandersetzung der beginnenden Neuzeit, der paradigmatischer Charakter zukommt; es ging um Grundsätzliches in der Konfrontation von Völkern und Kontinenten. Europa und Amerika suchten ihr Verhältnis zueinander. Beide Standpunkte werden von Europäern vertreten. Wer für Europa die Stimme erhob, hatte Amerika nie gesehen, wer Amerika vertrat, lebte dort den größten Teil seines Lebens und litt mit den Betroffenen. Las Casas war gewiß auch im Auftrag Europas und des Papstes tätig, demzufolge den Ureinwohnern Amerikas der christliche Glaube zu verkünden war. Aber er lehnte mit aller Entschiedenheit und leidenschaftlich den Einsatz von Gewalt und Krieg ab, in der Hoffnung, die Indianer würden aus Einsicht sich zum Christentum bekehren und „der spanisch-christlichen Anleitung unterstellen". In der Paradigmatik dieser grundsätzlichen Debatte treten zeitlos gültige Probleme zutage, deren Brisanz gerade heute die öffentliche Diskussion vorherrschend mitbestimmt. Sie lassen sich nach ECKART SCHÄFER — etwas verändert — folgendermaßen dialektisch ausfalten:

Sepúlveda	*Las Casas*
1. Führungsanspruch aus dem Bewußtsein der Überlegenheit des eigenen Volkes	Pluralismus aufgrund der Anerkennung fremder Selbstbestimmung und kultureller Eigenart
2. Gewaltsame Unterdrückung fremder Weltanschauungen	Das Prinzip der Religionsfreiheit
3. Vorgeblicher Schutz unschuldigen Lebens	Bedingungsloser Schutz unschuldigen Lebens (zugleich Verständnis für andersartige Glaubensinhalte)
4. Einsatz von Gewalt zur religiösen Umerziehung	Ablehnung von Zwang und Krieg zugunsten gewaltfreien Überzeugens in der Religion
5. Berufung auf universelle Verantwortung als Vorwand für den Machtanspruch des neuzeitlichen Zwangsstaates	Berufung auf universelle Verantwortung als tragenden Grund seiner Missionsarbeit

3. Kontrast- und Paralleltexte

Las Casas stellt sich in seinem Widerspruch gegen Sepúlveda in allen Punkten gegen die Tradition; er revolutioniert — als herausragende Persönlichkeit einer sich allmählich formierenden Opposition — das Denken seiner Zeit, das in die Zukunft weist. Um diese seine Leistung nachhaltig bewußt zu machen, ihr das nötige Profil zu geben, sollen sowohl ein authentischer Text der früheren Denkart wie auch ein monumentaler Text der heutigen Zeit zum Vergleich herangezogen werden.

3.1 Cicero: Der „Gerechte Imperialismus" der Römer

In Ciceros Staatswerk *De re publica* fassen wir in der Laelius-Rede des 3. Buches, die der römisches Herrschaftsdenken verurteilenden Philus-Rede gegenübergestellt wird,[8] jene Doktrin des Aristoteles, nach der sich den von Natur zum Sklaven Geborenen die Unterwerfung unter die zum Herrschen Geborenen als nützlich erweist. Als Beherrschte würden sich die Sklaven in einem besseren Zustand befinden. Die Legitimation für eine solche Lehre wird aus dem Beispiel der Natur genommen. Gerade den Besten sei die Herrschaft von der Natur selbst zum höchsten Vorteil für die Schwächeren gegeben, wie sich das am Verhältnis von Gott und Mensch, von Geist und Körper, von Vernunft und Leidenschaft manifestiert. Die Zähmung des Minderwertigen steht demnach mit der Natur in Einklang;[9] sie ist insofern also gerecht, demnach gewissermaßen ein Naturrecht. Wir erkennen, daß dies genau die Position Sepúlvedas ist, die Las Casas leidenschaftlich bekämpft. Las Casas lehnt jedoch

[8] Ausführlicher dazu Verfasser: Römischer „Imperialismus" in Pro und Contra antiker Texte. In: Lateinunterricht Bd. 3, Bamberg 1980², 81–131.

nicht wie Philus, der als advocatus diaboli die Gerechtigkeit als Fiktion zur eigenen Vorteilnahme entlarvt, diesen Wert (eine der Kardinaltugenden) an sich ab; er ist nur gegen das Gerechtigkeits-Ideal des Laelius, das die Ungleichheit der Menschen gewissermaßen als Axiom gelten läßt und demnach die Unterwerfung von Völkern erlaubt. Las Casas ist für die Gerechtigkeit, sofern sie die Gleichheit aller garantiert, und er setzt sich für sie auch dort ein, wo sie dem spanischen Imperialismus schadet, indem sie sich in Nächstenliebe, menschlicher Solidarität, also echt christlichen Tugenden, äußert. Der spanische Missionar vertritt hier eine bislang so nicht bekannte, neue Position.

3.2 „Allgemeine Erklärung der Menschenrechte“

Diese Erklärung gründet auf der Überzeugung, daß heute ein auf Verständigung beruhendes Verhältnis der Menschen und Völker zueinander zumindest als Ideal anzusehen sei. Man leitet dieses Ideal aus der geschichtlichen Erfahrung ab: „Verkennung und Mißachtung der Menschenrechte“ hätten in der Vergangenheit zu „Akten der Barbarei“ geführt, die „das Gewissen der Menschheit tief verletzt hätten“.

Wie das Columbus-Jahr 1992 zeigte, hat der Entdecker Amerikas vor dem Tribunal der Menschenrechte-Vertreter den Schuldspruch posthum erhalten. Das bedeutet: Das von ihm eingeleitete Vorgehen der spanischen, also europäischen Eroberung Amerikas, der europäische Imperialismus, zählt zu jenen „Akten der Barbarei“. Las Casas war einer der ersten, der expressis verbis die Spanier, also die europäischen Eroberer, als „Barbaren, ja noch schlimmer als Barbaren“ bezeichnet hat. Damit hat er zumindest den Anstoß gegeben zu einem Umdenken, das — freilich mehr als langsam — in Richtung auf die erst in unserem Jahrhundert formulierten Menschenrechte zulief.

Die in den zitierten Artikeln 1, 2, 3, 18 beschriebenen Menschenrechte spricht der Spanier mehr oder weniger deutlich an. Las Casas sagt den Indianern das Recht auf Freiheit zu, er respektiert ihre Menschenwürde und läßt sie als mit Vernunft und Gewissen begabt erscheinen. Er begegnet ihnen im Geiste der Brüderlichkeit, da er sie ausdrücklich „Brüder“, „unsere Brüder“ nennt. Das von ihm geforderte Umgehen mit den Indianern ist vom Prinzip der Gleichheit geprägt, ohne Rücksicht auf Rasse, Farbe, Geschlecht, Sprache. Das Recht auf Leben und auf persönliche Sicherheit steht ihm — auch dort, wo ihm die Argumentation im Hinblick auf die Menschenopfer schwer fällt — über alles. Selbst Toleranz in der Frage der Religionsfreiheit fordert er — im Rahmen seines Missionsauftrages — insofern ein, als er Krieg und Gewalt zur Christia-

---

[9] Dazu KARL BÜCHNER (Kommentar zu M. Tullius Cicero, De re publica, 323): „Der Verteidiger der Gerechtigkeit führt aus, daß Dienstbarkeit für solche Menschen ... (d. h. die als Sklaven geboren sind, Erklärung: Verfasser) nützlich sei und zu ihrem Nutzen ausgeübt werde, wenn es richtig geschehe, *cum recte fit,* d. h. wenn Bösewichtern die Möglichkeit genommen wird, Unrecht zuzufügen und wenn sie domestiziert und zivilisiert, *domiti,* gebändigt werden, weil sie als *indomiti* (gleichzeitig ungebändigt wie unbeherrscht) — da ihren Leidenschaften verfallen; ist zu ergänzen — sich in schlechterem Zustand befunden haben. Begründet wurde das in unmittelbarer Folge ... mit einem Bild der ‚Natur‘ ... für die Differenzen im Herrschaftsbegriff.“

nisierung ablehnt und nur Überzeugung und Vorbild als Mittel der Veränderung gelten läßt. Gerade vor der Folie der Sepúlveda-Doktrin, die in allen zitierten Punkten gegen die heute gültigen Menschenrechte verstoßen würde, tritt uns das Revoltierende an Las Casas' Haltung markant vor Augen. Nicht der hochgebildete Humanist Sepúlveda, der sich eher als „Anwalt des Inhumanen" präsentiert, sondern der christliche Ordensmann, der im Umgang mit den leidenden Menschen zu seiner Menschlichkeit gefunden hat, hat den Weg hin zu den modernen Menschenrechten zu bahnen begonnen. Das darf in der Tat als epochales Ereignis gewertet werden, das in einem der größten Menschheitsprobleme eine Wende zum Neuen und Besseren brachte.[10]

4. Literaturhinweise

Büchner, K.: M. Tullius Cicero, De re publica. Kommentar. — Heidelberg 1984.

Enzensberger, H. M.: Kurzgefaßter Bericht von der Verwüstung der Westindischen Länder. — Frankfurt a. M. 1981.

Friede, J./Keen, B.: Bartholomé de Las Casas. In: History. Towards an Understanding of the Man and His Work. Northern Illinois University Pr. 1971.

Hanke, L.: All Mankind is One. A Study of the Disputation between Bartholomé de Las Casas and Juan Ginés de Sepúlveda in 1550 on the Intellectual and Religious Capacity of the American Indians, Northern Illinois Univ. Pr. 1974.

Kohl, K. H. (Hrsg.): Mythen der Neuen Welt. Zur Entdeckungsgeschichte Lateinamerikas. — Berlin 1982.

Konetzke, R.: Süd- und Mittelamerika I. Die Indianerkulturen Altamerikas und die spanisch-portugiesische Kolonialherrschaft. In: Fischer Weltgeschichte, Bd. 22. — Frankfurt 1965.

Maier, H.: Angeklagt Kolumbus. In: „Münchner Merkur" vom 8. 7. 1992.

Maier, F.: Römischer „Imperialismus" im Pro und Contra antiker Texte. In: Lateinunterricht, Bd. 3. — Bamberg [1]1988, 81–131.

Mechoulan, H.: L'Antihumanisme de J. G. de Sepúlveda. Etude Critique du Democrates primus. — Paris 1974.

Raeithel, G.: Rätsel Columbus. Forschungen, Mythen, ungelöste Fragen: der Entdecker im Jubiläumsjahr. In: SZ vom 30./31. Mai 1992, Nr. 124, S. 10/11.

Schäfer, E.: Die Indianer und der Humanismus. Die spanische Conquista in lateinischer Literatur. In: AU 6/82, 49–91.

Schäfer, E.: Lateinische Literatur der frühen Neuzeit über Amerika und die Indianer. In: Gymn. 100 (1993), 323–341.

Séjourné, L.: Altamerikanische Kulturen. — Frankfurt a. M. 1971.

Thacher, J. B.: Christopher Columbus. His Life, his Work, his Remains. — New York 1967.

Todorov, Tz.: Die Eroberung Amerikas. Das Problem des Anderen. — Frankfurt 1985.

Wagner, H. R.: The Life and Writings of Bartholomé de Las Casas. — Albuquerque 1967.

ZEIT-Punkte zu „Die Zeit", Nr. 20 vom 14. Mai 1993: Menschenrechte. Das uneingelöste Versprechen.

---

[10] Vgl. dazu weiter Schäfer, a. O., 66 ff. „Gäbe es einen Friedensnobelpreis für die Zeit vor Nobel, Las Casas hätte ihn sicher verdient, und er hätte es begrüßt, daß das Nobelkomitee 1992 zum erstenmal eine Indianerin wegen ihres Eintretens für die Rechte der eingeborenen Bevölkerung damit ausgezeichnet hat: Rigoberta Menchu, auch als Antwort auf die Feiern zur 500. Wiederkehr der Landung des Columbus." So Schäfer, E: Lateinische Literatur der frühen Neuzeit über Amerika und die Indianer. In: Gymn. 100 (1993), 341.